"十三五"江苏省高等学校重点教材

工业工程专业新形态系列教材

物流与供应链管理

主　编　张　钦　石　琳　朱[illegible]

副主编　徐志涛

科学出版社

北　京

内 容 简 介

本书深入地总结供应链管理产生和发展的历史背景，介绍供应链管理的基本概念与基本理论，以及运输决策、库存管理、选址决策等，阐述供应链伙伴选择及关系治理、供应链绩效评价和风险管理等内容。

本书可作为高等学校管理科学与工程、物流管理、物流工程、工商管理、企业管理、系统工程等有关专业的高年级本科生或研究生的教材，还可供从事企业物流和供应链管理人士及其他岗位的管理人员学习参考。

图书在版编目（CIP）数据

物流与供应链管理 / 张钦，石琳，朱伟俊主编. —北京：科学出版社，2019.2

工业工程专业新形态系列教材

ISBN 978-7-03-057162-5

Ⅰ. ①物… Ⅱ. ①张… ②石… ③朱… Ⅲ. ①物流管理－高等学校－教材 ②供应链管理－高等学校－教材 Ⅳ. ①F252.1

中国版本图书馆 CIP 数据核字（2018）第 079133 号

责任编辑：郝　静 / 责任校对：杜子昂
责任印制：赵　博 / 封面设计：蓝正设计

科学出版社出版
北京东黄城根北街 16 号
邮政编码：100717
http://www.sciencep.com

三河市骏杰印刷有限公司印刷
科学出版社发行　各地新华书店经销
*
2019 年 2 月第　一　版　开本：787×1092　1/16
2025 年 2 月第三次印刷　印张：13 1/4
字数：314 000

定价：45.00 元

（如有印装质量问题，我社负责调换）

前　言

20 世纪 80 年代以来，全球化进程已经明显加速。伴随着知识经济时代的到来，全球市场的竞争越来越激烈，对企业的市场响应能力要求也越来越高。市场中用户需求的不确定性和个性化逐渐增加，产品寿命周期缩短，产品结构日趋复杂。面对这样的竞争环境，传统的生产和经营模式越来越显得“心有余而力不足”，供应链的概念应运而生。供应链近年来由于其敏捷度高、生产成本低、生产周期短等优点，被全球相关企业尤其是制造业企业广泛利用。人们也普遍认识到，目前市场的竞争已不仅是企业的竞争，更是供应链的竞争。在这样的环境下，许多企业纷纷选择了一种新的管理模式，即供应链管理，这种模式也逐渐成为企业立于不败之地的重要因素。

供应链管理是一种集成的管理思想和方法，它以更加有效率地满足目标顾客的需求为最终目标，将供应商、制造商、分销商、零售商集成起来，以提高整个供应链的运作效率；它注重企业之间的合作，把供应链上的企业作为一个不可分割的整体对待，使供应链上的各个企业分担的采购供应、生产、分销和销售的职能成为一个协调发展的有机体。供应链管理模式很好地解决了传统意义上“纵向一体化”管理的弊端，满足了不断增长和多样化的市场需求，并在管理过程中不断降低了整个供应链的成本和费用。供应链管理是当前国际企业管理的重要方向，也是国内企业富有潜力的应用领域。

物流与供应链管理的内容非常丰富，本书选择物流与供应链最核心的内容，即物流产品和服务、运输决策、库存管理和设施选址决策，供应链伙伴选择及关系治理、供应链绩效评价和激励、供应链风险及其控制等，覆盖了物流与供应链管理的主要内容。全书共分为八章，在其中加入真实案例，有助于读者理解，为其今后开展相关研究和工作提供参考。

本书由张钦、石琳、朱伟俊担任主编，徐志涛担任副主编。另外，还要感谢博士研究生张敏慧、硕士研究生胡范帅为本书的顺利出版付出的辛勤劳动。

目 录

第1章 导论

➢本章引导案例①

汽车业界流行一种说法，即每 1 元的汽车消费，就会带来 0.65 元的汽车售后服务。随着汽车保有量的增长，汽车用户、经销商等对汽车厂商售后零部件配送服务提出了更高的要求。最近，普洛斯与德国著名汽车制造商戴姆勒集团旗下的戴姆勒东北亚零部件服务贸易公司签订合作协议，为其打造大规模定制级售后零部件配送中心，采用大面积单体仓库设计，净高达 10.5 米，并按照零部件功能、规格等进行分区管理，打造高效运转的汽车零部件配送枢纽。

2015 年 4 月，普洛斯为华晨宝马量身定制的宝马上海新零件配送中心投入使用，建成后的总面积达到 75 000 平方米，相当于 10 个专业足球场的面积总和。该零部件配送中心位于普洛斯临港国际物流园，遵循宝马全球统一标准建设，是宝马在亚太地区最大的零件配送中心，既能满足上海、浙江、江苏等东部经销商的需求，也能承接来自全国其他区域经销商的紧急订单，可以快速实现零配件货物送达，运营效率提升了 20%左右。

汽车售后零件物流往往要求覆盖范围广，因为零件品类繁多，大小形状各异，操作难度大，所以对物流设施要求非常高。众多汽车行业客户之所以青睐普洛斯，一是因为其全国性网络规模可以满足汽车企业对零部件配送中心的选址需求；二是因为其有根据不同客户的个性化需求，定制设计、开发高标准物流仓储设施的能力。

进入中国十多年，普洛斯已经在全国建立起庞大的现代物流设施网络，截至 2017 年 9 月 30 日，普洛斯在全国的物业总面积为 2960 万平方米，已完工的物业面积为 1880 万平方米，覆盖华北、东部、华南、西部等各大区域的 38 个主要市场，物流园区数量达 257 个。这些遍布全国的物流园区，大多地理位置优越，为汽车企业进行零部件配送中心选址提供了弹性的选择空间，有利于其后期的配送网络的扩展。

近年来，随着汽车行业的快速发展，汽车零部件物流体系越来越复杂。与零部件采购物流、生产物流等相比，售后零部件物流具有消费市场分布广泛的特点，这对物流配送中心响应市场需求的速度提出了更高的要求，并且零配件库存量大、层次繁多以及结构复杂，给库存管理带来了挑战。普洛斯高标准建设的现代物流设施，一方面为汽车厂

① 资料来源：http://info.10000link.com/newsdetail.aspx？doc=2017120790002。

商存储、分拣、管理大量零部件创造了良好的环境；另一方面通过仓储选址、空间设计等方面的定制化开发，能够更好地满足客户的个性化需要，帮助汽车厂商快速响应市场需要，提高经销商、最终消费者的满意度，有助于汽车品牌建设。这些，或许才是普洛斯定制仓储备受汽车厂商推崇的奥秘所在。

1.1 供应链管理的背景和意义

1.1.1 全球经济一体化

全球化是各国经济和商业体系日益深入交织的过程。20 世纪 80 年代以来，全球化进程已经明显加速。主要有以下两个原因：国际贸易和对外直接投资壁垒降低；通信与运输成本大幅下降。

1947 年，19 个发达国家签订了关税及贸易总协定（General Agreement on Tariffs and Trade，GATT），承诺大幅度降低制成品的贸易壁垒。1995 年，关税及贸易总协定被世界贸易组织（World Trade Organization，WTO）取代。世界贸易组织的成员现在已经超过 160 个，包括所有重要的贸易成员。除了世界贸易组织，区域性贸易协议（Regional Trade Agreements）也急剧增长，比较重要的贸易协议如下。

1991 年 12 月，欧洲共同体马斯特里赫特首脑会议通过《欧洲联盟条约》，通称《马斯特里赫特条约》（简称《马约》）。1993 年 11 月 1 日，《马约》正式生效，欧盟（European Union，EU）正式诞生。

1992 年 8 月 12 日，美国、加拿大、墨西哥之间达成了一个重要的区域贸易协议，北美自由贸易协议（North American Free Trade Agreement，NAFTA）。1994 年 1 月 1 日该协议生效，协定决定，自生效之日起 15 年内三国应逐步消除相互之间的贸易壁垒，实现商品和劳务的自由流通，从而形成了一个世界上最大的自由贸易集团。

1992 年 12 月 21 日，捷克、波兰、匈牙利和斯洛伐克的外长在波兰克拉科夫市的瓦维尔宫签署了建立中欧自由贸易区协定（Central European Free Trade Agreement，CEFTA）。1993 年 1 月 1 日，中欧自由贸易区协定正式生效。

2010 年 1 月 1 日，中国-东盟自由贸易区（China-ASEAN Free Trade Area，CAFTA）正式全面启动，这是中国与东盟十国组建的自由贸易区。

2013 年秋，中国国家主席习近平在出访中亚和东南亚国家期间，向世界发出共建“一带一路”的宏伟倡议。5 年来，“一带一路”倡议从理念转化为行动，从愿景转化为现实，取得了丰硕成果，越来越多的国家和地区从中受益。在外贸进出口方面，2013～2017 年，我国与“一带一路”沿线国家进出口总值达 33.2 万亿元，年均增长 4%，高于同期我国外贸年均增速，成为对外贸易发展中的一个亮点。

随着经济全球一体化的程度越来越高，跨国经营越来越普遍。就制造业而言，产品的设计可能在日本，而原材料的采购可能在中国或者巴西，零部件的生产可能在中国台湾、印度尼西亚等地同时进行，然后在中国组装，最后销往世界各地。在这个产品进入消费市场之前，相当多的公司事实上参与了产品的制造，而且由于不同的地理位置、生产水平、管理能力，形成了复杂的产品生产供应链网络。

1.1.2 横向产业模式的发展

从全球范围来看，企业的发展经历了三个阶段。在这三个阶段中，企业的市场环境、业务主题、经济动机和供应商关系等方面都发生了显著的变化（表 1.1）。

表 1.1 企业业务结构的演化

时期属性	市场环境	业务主题	经济动机	供应商关系
20 世纪 30～70 年代	卖方市场	纵向集成	规模经济	永久关系
20 世纪 80 年代	保持平衡	横向扩张	范围经济	市场关系
20 世纪 90 年代至今	买方市场	专注和“瘦身”	速度经济	联盟与合作伙伴

仔细观察 20 世纪 80 年代个人计算机（personal computer，PC）的产生以及其后的发展，发现个人计算机制造业的发展不仅带来了电子产品技术上的进步，将世界带进了信息时代，还引发了世界产业模式的巨大变革。国际商业机器（International Business Machines，IBM）公司的战略失误，忽视了个人计算机的市场战略地位，因此在制定了个人计算机标准之后，将属于个人计算机核心技术的中央处理器以及操作系统（operating system，OS）的研发生产分别外包给 Intel 和 Microsoft 公司，在短短的 10 年内，这两个公司都发展成为世界级的巨头，垄断了行业内的制造标准，同时也改变了 IBM 公司延续了几十年的纵向产业模式，当 IBM 公司意图再次进入桌面操作系统和微处理器体系设计领域，开发出 OS/2 和 Power 芯片期望推向桌面市场时，却遭到了惨痛的失败。20 世纪 70 年代 IBM 公司垄断一切的时代一去不返了。当 IBM 公司意识到其不再在该领域拥有优势时，与 Microsoft 和 Intel 的继续合作使得横向产业模式得到更好的发展。反观 Macintosh，虽然垄断了自身硬件和操作系统的生产，但是因为与 IBM 公司兼容机不兼容，所以失去了大量希望使用 Windows 平台上某些软件的用户，而使其发展受限。

另一个例子发生在汽车产业领域，也在类似的年代，发生了同样的变革，汽车零部件供应商脱离了整车生产商而逐渐形成了零部件制造业的巨头。这种革命性的模式变革正在整个世界范围内缓慢进行，逐渐使人们意识到，今天已经几乎不可能是由一家庞大的企业控制从供应链的源头到产品分销的所有环节，而是在每个环节，都有一些企业占据着核心优势，并通过横向发展扩大这种优势地位，集中资源发展这种优势能力。而现代供应链则将由这些分别拥有核心优势能力的企业环环相扣而成。同时企业联盟和协同理论正在形成，可以支撑这种稳定的链状结构的形成和发展。

1.1.3 大规模个性化需求

随着经济和社会的发展，用户要求自己所购置的产品更加突出个性化，厂家为了更好地满足其要求，便不断推出新的品种，从而引起了一轮又一轮的产品开发竞争，结果是产品的品种数成倍增长。以日用百货为例，从 1975～1991 年，品种数已从 2000 种左右增加到 20 000 种左右。尽管产品数已非常丰富，但消费者在购买商品时仍然感到难以称心如意。为了吸引用户，许多厂家不得不绞尽脑汁不断增加花色品种。如果按照传统的思路，每一种产品都生产一批以备用户选择，那么制造商和销售商都要背上沉重的负担，超级市场的平均库存，在 1985 年前后约为 13 000 最小存货单位（stock keep unit，SKU），而到 1991 年时约为 20 000 最小存货单位，库存占用了大量的资金，严重影响了企业的资金周转速度，进而影响企业的竞争力。

通用汽车有 2000 万个不同版本组合，惠普（Hewlett-Packard，HP）工作站有 50 万个不同配置，佳洁士（Crest）牙膏在味道方面也有 35 个种类，而美国国家半导体公司要把在美国、马来西亚、新加坡等国生产、检验和装配的产品运送到世界各地，使得 95%的顾客能够在发出订单后的 45 天内接到订货，其余 5%的顾客在 90 天内接到订货，要求公司与 12 家航空公司合作，使用约 2000 条不同的航线。

1.1.4 交货期大大缩短

随着市场竞争的加剧，经济活动的节奏越来越快。其结果是每个企业都感到用户对时间方面的要求越来越高。这一变化的直接反映就是竞争主要因素的变化。20 世纪 60 年代的企业间竞争的主要因素是成本，到 70 年代时竞争的主要因素转变为质量，进入 80 年代以后竞争的主要因素转变为时间。这里所说的时间要素主要是指交货期和响应周期。用户不但要求厂家要按期交货，而且要求的交货期越来越短。企业要有很强的产品开发能力，不仅指产品品种，还指产品上市时间，即尽可能地提高对客户需求的响应速度。

在 20 世纪 90 年代初期，日本汽车制造商平均 2 年可向市场推出一个新车型，而同期的美国汽车制造商推出相同档次的车型却要 5～7 年。可以想象，美国的汽车制造商在市场竞争中该多么被动。对于现在的厂家来说，市场机会几乎稍纵即逝，留给企业思考和决策的时间极为有限。如果一个企业对用户要求的反应稍微慢一点，很快就会被竞争对手抢占先机。因此，缩短产品的开发、生产周期，在尽可能短的时间内满足用户要求，已成为当今所有管理者最为关注的问题之一。

1.2 对供应链管理的理解

1.2.1 供应链的含义

按照中国国家标准《物流术语》（GB/T 18354—2006）的定义，供应链就是生产和流通过程中，涉及将产品或服务提供给最终用户活动的上游与下游企业所形成的网链结构。

换句话说，供应链是指商品到达顾客手中之前各相关者的连接或业务的衔接，是围绕核心企业，通过对信息流、物流、资金流的控制，从采购原材料开始，到制成中间产品以及最终产品，通过这些活动将供应商、制造商、分销商、零售商直到最终用户连成一个整体的功能网链结构。

在一个一般的供应链中，首先需要购买原材料，在一个或多个工厂生产出产品，然后运到仓库临时储存，最后再送到经销商（零售商）或顾客手中（图 1.1）。

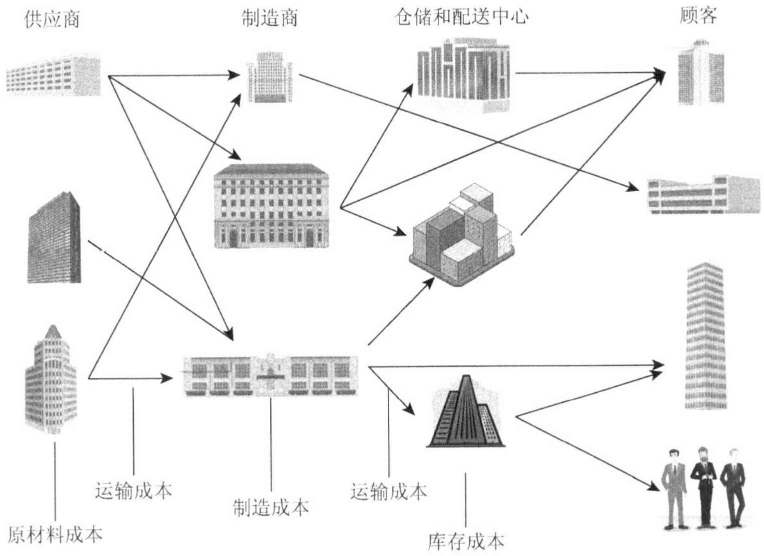

图 1.1　一般的供应链网络

围绕核心企业，将其左边的企业称为供应商，也称为上游企业；将其右边的企业称为顾客，也称为下游企业（图 1.2）。这些上、下游企业离核心企业越近，它们的关系就越紧密，否则就越松散。紧靠核心企业的供应商称为第一层或一级供应商，其余类推。

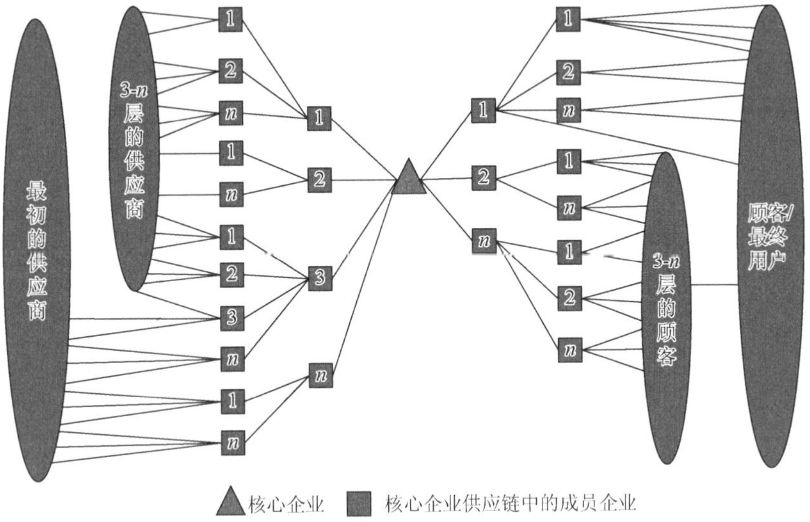

图 1.2　供应链网络的结构模型

一个典型的供应链可以包括许多环节，这些环节有顾客、零售商、批发商、分销商、制造商、零部件或原材料供应商等。

供应链的各环节通过物流、信息流、资金流彼此相连。这些流动经常是双向的，可能通过其中一个环节或一个中介来进行管理。

根据产品或组织职能，可以将供应链结构分成四种类型：链状或串行结构、发散结构、会聚结构和复合结构。

（1）链状或串行结构。网络的一个设备类似于单个管线进入另一个网络或整个供应链，这是一种最为简单的供应链结构。

（2）发散结构。发散结构是供应链网状结构中最基础的结构，这种结构好像一个锥体（图 1.3），在锥体的最高点是一个生产基本产品的设施，物料大批量存在，最初的原材料经过加工转换为中间产品，然后提供给链中成员作为生产其他产品的原材料。这种结构也通常看作“A”形供应链系统。分销精加工供应链常常有一个发散的结构，主要存在于如石油工业、化学工业、炼钢工业、造纸业和纺织业等基础工业中。

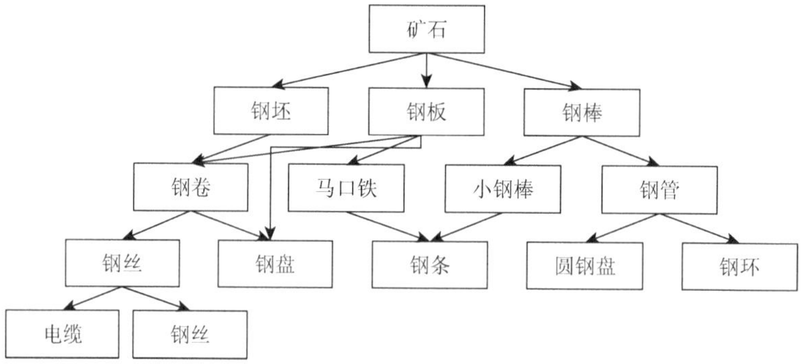

图 1.3　基于产品的供应链网络的发散结构

（3）会聚结构。为了完成客户某类产品的订单任务，制造商需要从若干的供应商那里采购大量的原料或半成品，经过一系列的装配步骤以生产出最终的产品，这就形成了供应链网络的会聚结构。制造业中的飞机制造、汽车工业、重工业等产业中的企业是受服务驱动的，它们是传统物料控制系统中的典范。这种结构也通常看作“V”形供应链系统（图 1.4）。

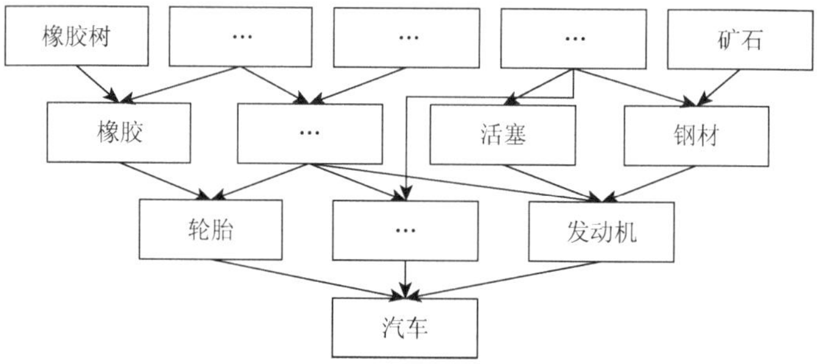

图 1.4　基于产品的供应链网络的会聚结构

（4）复合结构。这是由会聚结构和分散结构组合而成的，在接近最终用户的企业（如医药保健品、汽车备件、电子产品、食品和饮料等）中以及为总装配提供零部件的企业（如汽车、电子和飞机制造企业）中通常结合了上述分散和会聚结构，即这些企业在采购大量的物料或给大量的最终用户和合作伙伴提供构件与套件时，形成了由“A”

和“V”相结合的“X”形结构，其中的核心成员会通过标准化中间部件来减少运作的复杂程度，主要是根据现有的订单来确定通用件。

从供应链的结构模型可以看出，供应链是一个网链结构，由围绕核心企业的供应商、供应商的供应商和用户、用户的用户组成。一个企业是一个节点，节点企业和节点企业之间是一种需求与供应关系。

供应链主要具有以下特征。

（1）复杂性。因为供应链节点企业组成的跨度（层次）不同，供应链往往由多个、多类型甚至多国企业构成，所以供应链结构模式比一般单个企业的结构模式更为复杂。

（2）动态性。供应链管理因企业战略和适应市场需求变化的需要，其中节点企业需要动态地更新，所以供应链具有明显的动态性。

（3）面向用户需求。供应链的形成、存在、重构都是基于一定的市场需求而发生的，并且在供应链的运作过程中，用户的需求拉动是供应链中信息流、产品（服务流）、资金流运作的驱动源。

（4）交叉性。节点企业可以是这个供应链的成员，同时又是另一个供应链的成员，众多的供应链形成交叉结构，增加了协调管理的难度。

1.2.2 供应链管理的含义

在供应链“企业A—企业B—企业C”中，企业A是企业B的原材料供应商，企业C是企业B的产品销售商。如果企业B忽视了供应链中各要素的相互依存关系，而过分注重自身的内部发展，则生产能力不断提高，但如果企业A不能及时向企业B提供生产原材料，或者企业C的销售能力不能与企业B的生产能力同步，则需要对这条供应链进行管理。

因为视角不同，所以出现了许多不同版本的关于供应链管理的定义。比较权威的有中国国家标准《物流术语》（GB/T 18354—2006）和全球供应链论坛（Global Supply Chain Forum，GSCF）的定义。《物流术语》（GB/T 18354—2006）认为，供应链管理是利用计算机网络技术全面规划供应链中的商流、物流、信息流、资金流等，进行计划、组织、协调与控制等。全球供应链论坛定义供应链管理为消费者带来有价值的产品、服务以及信息的，从源头供应商到最终消费者的集成业务流程。

供应链管理是借助信息技术和管理技术，将供应链上业务伙伴的业务流程相互集成，从而有效地管理从原材料采购、产品制造、分销，到交付给最终用户的全过程，在提高客户满意度的同时，降低整个系统的成本，提高各企业的效益。

供应链管理可分成三大块：供应链网络结构、供应链业务流程、供应链管理组件。这三个部分相互紧密联系，覆盖了整个供应链管理的内容（图1.5）。

供应链网络结构主要由供应链成员、供应链网络结构变量和供应链间供需连接的方式三方面组成。

（1）供应链成员。供应链成员包括基本成员和支持成员。为了使非常复杂的网络易于管理，有必要将基本成员与支持成员分开。供应链基本成员是指在专门为顾客或市场提供专项输出的业务流程中，所有能进行价值增值活动的自治公司或战略企业单元。相反，支持成员是指简单地提供资源、知识以及设施的供应链成员。

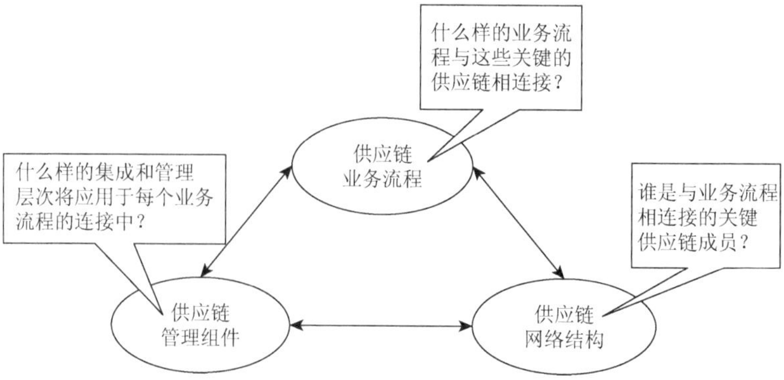

图 1.5 供应链管理的框架：要素与关键决策

（2）供应链网络结构变量。在描述、分析和管理供应链时，有三种最重要的网络结构，分别是水平结构、垂直结构和供应链范围内核心企业的水平位置，由此构成了供应链网络的三维结构。第一维，水平结构是指供应链范围内的层次数目。供应链可能很长，拥有很多层，或很短，层次很少。第二维，垂直结构是指每一层中供应商或顾客的数目。一个公司可能有很窄的垂直结构，其每一层供应商或顾客很少。第三维，指的是供应链范围内核心企业的水平位置。

（3）供应链间供需连接的方式。在众多研究中，可以发现不同的结构变量能够合并。可能会有这样一种情况，供应商那边是一个窄而长的网络结构，而顾客那边是一个宽而短的网络结构，但他们却联系在一起。增加或减少供应商或顾客的数目将会影响供应链的结构。当一个公司从多源头供应商向单一源头供应商转变时，供应链可能变得越来越窄。开放物流、制造、销售以及产品开发活动是另一个很可能改变供应链结构的决策实例，因为它们可能增加供应链的长度和宽度，同样会影响供应链网络中核心企业的位置。

供应链业务流程就是为生产服务特定客户和市场的特殊产品而设计的一系列有组织和可测度的业务活动，这些业务活动在不同时间和地点以特定顺序进行，从而保证企业经营平稳进行。供应链管理中的业务流程就是要分析流程中的哪些环节应该穿越供应链各成员之间的界线，由成员各方协调管理。

1.2.3 供应链的活动

供应链的活动随企业的不同而不同，这取决于多种因素，如企业产品类型、经营规模、组织结构，以及供应链活动对企业运营的重要性或管理层对物流或供应链重要性的认识。

（1）客户服务。企业的物流服务是发生在买方、卖方以及第三方之间的一个过程，这个过程使得产品和服务实现增值，而实现这一增值所能达到的幅度则取决于企业所提供的服务水平，这种增值意味着双方都得到价值的增加。物流服务水平是衡量物流系统为客户创造时间和空间效应能力的尺度。物流服务能否适应企业经营发展需要，实现服务与成本之间的优化均衡，不仅决定了企业现有客户关系能否续存与发展，还在很大程度上影响着有潜在客户成为现实客户的数量。客户服务活动包括确定客户对物流客户服务的需求、确定客户对服务的反应、设定客户服务水平。

（2）运输（配送）管理。实际上，运输与配送没有明显的区别。运输使库存在供应链上实现了点到点的移动。运输可以采取节点和路线的多种组合方式，每一种方式绩效特点不同。运输的选择对供应链的响应性和效率有较大影响。运输活动包括运输方式和运输服务的选择、合并运输、运输路线、车辆调度、设备选择、理赔程序、运价审计。

（3）库存管理。库存包括供应链上所有的原材料、在制品和成品。不同的库存政策对供应链效率和响应性有着不同的影响。库存控制问题包括：一个终端渠道对某一特定产品应该持有多少库存？终端渠道的订货量是否应该大于、小于或等于需求的预测值？终端渠道应该采用多大的库存周转率？终端渠道的目标在于决定在什么点上再订购一批产品，以及为了最小化库存订购和保管成本，应订多少产品等。库存管理活动包括：原材料和产成品的存储政策；需求（销售）预测；存储点的产品组合；存储点的个数、规模和选址；准时制生产方式（just in time，JIT）管理、拉动式管理或推动式管理战略。

（4）供应链网络设计或重构。供应链网络设计是对一种或多种产品进行采购、生产、销售、消费等一系列相关活动，涉及对商流、物流、资金流和信息流控制的，由若干条供应链相互交错形成的网状结构模式的设计。配送网络重构是指采用一个或几个制造工厂生产的产品来服务一组或几组在地理位置上分散的渠道商时，当原有的需求模式发生改变或外在条件发生变化后引起的需要对配送网络进行的调整。这可能由于现有的几个仓库租赁合同的终止或渠道商的数量发生增减变化等。网络结构设计活动主要对以下内容作出决策：设施的类型、设施的数量和位置、设施的服务范围、设施之间的运输服务方式。

（5）信息及其协调。信息技术是促成有效供应链管理的关键因素。供应链管理的基本问题在于应该传递什么数据？如何进行数据的分析和利用？互联网的影响是什么？电子商务的作用是什么？信息技术和决策支持系统能否作为企业获得市场竞争优势的主要工具？信息决策活动包括销售订单和库存之间的联系、订货条件与订单信息的传输方法、协调与信息共享、销售和运作计划。

（6）采购。采购是从资源市场获取资源的过程。采购的基本功能就是帮助人们从资源市场获取所需要的各种资源。采购也是一种经济活动。采购决策活动包括自制还是外包、寻找供应商、采购谈判、供应商选择和培育、零部件或原材料采购。

（7）定价。定价决定着在供应链上公司如何为商品和服务收费。定价影响买方的行为，从而影响供应链绩效。例如，运输公司可依据顾客的提前期改变价格，注重效率的顾客会提前下订单，注重响应性的顾客会等待，直到他们需要运输产品时才下订单。如果价格不随提前期而变化，提早的订单将很少出现。定价决策活动包括成本核算、市场分析、利润分配、制订产品价格。

（8）产品设计。众所周知，有效的产品设计在供应链管理中起着多方面的关键作用。那么什么时候值得对产品进行设计来减少物流成本或缩短供应链的周期？产品设计是否可以弥补顾客需求的不确定性？为了利用新产品设计，对供应链应该做什么样的修改等这些问题就非常重要。产品设计活动包括产品的规划、设计，需求预测和生产计划，产品生产和质量管理。

观察 1.1 锤子手机供应链盘点：日本索尼、富士通、JDI 成赢家

等待两年的锤子手机（Smartisan T1）终于于 2014 年 5 月 20 日晚面世了。意料之中，这款手机连同罗永浩已被媒体和业内人士炒了个底朝天。他们最大的争论焦点在于 3000 元的定价是否合理。很多人认为作为一款国产机定价 3000 元高了，但作者认为手机价格应该由其品质决定，而不应该由是否国产决定。而手机质量的关键因素还在于供应商。罗永浩在这次发布会上几乎对所有关键硬件都交代了来源，很多还穿插了“一家小厂商”如何搞定高端供应商的“艰辛”。

显示屏来自日本显示器公司（Japan Display Inc.，JDI）。Smartisan T1 采用了日本 JDI 4.95 英寸（1 英寸=2.54 厘米）PixelEyes 显示屏。或许日本 JDI 没有三星、夏普出名，不过，有消息称苹果下一代 iPhone 的屏幕供应商已选择 JDI 和乐金显示（LG Display）。而且 JDI 的来头也不容小觑，它由东芝、日立和索尼合资成立。据说，OPPO Find 7 也采用 JDI 提供的屏幕。

中央处理器（central processing unit，CPU）来自美国高通。Smartisan T1 搭载了高通骁龙 801 处理器。当前，很多高端旗舰机都采用了这款芯片，如三星 Galaxy S5、索尼 Xperia Z2、HTC One（M8）、OPPO Find 7、vivo Xshot/Xplay 等。可以说，这款芯片是当时高端手机的必备，虽然只是 4 核 32 位元。

摄像头来自索尼，富士通提供影像解决方案。Smartisan T1 采用了索尼第二代堆栈式摄像头，1278 万像素，结合了富士通 Milbeaut Mobile 影像解决方案。现在主流品牌手机采用的都是索尼 BSI 摄像头，包括 iPhone、小米和魅族手机。

扬声器芯片来自德州仪器。与其他手机采用 Hi-Fi 芯片来处理音质不同的是，Smartisan T1 采用了美国德州仪器发烧级运放（耳放）芯片 OPA2604，是考虑到 Hi-Fi 芯片的发热和高功耗性以及有限的手机主板空间。罗永浩称 Smartisan T1 的音效与目前国内公认音质最好、采用 Hi-Fi 芯片的 vivo Xplay3s 相当。

机身玻璃来自康宁。Smartisan T1 83.8%的机身被美国康宁（Corning）公司第三代大猩猩铝硅钢化玻璃覆盖。康宁大猩猩玻璃也是 iPhone、小米等品牌手机的首选。

工业设计来自 Ammunition，由富士康代工生产。Smartisan T1 选择富士康代工是情理之中的事，因为富士康是全球最好、最大的手机代工厂商。很多人都说 Smartisan T1 很像 iPhone，因为 Smartisan T1 是由 Ammunition 设计的，而 Ammunition 的创始人是首席设计师 Robert Brunner，也曾是前苹果工艺设计总监。

另外，包括恩智浦半导体（NXP）、意法半导体、莫仕（Molex）、SK 海力士、博世（BOSCH）等都是 Smartisan T1 供应链中的一环。手机是否物有所值要真正地体验后才能知道，而一家小厂商能聚合如此强大的供应商阵容，本身就是一件值得尊敬的事。

1.2.4　供应链管理的目标

供应链管理的目标是在满足客户需要的前提下，对整个供应链（从供货商、制造商、分销商到消费者）的各个环节进行综合管理，如从采购、物料管理、生产、配送、营销到消费者的整个供应链的货物流、信息流和资金流，把物流与库存成本降到最小。具体来说，有如下几个方面的要求。

（1）以更完整的产品组合，满足不断增长的市场需求。

（2）面对市场需求多样化的趋势，缩短供给与消费的市场距离，实现快速与有效反应。

（3）不断降低整个供应链的成本和总费用。

供应链的目标应该是供应链整体价值最大化。供应链所产生的价值应为最终产品对顾客的价值与满足顾客需求所付出的供应链成本之间的差额。对大多数供应链而言，价值与供应链盈利（也称供应链剩余）之间是强相关关系。供应链的盈利产生于来自顾客的收入与供应链总成本之间的差额。例如，一个顾客花 60 美元从百思买（Best Buy）公司购买一台无线路由器，这 60 美元代表供应链获得的收入。百思买公司以及供应链的其他环节发生了信息传递、生产零部件、组件、库存、运输、资金的转移等成本。顾客支付 60 美元与生产并分销路由器所产生的成本之间的差额形成了供应链盈利或剩余。供应链盈利或剩余是供应链所有环节共享的总利润。供应链盈利越多，供应链就越成功。供应链的成功应该由供应链总体盈利而不是单个环节的利润来衡量。

著名供应链管理专家 Martin Christopher 曾说，市场上只有供应链没有企业，真正的竞争不是企业与企业之间的竞争，而是供应链和供应链之间的竞争。随着竞争越来越激烈，每一个企业都希望拥有有效的供应链系统，以应对微利时代。

1.3　选择适当的供应链战略

1.3.1　功能型和创新型产品

按照需求模式分类，产品可以分为两种类型：功能型产品和创新型产品。

功能型产品一般用于满足用户的基本需求，变化很少，具有稳定的、可预测的需求和较长的生命周期，但它们的边际利润较低，如日用百货等。

创新型产品指增加了特殊功能的产品，或在技术和外观上具有革新性的产品。它具有需求不确定性高、产品生命周期短、边际贡献高等特点。

功能型产品和创新型产品有其不同的特点，主要内容如下。

（1）功能型产品能满足基本需要，因而需求稳定且可以预测，从而使供求可以达到近乎完美的平衡，这使市场调节变得很容易，但稳定性会引起竞争，进而导致利润率较低。创新型产品能使公司获得更高的利润，但是创新型产品的新颖性却使需求不可预测。

（2）功能型产品的生命周期较长。创新型产品的生命周期短（通常只有几个月），这是因为仿制品的大量出现，使得创新型产品的竞争优势丧失，公司从而被迫进行一连串更新颖的创新。

（3）生产功能型产品的公司可以集中几乎全部的精力来使物质成本最小化。在大部分功能型产品的价格弹性给定的情况下，最小化物质成本是一个极重要的目标。在这一目标中，整个供应链中的供应商、制造商和零售商要协调他们的活动以便能以最低的成本满足预测的需求。创新型产品具有高边际利润、不稳定需求的特点。因而，市场具有不确定性，这增加了供求不平衡的风险。对创新型产品而言，市场调节成本是主要的。最重要的是要仔细研究新产品在整个周期内的销售量或其他市场信号，并快速做出反应。选择供应商要考虑的不是低成本，而是供货的速度和灵活性。

这两种类型的产品更为详细的区别见表 1.2。

表 1.2　功能型产品与创新型产品的区别

比较内容	功能型产品	创新型产品
需求特征	可预测	不可预测
产品的生命周期	2 年以上	3～12 个月
利润空间	5%～20%	20%～60%
产品多样性	低	高
预测误差	10%	40%～100%
平均缺货率	1%～2%	10%～40%
销售季末降价率	0%	10%～25%
按订单定制的提前期	6～12 个月	1 天～2 周

1.3.2　效率型和响应型供应链

与功能型产品相对应的供应链称为效率型供应链（efficient supply chain），与创新型产品相对应的供应链称为响应型供应链（response supply chain）。

效率型供应链主要体现供应链的物理功能，即以最低的成本将原材料转化成零部件、半成品、产品并在供应链中运输。响应型供应链主要体现供应链的市场中介功能，即把产品分配到满足用户需求的市场，对未预知的需求做出快速反应。具体区别见表 1.3。

表 1.3　效率型供应链与响应型供应链的区别

比较内容	效率型供应链	响应型供应链
需求特征	稳定，基于预测	波动，基于顾客订单
基本目标	以较低的成本供应可预测的需求	尽可能使不可预测的需求遭受最小损失

续表

比较内容	效率型供应链	响应型供应链
产品设计战略	以最低成本产生最大绩效	模块化设计，通过延迟实现产品差异化
供应商	长期	根据产品生命周期
制造战略	按库存生产	按订单装配；按订单生产；按订单设计
产能冗余	低	高
库存战略	最小化库存水平以降低成本	维持缓冲库存来应对需求/供应的不确定性
订单处理	订单批量处理	单订单处理
运输战略	批量运输	高价运输
定价战略	价格是客户的最主要驱动力，故边际效益较低	价格不是客户的主要驱动力，故边际效益较高
提前期	大量投资以缩短提前期	控制成本的前提下，尽可能缩短提前期
成员战略	以成本、质量为核心	以速度、服务、质量为核心

在确定了产品的属性之后，管理者可以应用矩阵去构建合适的供应链策略，矩阵的四个部分代表了产品和供应链类型的四种可能组合（图 1.6）。对于创新型产品用效率型供应链去应对市场，或对于功能型产品用响应型供应链去应对市场都是有问题的。

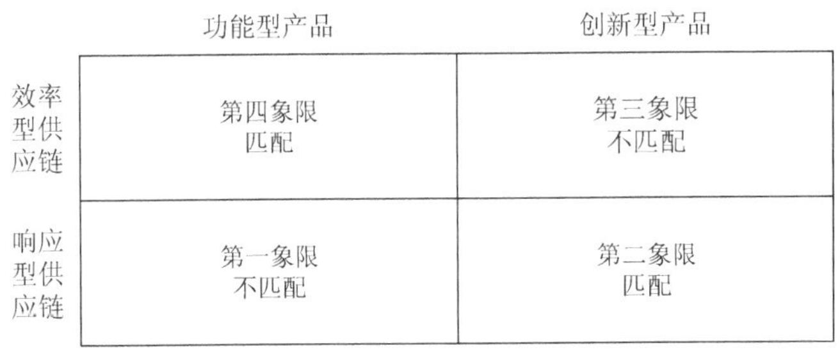

图 1.6　供应链与产品的匹配

在实践中，很少有企业在第一象限，即大多数生产功能型产品的企业意识到他们需要有效率的供应链，不需要有较高的速度和较大的灵活性。比如，某产品有 10%的边际收益率和 1%的脱销率，这意味着脱销造成的损失是微不足道的，只有销售价格的 10%×1%=0.1%，所以企业没有必要增加投资以提高客户的服务水平。

如果企业的供应链位于第三象限，那么坚持成本领先策略是错误的，因为对于任何生产创新型产品的企业，用于提高供应链响应速度的投资回报通常大于用于提高供应链效率的投资回报。假设某创新型产品有 40%的边际收益率和平均 25%的缺货率，由于脱销造成的损失 40%×25%=10%，即销售价格的 10%，是巨大的，这个数据通常超过税前利润。

一些企业发现了这些问题。例如，康柏公司决定继续自己生产多品种、小批量、价格高且生命周期短的产品，而不是将它们外包给低成本的国家。日本著名的服装制造商World Company，将基本款式的服装安排在低劳动成本的中国工厂生产，高度流行的款式在日本本地生产，这一策略优势是通过对新兴流行趋势的快速反应抵消掉了高劳动力成本的劣势。

1.3.3 推动式和拉动式供应链

供应链管理中的一个重要方面是生产计划和控制方法，末端产品的任何订单都能引发供应链中的一连串满足末端顾客需求的工作过程，而完成这些工作需要预先设定能够影响供应链结构的方案或策略。

推动式供应链是以制造商为核心企业，根据产品的生产和库存情况，有计划地把商品推销给客户，其驱动力源于供应链上游制造商的生产。在这种运作方式下，供应链上各节点比较松散，追求降低物理功能成本，属卖方市场下供应链的一种表现。因为不了解客户需求的变化，这种运作方式的库存成本高，对市场变化反应迟钝，所以推动式供应链适用于一些消费变化不大的、较稳定的、技术革新不会太快的市场，如工程机械、重工等。核心就是制造技术和质量控制，以及稳定的渠道。

拉动式供应链是整个供应链的驱动力，产生于最终的顾客，产品生产是受需求驱动的。生产是根据实际顾客需求而不是预测需求进行协调的。在拉动式供应链模式中，需求不确定性很高，周期较短，主要的生产战略是按订单生产、按订单组装和按订单配置。整个供应链要求集成度较高，信息交换迅速，可以根据最终用户的需求实现定制化服务。拉动式供应链适用于革新变化较快的消费市场，以客户需求为导向，如3C电子消费品市场、服装等。核心就是针对市场的产品研发能力、销售能力及相应的材料开发、材料供应能力和销售渠道。

拉动式供应链可以细分为以下几个方面。

（1）按订单设计（engineering-to-order，ETO）：这个策略强调设计，这种设计通常在收到顾客的需求以后并得到顾客的同意才能进行。因此，需求没有到达之前没有存货，也不设计。

（2）按库存制造（make-to-stock，MTS）：末端顾客的订单是由最终产品的存货来补充的，这些最终产品存放在供应链网络的各个零售点。

（3）按订单制造（make-to-order，MTO）：这是已经确认的顾客订单，它引发供应链的物料流和信息流。在这种策略中，很少或者根本没有最终产品或部件物料，要解决的重要问题包括计划订单在供应链网络中流动的预期时间和交付时间、各种订单的安排以及最小化订单流动时间的方差或均值、资源的有效配置和顾客有效响应的订单跟踪机制。

（4）按订单装配（assemble-to-order，ATO）：包括大多数具有相同的核心部件的装配、所有其余不同部件的最终装配。

上述几种策略的比较见表1.4。

表 1.4 不同需求响应策略之间的比较

属性策略	按订单设计	按库存制造	按订单制造	按订单装配
交付时间	长	短	长	中等
产品多样性	很低	高	低	中等
订货前景（基于）	制造设计的能力	可用的最终产品	制造设计的能力	部件和装配件的可用性
生产计划安排	顾客订货	预测	积压和订货	预测和积压
应对需求不确定	无法控制	安全库存	几乎确定	超计划的部件和装配件
主要业务目标	精益生产	响应	精益生产	定制

在生产制造中，何时实施按库存制造、按订单装配、按订单制造和按订单设计策略是根据顾客订单分离点（customer order decoupling point，CODP）来确定的（图 1.7），而顾客订单分离点是生产系统价值链中的物理点，是预测驱动的活动和需求驱动的活动在供应链中相遇的点。顾客订单分离点决定最小的顾客订单提前期，必须和供应链中的某些存储位置相对应。顾客订单分离点是由产品类型、定制化程度和供应链所采用策略决定的，它也能确定公司对市场的响应类型。显然，不同的顾客订单分离点对同一个供应链会产生不同的作用（表 1.5）。

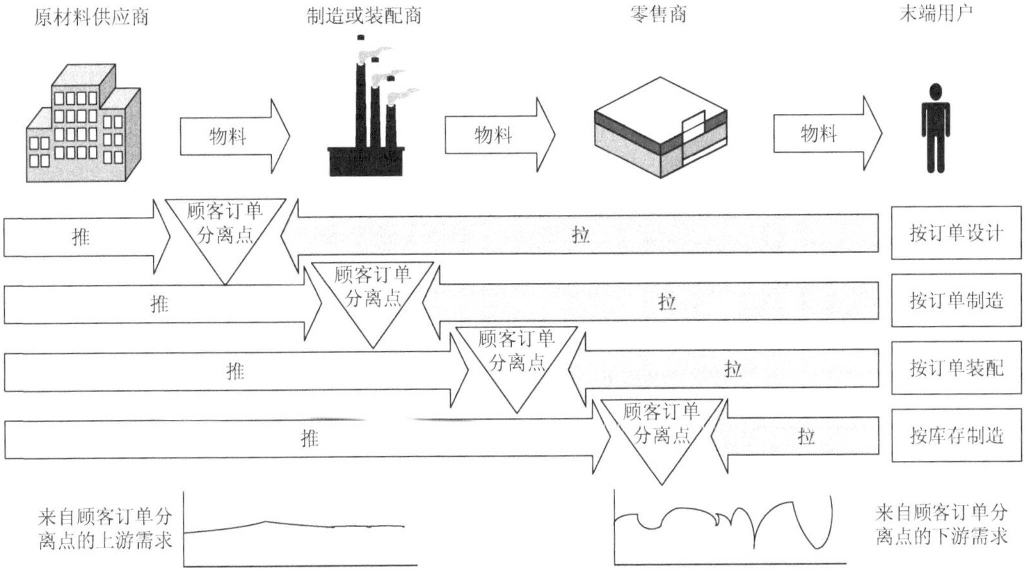

图 1.7 供应链结构和顾客订单分离点

表 1.5 顾客订单分离点迁移的效果

效果方向	后向移动	前向移动
正面效果	减少对预测的依赖 减少或消除库存的缓冲 降低过时库存的风险	减少顾客的提前期 过程优化
负面影响	较长的交付提前期 降低了交货的可靠性 因为减少了优化的机会，所以降低了过程效率	更多地依赖预测较高的过时风险 减少产品范围 减少过程产品

只有当顾客订单分离点确定以后，才能确定何时实施延迟策略，延迟策略的实施会使供应链的结构发生变化（图 1.8 和图 1.9）。在传统的供应链中，在一个区域建立一个制造或装配工厂，然后将该工厂的产品运送到所在区域的分销商，在实施延迟策略之后，可能将几个工厂撤销或合并建立一个定制装配中心，该中心根据不同市场的需求定制生产出不同的产品。

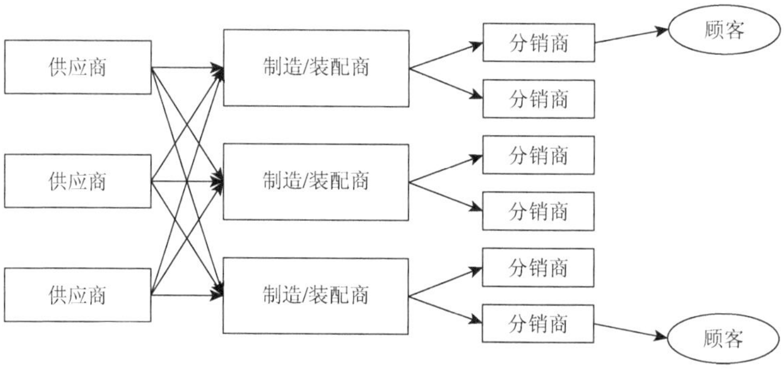

图 1.8　延迟前的供应链结构

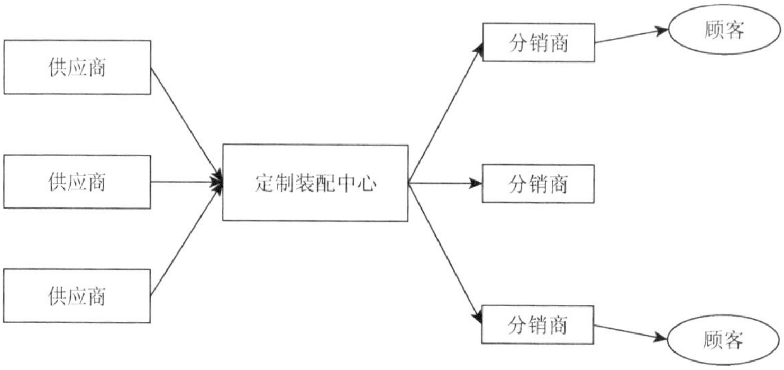

图 1.9　延迟后的供应链结构

1.4　本章小结

将企业从原料和零部件采购、运输、加工制造、分销直至最终送到顾客手中的这一过程看成一个环环相扣的链条，这就是供应链。供应链管理是指对整个供应链系统进行计划、协调、操作、控制和优化。本章对供应链管理的产生背景进行了阐述，揭示了这种思想和理论产生的必然性及其对企业的重要性。在此基础上，详细讲解了供应链管理的相关概念，并就几种传统战略进行了阐述。

第2章

物流产品和服务

➢本章引导案例①

遍布全球的便利名店 7-11 名字的来源是这家便利店在建立初期的营业时间是从早上 7 点到晚上 11 点。这家 70 多年前发源于美国的商店是全球最大的便利连锁店，在全球 20 多个国家拥有 2.1 万家左右的连锁店。

一家成功的便利店背后一定有一个高效的物流配送系统。7-11 从一开始采用的就是在特定区域高密度集中开店的策略，在物流管理上也采用集中的物流配送方案，这一方案每年大概能为 7-11 节约相当于商品原价 10%的费用。一间普通的 7-11 连锁店一般只有 100～200 平方米，却要提供两三千种食品，不同的食品有可能来自不同的供应商，运送和保存的要求也各有不同，每一种食品不但不能短缺或过剩，还要根据顾客的不同需要随时调整货物的品种，种种要求给连锁店的物流配送提出了很高的要求。

起初，7-11 并没有自己的配送中心，它的货物配送依靠的是批发商。以日本的 7-11 为例，早期日本 7-11 的供应商都有自己特定的批发商，而且每个批发商一般都只代理一家生产商，这个批发商就是联系 7-11 和其供应商间的纽带，也是 7-11 和供应商间传递货物、信息和资金的通道。供应商把自己的产品交给批发商以后，对产品的销售就不再过问，所有的配送和销售都会由批发商来完成。对于 7-11 而言，批发商就相当于自己的配送中心，它所要做的就是把供应商生产的产品迅速有效地运送到 7-11 手中。为了自身的发展，批发商需要最大限度地扩大自己的经营，尽力向更多的便利店送货，并且要对整个配送和订货系统做出规划，以满足 7-11 的需要。

渐渐地，这种分散化的、由各个批发商分别送货的方式无法再满足规模日渐扩大的 7-11 便利店的需要，7-11 开始和批发商及合作生产商构建统一的集约化的配送和进货系统。在这种系统之下，7-11 改变了以往由多家批发商分别向各个便利店送货的方式，改由一家在一定区域内的特定批发商统一管理该区域内的同类供应商，然后向 7-11 统一配货，这种方式称为集约化配送。集约化配送有效地降低了批发商的数量，减少了配送环节，为 7-11 节省了物流费用。

配送中心的特定批发商提醒了 7-11，何不自己建一个配送中心？与其让别人掌控自

---

① 资料来源：http://info.jctrans.com/xueyuan/czal/20159182175173.shtml。

己的经脉，不如自己把自己的脉。7-11 的物流共同配送系统就这样浮出水面，共同配送中心代替了特定批发商，分别在不同的区域统一集货、统一配送。配送中心有一个计算机网络配送系统，分别与供应商及 7-11 店铺相连。为了保证不断货，配送中心一般会根据以往的经验保留 4 天左右的库存，同时，配送中心的计算机系统每天都会定期收到各个店铺发来的库存报告和要货报告，配送中心把这些报告集中分析，最后形成一张张向不同供应商发出的订单，由计算机网络传给供应商，而供应商则会在预定时间之内向配送中心派送货物。7-11 配送中心在收到所有货物后，对各个店铺所需要的货物分别打包，等待发送。第二天一早，派送车就会从配送中心鱼贯而出，择路向自己区域内的店铺送货。整个配送过程就这样每天循环往复，为 7-11 连锁店的顺利运行提供保障。

有了自己的配送中心，7-11 就能和供应商谈价格了。7-11 和供应商之间定期会有一次定价谈判，以确定未来一定时间内大部分商品的价格，其中包括供应商的运费和其他费用。一旦确定价格，7-11 就省下了每次和供应商讨价还价这一环节，少了口舌之争，多了平稳运行，7-11 为自己节省了时间也节省了费用。

随着店铺的扩大和商品的增多，7-11 的物流配送越来越复杂，配送时间和配送种类的细分势在必行。根据食品的保存温度来建立配送体系，日本 7-11 对食品的分类是：冷冻型（–20℃），如冰激凌等；微冷型（5℃），如牛奶、生菜等；恒温型，如罐头、饮料等；暖温型（20℃），如面包、饭食等。不同类型的食品会用不同的方法和设备配送，如各种保温车和冷藏车。由于冷藏车在装卸货时经常开关门，容易引起车厢温度的变化和冷藏食品的变质，7-11 还专门用一种两仓式货运车来解决这个问题，一个仓中温度的变化不会影响另一个仓，需冷藏的食品就始终能在需要的低温下配送了。

除了配送设备，不同食品对配送时间和频率也会有不同要求。对于有特殊要求的食品如冰激凌，7-11 会绕过配送中心，由配送车早中晚三次直接从生产商门口拉到各个店铺。对于一般的商品，7-11 实行的是一日三次的配送制度，早上 3 点到 7 点配送前一天晚上生产的一般食品，早上 8 点到 11 点配送前一天晚上生产的特殊食品，如牛奶、新鲜蔬菜，下午 3 点到 6 点配送当天上午生产的食品，这样一日三次的配送频率在保证了商店不缺货的同时，也保证了食品的新鲜度。为了确保各店铺的供货万无一失，配送中心还有一个特别配送制度来和一日三次的配送相搭配。每个店铺都会随时碰到一些特殊情况造成缺货，这时只能向配送中心打电话告急，配送中心则会用安全库存对店铺紧急配送，如果安全库存也已告罄，中心就转而向供应商紧急要货，并且在第一时间送到缺货的店铺中。

2.1 产品及其分类

2.1.1 产品定义

产品是任何经营活动或经营过程的产出或结果，产品也称为向市场提供的，引起注意、获取、使用或者消费，以满足欲望或需要的任何东西。产品分为有形产品和无形产品。

有形产品可由质量、体积、形状、外观、性能、耐用性等特征来描述；无形产品包括产品的售后服务、企业信誉、为提供准确及时的信息（如在途货物跟踪）而与客户进行的交流，满足客户个性化要求的灵活性、为顾客提供的有形产品（如维修的汽车）或无形产品（如为准备税款申报书所需的收益表）所完成的活动、为顾客创造的氛围或体验（如在宾馆和饭店）等。

2.1.2　产品分类

1. 按照产品去向分类

按照这种分类方法，可将产品分为消费品和工业品两大类。

1）消费品

消费品（consumer products）是用来满足人们物质和文化生活需要的那部分社会产品，也可以称作“消费资料”或者“生活资料”。根据消费者的购买行为和购买习惯，消费品又可以分为便利品、选购品、特殊品和非渴求品四类。

（1）便利品（convenience goods）指消费者要经常购买、反复购买、即时购买、就近购买、惯性购买，且购买时不需要时间比较和选择的商品。

（2）选购品（shopping goods）指顾客对使用性、质量、价格和式样等基本方面要作认真权衡比较的产品，如家具、服装、汽车和大的器械等。选购品可以划分为同质品和异质品。购买者认为同质品的质量相似，但价格却明显不同，所以有选购的必要。销售者必须与购买者“商谈价格”。但对顾客来说，在选购服装、家具和其他异质品时，产品特色通常比价格更重要。异质品的经营者必须备有大量的品种花色，以满足不同的爱好；还必须有受过良好训练的推销人员，为顾客提供信息和咨询。

（3）特殊品（specialty goods）指消费者愿意花费大量的精力、愿意等待相当长的时间去购买的产品。特殊品可能是任何一种产品，比如，具有特定品牌或独具特色的商品，或对消费者具有特殊意义、特别价值的商品，如具有收藏价值的收藏品以及结婚戒指等。

（4）非渴求品（unsought goods）指消费者不熟悉，或虽然熟悉，但不感兴趣、不主动寻求购买的商品，如环保产品、人寿保险以及专业性很强的书籍等。

2）工业品

工业品（industrial goods）是指购买者购买后以社会再生产为目的的产品，包括商品和服务。

从生产目的的角度，工业品可以分为两大类：第一类是工业中间品，也可以称为中间型工业品，如原煤、柴油机、油漆、中央处理器等，这些工业品用于下游工业品企业；第二类是最终工业品，主要服务于工业或工程，也有可能是普通的消费品。

根据参与生产过程的程度和价值也可将工业品划分为材料和部件、资本项目、供应品和服务三大类。

（1）材料和部件（material and parts）指完全参与生产过程、其价值全部转移到最终产品的物品，又可以分为原材料、半制成品和部件两大类。

（2）资本项目（capital items）指辅助生产进行，其实体不形成最终产品，价值通过折旧、摊销的方式部分转移到最终产品之中的物品，包括装备和附属设备。

（3）供应品和服务（supplies and services）指不形成最终产品，价值较低、消耗较快的物品。

2. 按照国家标准分类

为提高我国经济管理水平，建立统一的、科学的国民经济核算制度和实现国家经济信息的自动化管理，我国在 1987 年发布了《全国工农业产品（商品、物资）分类与代码》（GB/T 7635—1987）[①]的国家标准，该标准将产品分为 24 个大类，99 个子类。24 个大类的产品有农、林、牧、渔业产品；矿产品及竹、木采伐产品；电力、蒸汽供热量、煤气（天然气除外）和水；加工食品、饮料、烟草加工品和饲料；纺织品、针织品、服装及其缝纫品；鞋帽、皮革、毛皮及其制成品；工艺美术品、古玩及珍藏品；废旧物资等。

2.1.3 产品的生命周期

产品生命周期（product life cycle，PLC），是指产品的市场寿命要经历一个引入（introduction）、增长（growth）、成熟（maturity）、衰退（decline）的阶段。产品只有经过研究开发、试销，然后进入市场，它的市场生命周期才算开始；产品退出市场，则标志着生命周期的结束。

在不同的阶段，产品的销量不同，物流分销战略是有差别的。一种产品进入市场后，它的销售量和利润都会随时间推移而改变，呈现一个由少到多、由多到少的过程，就如同人的生命一样，由引入、增长到成熟，最终走向衰退（图 2.1），显然各个时期的物流特点均有不同。

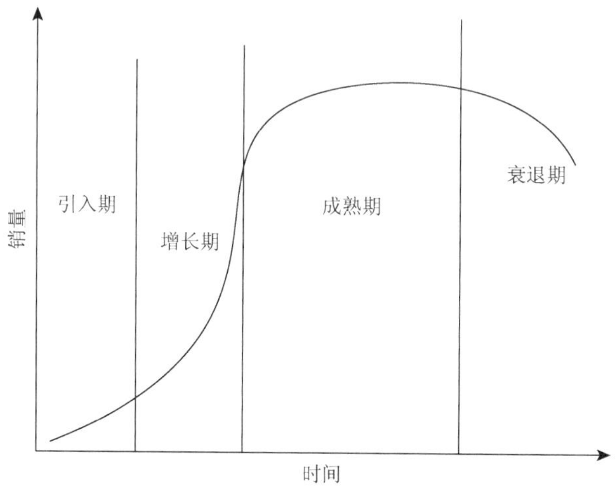

图 2.1 产品的生命周期曲线

① 该标准已被《全国主要产品分类与代码 第 1 部分：可运输产品》（GB/T 7635.1—2002）和《全国主要产品分类与代码 第 2 部分：不可运输产品》（GB/T 7635.2—2002）代替。

观察 2.1　重庆普天通信设备有限公司破产清算

重庆普天通信设备有限公司始建于 1958 年。1987 年成功引进意大利 Tdc 系列 PCM（pulse code modulation，脉冲编码调制）生产线和 PCB（printed circuit board，印制电路板）生产线；1992 年成为邮电部定点生产数字程控交换机的厂家；1994 年建立国家级技术开发中心；1995 年参与联合开发并生产出我国第一代具有知识产权的 GF155/622 型 SDH（synchronous digital hierarchy，同步数字体系）光同步数字设备，产品技术达到 20 世纪 90 年代初期国际先进水平；1998 年开发了 Super 2100 型窄带接入网设备。公司产品已广泛用于各电信运营部门及军网，产品覆盖我国大陆所有地区。公司主要参与了南沿海工程（福—广）、兰武工程、214 工程（京—津—沪）、京呼银兰工程、兰西拉工程、滇藏军网工程、东北电力等国家重点通信干线的建设，并出口俄罗斯、朝鲜和约旦等国。2003 年底，公司拟生产灵通、短信座机等民用通信产品，并与重庆邮电学院合作生产 3G 手机。

2010 年 12 月，公司宣布破产。通过清查，公司资产主要有：面积 118 003.50 平方米的土地使用权；办公楼、厂房、仓库、公寓楼、食堂及门卫室等房屋建筑物，建筑面积合计 57 571.88 平方米；通信产品加工设备、仪器仪表设备、电子办公设备及电器设备、运输车辆和其他设备共计 3036 台，它们大多早已处于闲置或报废状况；仓库里的存货，除了少量原材料可用，其余基本上没有价值。

2.2　产品特征

产品特征是产品自身构造所形成的特色，一般指产品的外形、质量、功能、商标和包装等，它能反映产品对顾客的吸引力。有形产品的特征，指本产品不仅具有同类产品最基本的功能，还有其他特征，如性能、尺寸、外观、材质、配件和资质等方面的特点。无形产品的特性，更多地体现在给人的感知和氛围上，如一场美妙的音乐会带给人精神上的愉悦。

与物流相关的产品特征主要是指有形产品的特征，它们包括重量-体积比、价值-重量比、可替代性和风险性。

2.2.1　重量–体积比

在运输或仓储中，经常考虑的一个指标是重量。然而，如果体积过大而重量过轻，根据国际航空运输协会（International Air Transport Association，IATA）规定，货件就按照体积空间计算运费，也就是体积重量（volume weight）。在这种情况下，必须将货件的体积按国际通行的公式转换成计费重量，然后将体积重量与物品的实际重量相比较，取较重的一个作为计费重量来计算运输费用。体积重量的计算公式如下。

（1）不考虑货件的几何形状分别测量出货件的长、宽、高，单位以厘米计算。

（2）以货件的长、宽、高相乘得出货件的体积。

（3）将体积折合成千克或磅，即长（厘米）×宽（厘米）×高（厘米）/6000=体积重量（千克）。体积重量尾数的处理方法与毛重尾数的处理方法相同，即以 0.5 千克为最小单位。

运费吨是重量吨和尺码吨的统称。重量吨是按毛重（weight）计算，以每公吨（1000 千克）、每长吨（1016 千克）或每短吨（907.2 千克）为一个计算运费的单位，用 *W* 表示。尺码吨是按体积（measurement）计算，以每立方米（约合 35.3147 材积）或 40 材积为 1 尺码吨或容积吨，用 *M* 表示。

例题 2.1

出口货物一批，计 400 箱，每箱重 50 千克，体积为 60 厘米×40 厘米×30 厘米，由天津装船去伦敦或鹿特丹或汉堡港口。查该货为 8 级，计费标准为 *W/M*，基本费率为 60 美元/运费吨，另有燃油附加费 20%，该港附加费每运费吨 2 美元，港口附加费 10%。求该批货物的运费。

货物体积=0.6×0.4×0.3=0.072（立方米）。因为 *W*=400×0.05=20（公吨）=20（运费吨），*M*=400×0.072=28.8（立方米）=28.8（运费吨），*W*＜*M*，所以按体积作为计算运费的标准。

运费=基本运费×（1+附加运费）×运费吨=2304 美元，即该批货物的运费为 2304 美元。

不同的重量密度比对物流成本有不同的影响（图 2.2），随着产品重量密度的增加，存储和运输成本占销售价格的比例都会下降。

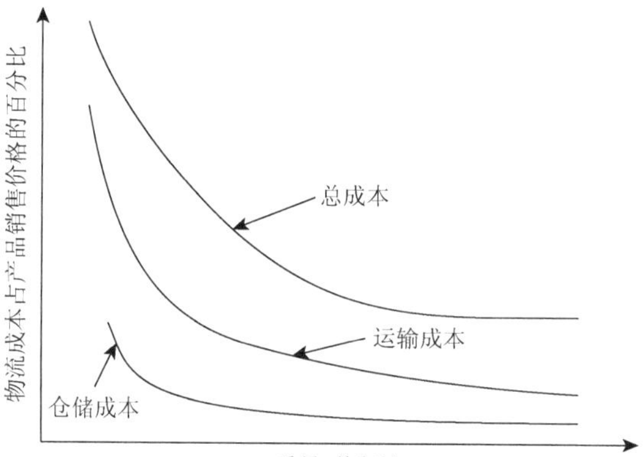

图 2.2 产品重量密度对物流成本的影响

改变产品的重量密度的一个重要途径与产品包装有关，产品的包装功能主要如下。

一是保护性功能，包装不仅要防止产品物理性的损坏，如防冲击、防震动、耐压等，还要防止各种化学性及其他方式的损坏，既要防止由外到内的损伤，也要防止由内到外产生的破坏，如化学品的包装。

二是便利性功能，产品经过包装以后，可以便于运输和装卸、保管与储藏，也便于携带与使用、回收与废弃处理，如规格标准化包装、挂式包装、大型组合产品拆卸分装等，这些类型的包装都能比较合理地利用物流空间。

三是促销功能，这是包装设计最主要的功能之一。促销功能以美感为基础，现代包装要求将“美化”的内涵具体化。包装的形象不仅体现出生产企业的性质与经营特点，还体现出产品的内在品质，能够反映不同消费者的审美情趣，满足他们的心理需求。

2.2.2　价值–重量比

产品的价值也是物流管理中考虑的一个重要因素，将产品价值除以其重量，可得到一个比率，称为价值密度。产品价值密度的不同对其运输、储存都有不同的要求，也会产生不同的费用。通常情况下，价值密度越高的产品，它们的运输、储存费用也会越高。

观察 2.2　国宝恐龙化石运输保险 100 万元

三具来自云南禄丰的珍贵恐龙化石终于抵达“新家”，即中国科学技术馆新馆。此次三具恐龙化石上了保额 100 万元的运输安全保险。两天后的开箱现场，将由中国科学技术馆、云南楚雄彝族自治州代表和运输公司三方监督进行。

2009 年 8 月 13 日晚，载有恐龙化石的特殊防震货车刚停稳，一个个装有恐龙化石的大木箱被小心卸下，与恐龙化石同行的还有沉重的支撑钢架、保护垫板以及从发掘现场带来的一箱土。负责装架工作的专家团队也随即到达。

因为恐龙在新家的底座尚未完成，所以 2009 年 8 月 13 日晚三具恐龙化石在中国科学技术馆一层的仓库里“暂住一晚”，为确保安全，中国科学技术馆安排了 30 多名保安守卫。

恐龙化石对空气湿度、温度、通风的要求都非常高，为此中国科学技术馆已经制定了一系列措施，对展厅的环境进行了调节，确保让恐龙化石住得“舒适”。为了保证装架工作顺利开展，14 日上午中国科学技术馆又召集专家进行讨论。

2.2.3　可替代性

两个处于同行业或不同行业中的企业，可能会因为所生产的产品互为替代品，所以在它们之间产生相互竞争行为，这种源于替代品的竞争会以各种形式影响行业中现有企业的竞争战略。

许多产品的可替代性都很强，如软饮料、洗护用品、家用电器等，这意味着如果不及时补充缺货的产品，就会失去销售机会。物流经理尽管不能左右产品的可替代性，但可以通过增加运输频次或库存量，使缺货损失达到最低。

2.2.4　风险性

产品的风险性是指产品的易腐性、易氧化、易燃性、易爆性、有毒性、有害性、传染性和放射性、贬值和易于被盗等方面的特征。

如果产品在上述一个或多个方面表现出风险性特征，那么就会对物流系统有一定的限制或要求，产品的运输、储存成本就会大幅度上升（图 2.3）。

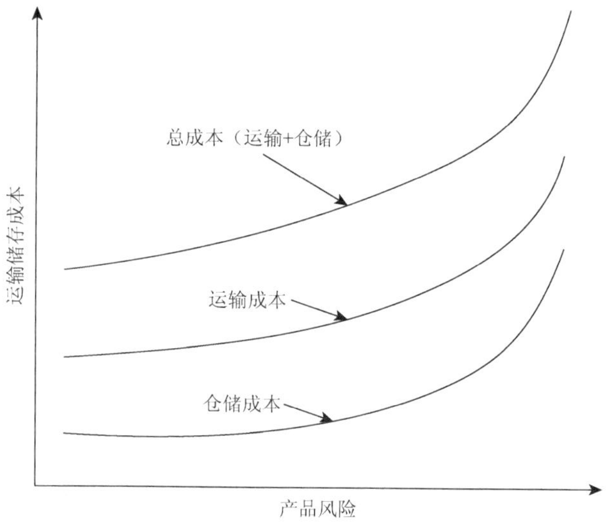

图 2.3 产品风险对物流成本的一般影响

具有易燃、易爆、有毒、有害、传染、辐射等特性的危险品，目前世界上有 3000 多种，各国政府均有一系列管理办法，其中包括产品分类，以及产品在生产、储存、运输、装卸、经营和使用等方面的强制性要求。

2.3 产品管理——ABC 分类法

2.3.1 ABC 分类法的概念

ABC 分类法（activity based classification）又称帕累托分析法或巴雷托分析法、柏拉图分析法、主次因分析法、ABC 分析法、分类管理法、重点管理法、ABC 管理法，也称为“80 对 20”规则。

ABC 分类法是由意大利经济学家维尔弗雷多·帕累托首创的。1879 年，帕累托在研究个人收入的分布状态时，发现少数人的收入占全部人收入的大部分，而多数人的收入却只占一小部分，他将这一关系用图表示出来，就是著名的帕累托曲线（图 2.4）。

该分析方法的核心思想是在决定一个事物的众多因素中分清主次，识别出少数的但对事物起决定作用的关键因素和多数的但对事物影响较小的次要因素。后来，帕累托分析法被不断应用于管理的各个方面。1951 年，管理学家戴克将其应用于库存管理，命名为 ABC 分类法。1951～1956 年，约瑟夫·朱兰将 ABC 分类法引入质量管理，用于质量问题的分析，称为排列图。1963 年，彼得·德鲁克将这一方法推广到全部社会现象，使 ABC 分类法成为企业提高效益的普遍应用的管理方法。

2.3.2 ABC 分类标准和步骤

根据该物品数量占总量比例和该物品的金额占总物品资金的比例，将物品分为 A、B、C 三类，划分标准如下。

（1）将存货单元累计 5%～10%，而成本占总成本约 70%的物料划分为 A 类库存。

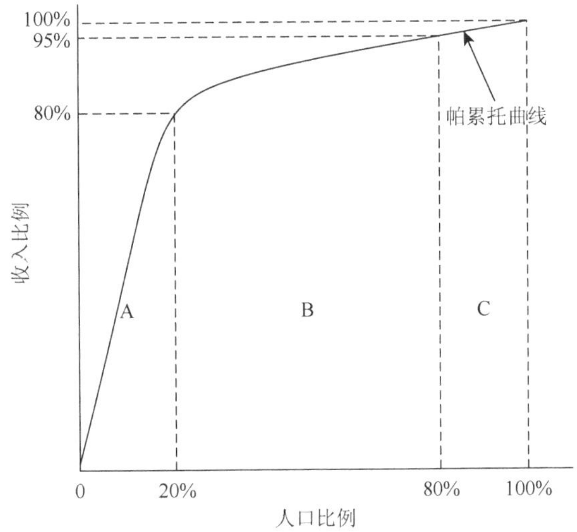

图 2.4　帕累托曲线

（2）将存货单元累计 60%～70%，而成本占总成本约 20%的物料划分为 B 类库存。

（3）将存货单元累计 70%～100%，而成本占总成本约 10%的物料划分为 C 类库存。

选用字母 A、B 和 C 并没有特别的意义，只代表不同的分类且其重要性递减，将物料分为三级不是绝对的，这种分类也不是影响物料重要性的唯一标准。除此之外，还有其他的划分标准，如按物料的单位成本、物料的资源是否容易获得、销售额、提前期、物料的缺货成本等划分。

运用 ABC 分类法的关键在于如何以“重要的少数和次要的多数”为依据，通过定性和定量的分析，将管理对象的库存物料按照分类指标划分为 A、B、C 三类，然后采取相应的控制策略。

ABC 分类法实施的一般步骤如下。

（1）确认库存中每一种物料的年度使用量。

（2）将每一种物料的年度使用量和物料的成本相乘，计算每一种物料的年度使用金额。

（3）将所有物料的年度使用金额求和，得到全年度库存总金额。

（4）将每一种物料的年度使用金额分别除以全年度库存总金额，计算出每一种物料的总计年度使用百分比。

（5）将物料根据年度使用百分比由大到小排序。

（6）检查年度使用量分布，并根据年度使用量百分比将物料加以分类。

2.3.3　三类物品的管理方法

将物品分成了三类，表明了它们的重要性也就不同，因此对于它们的管理方法也会不一样（表 2.1）。

表 2.1 三类物品管理方法

	A 类	B 类	C 类
消耗定额的方法	技术计算	现场核定	经验估算
检查周期	每天检查	每周检查	月度、季度、年度检查
统计	详细统计	一般统计	金额统计
控制	严格统计	一般统计	按金额总量控制
安全库存	较低	一般	较高
是否允许缺货	不允许	偶尔允许	允许在一定范围内

1）A 类物品的管理方法

（1）按照需求、小批量、多批次的采购入库，最好能做到准时制管理。

（2）按照看板订单、小批量、多批次发货，最好能做到准时制出库。

（3）尽可能缩短订货提前期，对交货期限加强控制。

（4）科学设置最低定额、安全库存和订货点、报警点，防止发生缺货；与供应商和用户共同研究替代品，尽可能降低单价；制订应急预案、补救措施。

（5）每天都要进行盘点和检查。

2）B 类物品的管理方法

（1）采用定量订货方法，前置期时间较长。

（2）每周要进行盘点和检查。

（3）中量采购。

3）C 类物品的管理方法

（1）大量采购，获得价格上的优惠。因为所耗金额非常小，所以即使储备多，也不会增加太多金额。

（2）简化库存管理。

（3）月度、季度或年度循环盘点一遍。

（4）对于积压物品和不能发生作用的物料，应该每周向公司决策层通报，及时清理出仓库。

观察 2.3 实施 ABC 分类的效益

红光陶瓷厂是一个生产日用工艺美术陶瓷的专业性工厂，自 2005 年投产以来，产值以 38.28%的递增率逐年增长。但随着生产规模的不断扩大，经济形势的变化，成品库存积压不断上升，以及原辅材料的价格频繁调高，产品成本有了较大的增长。因此，厂内物品超储、积压现象严重、资金占用多、周转速度慢等情况已成为库存管理中相当严重的问题。该厂物品品种上千，其重要程度、消耗数量、资金占用等各不相同。怎样才能搞好存货管理、合理使用资金，做到既能控制、节约储备资金，又能保证企业生产经营活动的正常进行呢？为此，他们尝试对库存进行 ABC 分类管理。

该厂现有库存物品品种 1174 个，全年消耗资金总额 1 314 250 元，其中年消耗资金在 1000 元以上的品种有 38 个，属于物品管理中的重点，可以对其进行 ABC 分类管理，另外 1100 多种物品，每种年消耗资金在 1000 元以下，可以全部归入“其他”类物品处理。在 38 个重点物品中，他们把年消耗资金的累计比例占全部物品年消耗资金在 0%~80%的物品列为 A 类物品，80%~90%的列为 B 类物品，90%以上的列为 C 类物品。

2.4　客户服务

2.4.1　物流客户服务的定义

客户服务（customer service），是指一种以客户为导向的，满足客户需求的一系列活动，通常始于订单录入，止于产品送达客户，有时还会以设备服务、保修或其他技术支持的形式继续下去。因此应该从以下三个方面去理解物流客户服务，方可抓住物流客户服务的要旨。

（1）物流客户服务是一项工作。物流客户服务是为了满足客户要求而进行的一项特殊工作，包括订单处理、配送、装卸、包装、流通加工、技术培训、零配件供应、处理退货及投诉、产品咨询等具体活动。

（2）物流客户服务是一整套业绩评价。通常包括产品可得性评价、订货周期和可靠性评价、服务系统的灵活性评价等。

（3）物流客户服务是一种观念。物流客户服务是企业对客户的一种承诺，是企业战略的一个主要组成部分。它与当今企业高度重视的质量管理是完全一致的，需要引起高层管理人员的重视。企业不能将物流客户服务狭义地理解为一种活动，而应将物流客户服务思想渗透到整个企业，使它的各项活动制度化。

物流客户服务作为一种产品与其他产品相比有许多不同之处。概括来讲，物流客户服务产品的特征有以下几个方面。

（1）附属性。在完整的物流活动过程中，物流服务是附属于商流而产生的。商流指的是商品所有权的转移，而要真正实现这种转移，必须利用物流服务。可以说，产生物流服务的基本前提是商流的存在。

（2）非物质性。区分物流服务产品与其他产业的产品的最大特征是物流服务产品属于非物质形态。物流活动所生产出来的产品不是有形的产品，而是一种同时产生于生产、销售、消费三个环节的实时服务。

（3）动态性。物流服务面对的客户并不是非常固定的，而是分布在很广泛的地域。同时，因为物流服务具有附属于商流的特性，提供物流服务的企业在运营过程中常常处于被动的地位，如提供服务的时间、方式等，往往要根据客户的要求进行安排和调整，这就给物流企业提出了更高的要求。同时，也要求物流企业提供的物流模式不能一成不变，而应该根据客户的要求进行实时调整，以满足客户的需求。

（4）专业性。物流企业提供的是物流服务，在物流设计、操作过程、物流技术工具、设施及物流管理等方面都会体现其专业化的特征。这既是客户的需要，也是物流企业自身发展的基本要求。

2.4.2 客户服务的要素

根据供应商和客户之间交易发生的时间，可以把物流客户服务的构成要素分为交易前要素、交易中要素和交易后要素三类（图 2.5）。

（1）交易前要素是指在交易前为客户提供的各种服务，主要包括客户服务政策的制订和宣传、应急服务计划的制订、客户服务组织机构的创建以及为客户提供的培训等。这些要素可以为客户服务营造良好的氛围。

（2）交易中要素是指直接将产品送达客户手中的要素，包括接待服务、设定库存水平、运输方式的选择和产品包装等。

（3）交易后要素是指在客户收到商品或服务后，根据客户要求所提供的后续服务的各项要素，主要包括送货、安装、产品退换、维修、保养、使用技术培训等方面，这些服务对进一步提高客户满意度和挽留住客户是非常重要的。

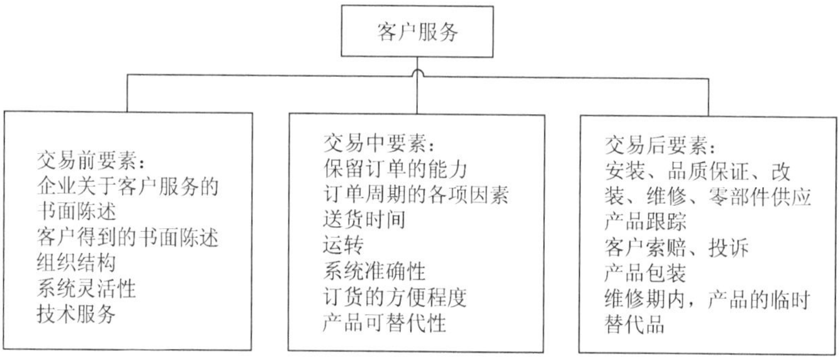

图 2.5 客户服务的构成因素

当物流企业与某个客户建立起合作关系时，其客户服务的要素将转变为具体的服务工作。以某物流运输企业为例，当其接受某货主企业的服务委托时，重点明确客户的具体需求是重要的交易前服务要素，具体如下。

（1）是否需要上门收送货物？

（2）运输时间要求如何？

（3）是否需要仓储及再加工的服务？

（4）在此之前的物流活动存在哪些不满意的地方？

（5）希望我们的服务能达到什么要求？

（6）在服务的过程中要对客户注意些什么？

（7）客户近、中、远期的物流工作目标或者希望是什么？

应该满足客户上述问题的需求，通过各方的努力和服务质量的改善来实现客户对企业的期望。

交易中应做好以下具体工作。

（1）货物再包装以及贴标识。

（2）根据客户的要求实施仓储管理，完成再加工，如组（分）装、贴牌、分拨、配送等。

（3）货物在途查询、跟踪信息的及时反馈。

最后在交易活动结束后，企业还应为客户提供后续的跟踪服务，具体工作如下。

（1）为客户提供月度统计分析表，报给客户供参考。内容包括本月发货量、派车及时率、到车及时率、单证流转准确率、有无货损货差等。

（2）为客户提供季度、年度报表，内容包括各地发货量走势、淡旺季时间、区域发货量对比、发货准确率、及时率、事故率等。

观察 2.4 宜家的客户服务要素

宜家是一家成立于 1943 年的瑞典家具企业，在瑞典人 Ingvar Kamprad 独特的经营理念的领导下，到 2005 年在全球 32 个国家有 175 个商店，宜家实现了在一年里让超过 2 亿人光顾它遍布全球的商店，销售额年平均增长率达到 15%的目标。宜家取得如此惊人的成绩，得益于它良好的客户服务。

1. 交易前要素

宜家每年用约 40 种语言颁布《美好家居指南》和产品目录册，可同时向全球 30 个国家和地区的顾客赠阅。产品目录以独特的创意展现了宜家产品的品质、功能，为消费者在选择宜家产品时提供了更为直观、简洁的信息，还起到了广告、宣传作用。宜家家居手机 App 让顾客轻松浏览宜家产品，并观看精彩视频和体验 3D 增强现实技术与了解更多优惠信息。

在宜家的官网上，顾客可以轻松地查询产品库存，获知商场地址，并与“安娜”在线问与答。另外，宜家还列出了服务类型，包括送货服务、提送货服务、组装服务、厨房/浴室安装服务、旧厨房拆除服务、布料加工服务、厨房测量服务、厨房设计服务、儿童乐园、宜家购物卡、退换货政策、贴心服务设施、顾客服务热线、付款方式。

宜家建立了全球化的后勤管理系统，这个系统的中心就是宜家遍布全球的 14 个仓库。其中最大的一个位于阿莫霍特，面积有 135 000 平方米，储有足够 3000 个三卧室公寓所用的家具物品。大部分的订购通过网络来完成。宜家全球所有商店的出纳将销售信息传递给宜家最近的仓库和管理总部，信息系统在那里查看和分析宜家全球的销售与运输状况，并做出最合理的安排。

2. 交易中要素

顾客从宜家商场的入口进入，顺着宜家商场内的指示，可看到宜家所展示的所有商品。顾客既看到了宜家产品组合在一起的整体效果，也顺便选购了产品。

宜家有如此物美价廉的产品，其根源有六个方面：设计产品的价格；采用平板式包装以节省仓储和运输费；“虐待”自己的产品以确保耐用性；商场里不向顾客提供帮助以节省人员工资，并增加顾客的体验感；顾客自己提货；顾客在家自己组装所购商品。

宜家会通过图示将产品进行分解，告诉你使用了什么样的材质，它所能承受的重量。接下来就是顾客如何根据自己的身高和体重选择合适的床垫了，当然宜家还会建议顾客“躺下来试一试”。

在宜家的终端里，如果你因带来的小孩而感觉购物不便，可将小孩放在“儿童乐园”里；如果你渴了，可有一杯咖啡或饮料；如果你饿了，可来一份正宗的欧式甜点；如果你累了，可在沙发上歇一歇，甚至在床上躺一躺……

3. 交易后要素

宜家产品的设计鼓励顾客自行组装，并在包装中提供必要的组装说明和工具帮助顾客组装自己购买的商品。如果顾客需要，也可以选择宜家指定的专业服务商有偿地上门服务，包括将商品运送到家。

落实好家具空间设计、家具安装、家具维修等环节，并建立好顾客档案，跟踪顾客对产品使用的满意程度，定期或不定期地加强与顾客的联系。

现在宜家根据中国市场的消费特点，正在微调服务，比如，当顾客购买产品达到一定的额度时，可得到免费安装的优惠等服务。宜家销售服务的一个最大亮点是，消费者如果对已购商品不满意，可在 60 天内无条件退货，宜家是将顾客购买决策的风险转移到自己身上。

2.4.3 客户服务审计

客户服务审计（customer service audit）是评估一个公司提供服务水平的方法，其目的是：①识别客户服务的关键要素；②了解如何控制这些要素的绩效；③评估内部信息系统的质量和容量。典型的客户服务审计包括以下步骤。

（1）外部客户服务审计。外部客户服务审计主要是识别客户在做购买决策时认为的重要客户服务要素，确定公司和竞争对手为客户提供服务的感觉。外部客户服务审计需要对客户进行调查和访谈，确定哪些客户服务要素是客户真正重视的，对公司具有代表性的和统计有效的客户群体进行问卷调查。

（2）内部客户服务审计。内部客户服务审计应提出一系列问题，比如，当前公司内部如何衡量客户服务？服务的标准和目标是什么？公司的每一个职能部门如何看待客户服务？这些职能部门在交流和控制方面的关系如何？

（3）识别改进的方法和机会。识别改进的方法和机会是找出公司的服务现状与客户服务需求之间的差距，考察客户与公司和公司内部的沟通渠道，包括与行业标杆在客户服务方面的对比，这样可以帮助管理人员调整客户服务和营销战略，细分客户、区别对待，以提高公司的利润率。

（4）设置客户服务水平。审计过程的最后一步是设置客户服务水平，进行不间断的服务衡量。管理人员必须在服务水平的影响因素，如客户类型、地理区域、分销渠道和生产线等基础上，设定细分的目标服务等级。

2.4.4　衡量客户服务水平的常用指标

由于各企业的物流活动侧重点不同，衡量服务水平的指标体系也就不会相同。然而，有一点是相同的，即物流客户服务水平不能由单一指标来衡量，应该通过多个指标来综合衡量。常见的指标如下。

1）订货

（1）订货便利程度。

（2）订单处理和配货周期。

（3）缺货比率。

（4）订单履行比率。

（5）订单积压（back order）的比率。

2）运输

（1）准时交付率。

（2）货物灭失或损坏的比率。

3）售后

（1）退货占订单总数的比率。

（2）退货占销售总额的比率。

（3）备件供应比率。

（4）理赔受理周期。

（5）维修周期。

（6）维修期内的临时产品替代率。

2.4.5　客户服务水平的设定

1. 物流服务-成本弹性

设物流服务水平-物流成本函数为 $LS = f(LC)$（$LC \geqslant 0$，$LS \geqslant 0$），其曲线称为 LS-LC 曲线（图 2.6）。定义物流服务-成本弹性为物流服务水平相对变动与物流成本相对变动的比例，简称为物流弹性，以 LE 表示（式（2.1）），即

$$LE = \frac{\Delta LS}{LS} \Big/ \frac{\Delta LC}{LC} = \frac{\Delta f(LC)}{f(LC)} \Big/ \frac{\Delta LC}{LC} = \frac{\Delta f(LC)}{\Delta LC} \times \frac{LC}{f(LC)} \tag{2.1}$$

当函数可导时，物流弹性 LE 为

$$LE = \lim_{\Delta LC \to 0} \left(\frac{\Delta f(LC)}{\Delta LC} \times \frac{LC}{f(LC)} \right) = f'(LC)\frac{LC}{LS} \tag{2.2}$$

LE 点弹性是指 LS-LC 函数在某一点的弹性。理论上，可以通过描画 LS-LC 曲线而计算出点弹性，但现实中物流服务水平和物流成本数据极其贫乏，计算时一般用只能用 LE 弧弹性。LE 弧弹性计算是以该段弧所对应的弦 ab（即图 2.6 中 a 点到 b 点）斜率，

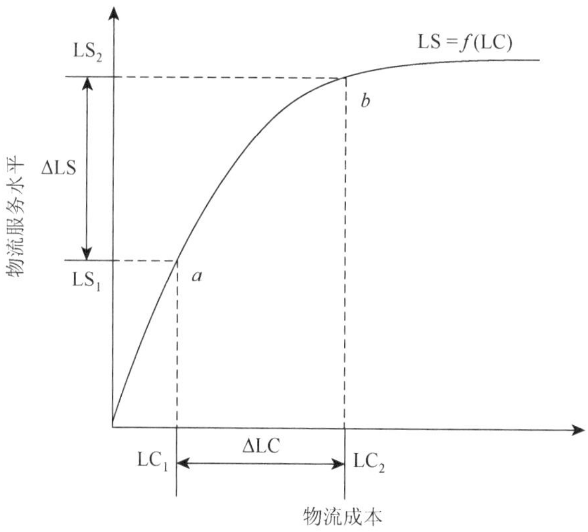

图 2.6　LS-LC 曲线示意图

以及 LS 与 LC 的大小为基础的。在常见的计算弧弹性的方法中，选择最佳算术平均数法计算 LE 弧弹性，见式（2.3）。

$$LE = \frac{LS_2 - LS_1}{(LS_1 + LS_2)/2} \bigg/ \frac{LC_2 - LC_1}{(LC_1 + LC_2)/2} = \frac{LS_2 - LS_1}{LC_2 - LC_1} \times \frac{LC_1 + LC_2}{LS_1 + LS_2} \tag{2.3}$$

对于 LS-LC 曲线，LE 不是固定不变的。LE=1，表明物流服务水平变化的幅度等于物流成本变化的幅度；LE＜1，表明物流服务水平变化的幅度小于物流成本变化的幅度；LE＞1，表明物流服务水平变化的幅度大于物流成本变化的幅度。在 LS-LC 曲线中，曲线越平缓，表明 LE 越小，企业希望通过增加成本改善服务的努力越困难。

同样也可以借助 LE 将一个 TPL（third-party logistics，第三方物流）与其竞争对手的物流服务-成本能力进行比较。在实际 LS-LC 决策时，因为基础数据的缺乏，所以并不对 LE 进行定量计算，只进行定性判断。

2. 设置服务水平

顾客需求是多种多样的。企业可以通过增加产品库存数量提高产品可获得性的做法来获得某些客户的支持，而另外一些客户却可能首选低可获得性和低价格的服务。企业在设置物流客户服务水平时，应尽量考虑如下几个方面。

（1）不应当只站在供给的一方来考虑物流服务水平，有时也需要站在需求方的角度来考虑，这就要求我们把观念由卖方转换为买方，了解客户的真正需求。

（2）顾客的不同物流服务也有所不同，有的应该得到优先照顾，因此应首先确定核心服务。

（3）物流服务应与顾客的特点、层次相符。

（4）在确定物流服务水平的同时，也要考虑如何创造企业自己的特色，以便超过竞争对手，也就是说要采取相对的物流服务观点。

（5）确定物流服务水平时，应按经济原则办事。对于一个企业来说，其最终目的是追求自己利润的最大化，即收入与物流成本之差的最大化（图 2.7）。

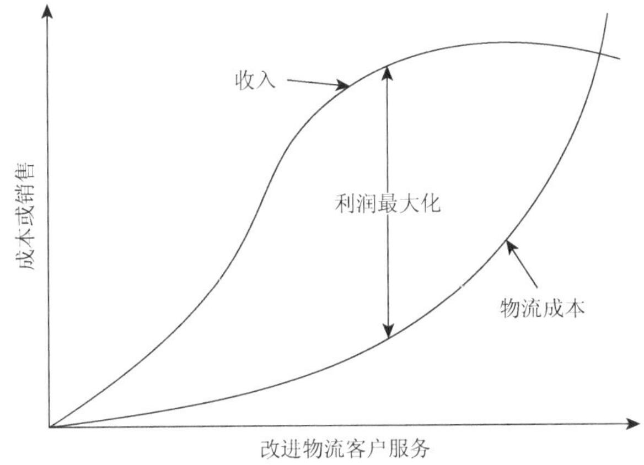

图 2.7 不同服务水平下，成本-收入悖反关系

（6）经过一段时间后要对企业的物流服务水平进行评估和改进。总之，企业要周而复始地了解物流服务现状、定期征求客户意见、对物流服务进行评估、确定物流服务形式、重新构筑物流系统等工作。

2.5 客户订单处理

2.5.1 订单周期

订单周期（order cycle time）是指从顾客提出订货、购买或服务要求到收到所订购产品或服务所经过的时间（图 2.8）。如果从客户的角度，这段时间就称为订货提前期（leadtime）。订单周期包括订单传输时间、订单处理时间、配货时间、生产时间和交付时间（即送货时间）（图 2.9）。

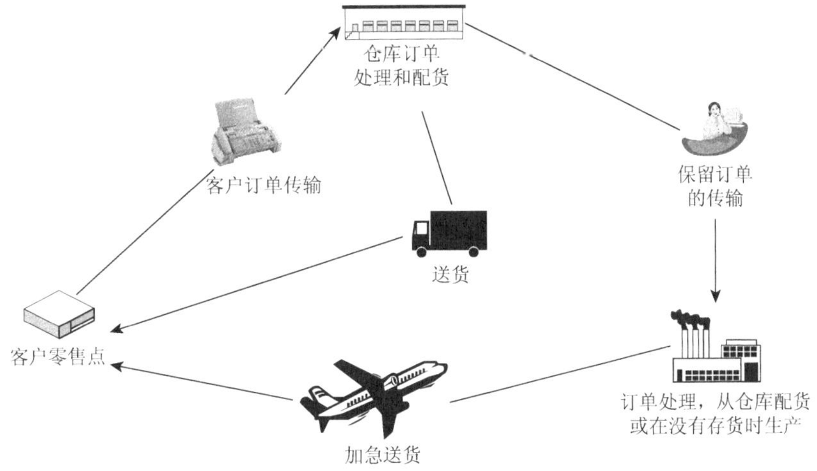

图 2.8 订单周期中的主要活动

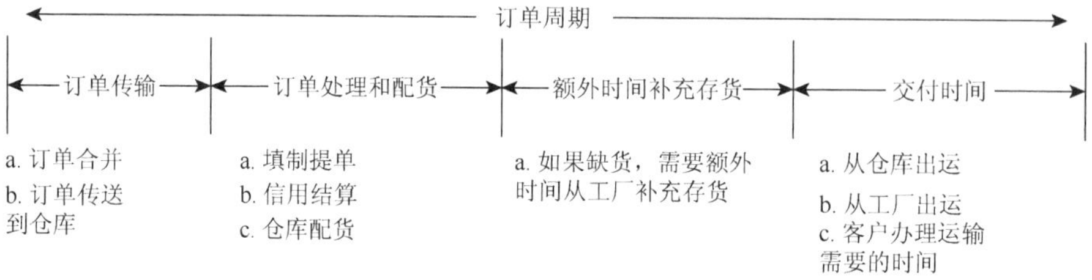

图 2.9　订单周期的组成部分

（1）订单传输时间是指从客户发出订单到卖方收到订单的时间间隔。过去邮寄数天，现在应用计算机电子数据交换（electronic data interchange，EDI）向供货方订货或通过互联网直接订货，大大缩短了订单传输时间，提高了订货效率，目前已逐步被大多数企业所采用。

（2）订单处理时间是指处理客户订单并准备装运的时间。这一功能涉及客户资信调查、销售记录的处理、订单移交到仓库以及装运文件的准备。可以通过有效地利用电子数据处理设备，同时处理各项工作，以提高订单处理效率。

（3）配货时间涉及挑选订货并包装以备装运。从简单的人工系统到高度的自动化系统，不同的搬运系统对于订货准备时间会有不同影响，企业物流管理者应从各项成本与效益角度进行综合考虑。挑选时间与包装时间主要受系统的自动化程度、客户订货的复杂程度、分拣技术设备性能和速度、是否托盘化或托盘尺寸是否匹配等因素影响。

（4）交付时间是指从将订货装到运输工具上到买方在目的地收到订货的时间间隔。运输时间与装运规模、运输方式、运输距离有关。

观察 2.5　ASSAB 的订单周期

ASSAB 公司采用包含物料管理（material management，MM）、生产计划（production planning，PP）、销售和分销（sale and distribution，SD）模块的国际通用版本 SAP（systems applications and products in data）。通常客户服务代表（INDDOR SALES）接听客户的电话（分散在各地的销售代表完成初期的具体业务查询），详细记录客户的材料品种、规格、加工内容及公差要求、数量和交货期要求并输入 SAP。SAP 在接受客户服务代表输入的客户名称后，会根据业务次数自动生成客户相关信息，如客户服务水平要求（VIP 状况）、运输线路、信用状况，当客户服务代表在 SAP 提示界面下详细录入订单内容时，SAP 会自动生成订单价格、材料选择、加工时间、运输路线和时间以及加工单据、运输单据、发票并等待打印。一旦客户服务代表将订单详细内容回传至客户确认后，SAP 接受（CONFIRM）信息将打印上述单据进入订单传递和履行阶段。当然，如果客户是首次与 ASSAB 公司合作，客户服务代表会详细记录客户的相关信息，在新客户（NEW CUSTOMER）界面下输入客户的名称、信用等级、服务水平、交货详细地址等，待下次交易时 SAP 会自动生成相关信息。

客户服务代表在订单接受过程中会经历订单输入（input）、报价（quotation）、库存查询（piece finder）、信用审核（credit validation）、交货期确认（delivery validation）、加工内容（operation contents）等复杂的阶段。在 SAP 协助下，报价、库存查询、信用审核等均自动生成，整个订单接受时间从 30 分钟迅速下降至 5 分钟以内。

由于需求的不确定性，通常白天接受订单时客户服务代表会集中 1 小时向生产单位传递订单以安排生产；夜班会在白班下班前将单据信息集中传达以安排生产。接受订单履行信息后，生产计划人员会根据设备占用情况和生产内部的衔接（锯切、机加工、热处理）排序。通常选料是由 SAP 决定的，但由于库存实物和库存文件信息的不吻合，加工现场的领班被授权根据实际库存和加工时间考虑更改原料并协调生产。面对 2500 余家中端客户（模具生产商也只是行业的中间环节，并非最终产品制造商）的高不确定性需求，ASSAB 公司每日平均需处理近 200 张订单 1000 余件产品的履行任务。

订单分拣、排序和中间环节衔接是复杂的。伴随着客户到达的高不确定性（一般星期一和星期二订单到达较少，白天 15：00 以前订单到达较少），一方面设备时有闲置，另一方面产出能力低于订单需求。ASSAB 公司面临着最佳产出水平的决策、改变需求到达的策略选择和高订单履行周期超过承诺的风险。

由于上述复杂的订单履行需求，ASSAB 公司管理层需要将诸多的精力投入到单个和单批量订单的追踪上（甚至销售人员都需要随时跟踪订单履行的状况），管理成本极高。

2.5.2　订单处理过程

订单处理是企业的一个核心业务流程，包括订单准备、订单传递、订单登录、按订单供货、订单处理状态跟踪等活动。订单处理是实现企业顾客服务目标最重要的影响因素。改善订单处理过程、缩短订单处理周期、提高订单满足率和供货的准确率、提供订单处理全程跟踪信息，可以大大提高顾客服务水平与顾客满意度，同时也能够降低库存水平，在提高顾客服务水平的同时降低物流总成本。

1. 订单准备

订单准备是指搜集所需产品或服务的必要信息和正式提出购买要求的各项活动。订单准备可能包括决定合适的供应商，由客户或销售人员填制订单，确认库存的可得率，与销售人员沟通订单信息，或在网上菜单中选择，以及确认客户所需货品、数量、交期，核查客户的财务状况，确认订货价格、付款方式和包装方式，建立客户档案等。

2. 订单传递

订单传递是订单处理过程中的第二步，涉及订货请求从发出地点到订单录入地点的传输过程。订单传递可以通过两种基本方式来完成：人工方式和电子方式。

3. 订单登录

订单登录是指在订单实际履行前所进行的各项工作，主要包括以下内容。

（1）核对订货信息（如商品名称与编号、数量、价格等）的准确性。

（2）检查所需商品是否可得。

（3）如有必要，准备补交货订单或取消订单的文件。

（4）审核客户信用。

（5）必要时，转录订单信息。

（6）开具账单。

4. 按订单供货

按订单供货是由与实物有关的活动组成的，主要包括以下几个方面。

（1）通过提取存货、生产或采购员购进客户所订购的货物。

（2）对货物进行运输包装。

（3）安排送货。

（4）准备运输单证。

以上有些活动可能会与订单登录同时进行以缩短订单处理时间。

订单处理的先后次序可能会影响到所有订单的处理速度，也可能影响到较重要订单的处理速度。这里可借鉴一些优先权法则。

（1）先收到，先处理。

（2）使处理时间最短。

（3）预先确定顺序号。

（4）优先处理订货量较小、相对简单的订单。

（5）优先处理承诺交货日期最早的订单。

（6）优先处理距约定交货日期最近的订单。

5. 订单处理状态追踪

订单处理过程的最后环节是通过不断向客户报告订单处理过程中或货物交付过程中的任何延迟，确保优质的客户服务。具体包括如下内容。

（1）在整个订单周转过程中跟踪订单。

（2）与客户交换订单处理进度、订单货物交付时间等方面的信息。

观察 2.6　某公司紧急订单处理

某公司将紧急订单定义为客户要求交货期小于本公司正常生产周期三天以上的订单。以下内容是该公司对紧急订单的处理办法。

销售部收到客户所下紧急订单，在《客户订货确认书》标注“紧急订单”字样，以紧急订单形式提交生产和物料控制（production and material control，PMC）经理评审订单是否接受。

生产和物料控制经理召集生产控制（production control，PC）、物料控制（material control，MC）主任讨论，根据客户级别、订单数量、订单交期、现时在线订单生产情况、成品及物料库存、物料采购周期等综合评估紧急插单的可能性，以决定是否接单或接单后安排生产的具体方式。

对于紧急订单来自主要客户（即订货量等于或大于公司总营业额 5%的客户），而又无成品库存的，可考虑优先安排。可选择方案有：①优先从为其他客户非紧急订单所生产的成品中调配；②将其他客户非紧急订单挪后生产，将新接紧急订单优先安排生产；③将非紧急订单物料抽调至紧急订单使用。

如果因无存货、无在线生产成品、无物料仓存等情况导致上述三项优先方案无法实施，则须考虑紧急采购物料。物料控制主任须与采购主任协商，两小时内确定所需物料可采购齐备之前置期，回复生产控制主任。生产控制主任根据物料情况计算最优先可交货日期，通知生产和物料控制经理及销售跟单员。销售跟单员应及时联络客户协商公司交期是否可行，如客户同意，则于 30 分钟内通知生产和物料控制经理安排物料采购计划及生产计划。如客户不同意公司交期，则该紧急订单不予接受，并将结果通知生产和物料控制经理中止计划。

2.5.3　缩短订单周期策略

从订单周期的主要构成来看，影响订单周期的因素有很多，如订单处理过程因素、生产因素、运输因素、市场变化波动等。因此，可以通过加强对市场需求的预测，以提前有针对性地安排生产计划，减少因生产而等待的备货时间；也可以应用信息系统、流程业务重组等方法减少订单处理时间。

2.6　本章小结

产品是物流、供应链管理的核心，客户最终需要的就是产品，没有产品就没有客户，企业也就没有存在的必要。无论是从宏观角度还是企业微观层面，产品的种类非常多，以致管理难度非常大，所以从宏观层面要将产品分类，从企业角度也应当如此。对产品分类，不仅有静态的方法，如用国家分类标准和产品特征分类；还有动态的方法，如用产品的生命周期、ABC 分类法。

企业的生存和发展最终需要利润来支撑，利润是产品价格扣除单位成本以后的一组数据。产品定价是一个复杂的问题，比如，既要考虑对顾客的公平性，也要考虑企业自身的可操作性；既要考虑企业的利润，也要考虑顾客的承受能力和市场行情。这就出现了许多定价方法，而本书只是给出了部分方法。

订单是连接客户与企业的纽带，订单处理是客户服务中的一个模块，缩短订单周期的本质是基于时间压缩的供应链管理，是供应链管理的一大挑战。

第3章

运输决策

➤本章引导案例[①]

沃尔玛公司以营业额计算是世界上最大的商业零售企业，在物流运营过程中，尽可能地降低成本是其经营的哲学。

沃尔玛有时采用空运，有时采用船运，还有一些货物采用卡车、公路运输。在中国，沃尔玛百分之百地采用公路运输，所以如何降低卡车运输成本，是沃尔玛物流管理面临的一个重要问题，为此主要采取了以下措施。

（1）沃尔玛使用一种尽可能大的卡车，大约有 16 米加长的货柜，比集装箱运输卡车更长或更高。沃尔玛把卡车装得非常满，产品从车厢的底部一直装到最高，这样非常有助于节约成本。

（2）沃尔玛的车辆都是自有的，驾驶员也是其员工。沃尔玛的车队大约有 5000 名非驾驶员，有 3700 多名驾驶员，车队每周一次运输可以达 7000～8000 千米。卡车运输是比较危险的，有可能出交通事故。因此，对于运输车队来说，保证安全是节约成本最重要的环节。沃尔玛的口号是“安全第一，礼貌第一”，而不是“速度第一”。在运输过程中，卡车驾驶员都非常遵守交通规则。沃尔玛会定期在公路上对运输车队进行调查，卡车上面都带有公司的号码，如果看到驾驶员违章驾驶，调查人员就可以根据车上的号码报告，以便进行惩处。沃尔玛认为，卡车不出事故，就是节省公司的费用，就是最大限度地降低物流成本。由于狠抓安全驾驶，运输车队已经创造了 300 万千米无事故的纪录。

（3）沃尔玛采用全球定位系统对车辆进行定位，因此在任何时候，调度中心都可以知道这些车辆在什么地方，离商店有多远，还需要多长时间才能运到商店，这种估算可以精确到小时。沃尔玛知道卡车在哪里，产品在哪里，就可以提高整个物流系统的效率，有助于降低成本。

（4）沃尔玛的连锁商场的物流部门，24 小时工作，无论白天或晚上，都能为卡车及时装货、卸货。另外，沃尔玛的运输车队还利用夜间运输，从而做到了当日下午进行集货，夜间进行异地运输，翌日上午即可送货上门，保证在 15～18 小时内完成整个运输过程，这是沃尔玛在速度上取得优势的重要措施。

---

① 资料来源：http://www.gkstk.com/article/wk-78500000851786.html。

（5）沃尔玛的卡车把产品运到商场后，商场可以把它整个地卸下来，而不用对每个产品逐个检查，这样就可以节省很多时间和精力，加快了沃尔玛物流的循环过程，从而降低了成本。这里有一个非常重要的先决条件，就是沃尔玛的物流系统能够确保商场所得到的产品是与发货单完全一致的产品。

（6）沃尔玛的运输成本比供货厂商自己运输产品成本要低。所以厂商也使用沃尔玛的卡车来运输货物，从而做到了把产品从工厂直接运送到商场，大大节省了产品流通过程中的仓储成本和转运成本。

沃尔玛的集中配送中心把上述措施有机地组合在一起，做出了一个最经济合理的安排，从而使沃尔玛的运输车队能以最低的成本高效率地运行。

3.1　基本概念

3.1.1　运输与配送

运输是为了使产品从生产者手中转移到消费者手中而发生的产品的空间位移。因为产品常常需要在不同的地点进行生产和消费，所以运输在供应链中发挥着极为重要的作用。运输是物流的主要功能之一，物流运输系统是物流系统中最重要的子系统之一。在物流体系的所有动态功能中，运输功能是核心。运输改变了物品的时间状态，也改变了物品的空间状态。

运输是人和物的载运与输送。它是社会物质生产过程中的必要条件之一，可分为企业内部运输和公用运输。企业内部运输是生产过程的直接组成部分，即使用输送机、起重机、各种提升工具、各种车辆、车间轨道、厂内道路、专用铁路、管道、架空索道等在企业内部所进行的运输。公用运输是生产过程在流通过程内的继续，即企业之间、产销之间，由铁路、公路、水运、航空等运输业所完成的运送工作。公用运输也为非生产性的社会需要服务，如游览旅行等。

配送则是两地间少量货品的运输程序。一般是指物流过程的中转型送货（也称二次输送、支线输送、终端输送），也就是在产品用户集中的区域，按用户的订货要求和时间计划，在物流中心配货，并将配好的货物采用汽车运送方式送交收货人。

运输与配送都属于线路活动，二者在整个物流活动中形成了互补的关系。物流系统的根本功能就是把产品从制造企业运送到消费者手中。运输与配送虽然都是线路活动，但也有区别。运输与配送的区别主要表现在：①活动范围不同。运输是大范围内进行的，如国家、地区、城市之间等；配送一般仅局限在一个区域内。②功能差异。运输运量大、距离远，存在着一定的中途存储功能；配送以实现小批量、多品种物品的近距离位移为主，但同时要满足用户的多种要求，如多个品种、多个到货点、包装物回收等，有时还需加工、分拣、包装、存储等功能。③运输方式不同。运输可采用各种运输工具，只需根据货物特点、时间要求、到货地点以及经济合理性进行选择；配送因为批量小、频次高，所以只适于采用装卸量不大的短途运输工具，主要是汽车。

尽管运输决策的形式多种多样，但不外乎是运输工具选择、运输路线规划、车辆调度和合并运输等内容。

3.1.2 各种运输方式的特点

1. 公路运输

这是主要使用汽车，也使用其他车辆（如人力、畜力车）在公路上进行货客运输的一种运输方式。公路运输主要承担近距离、小批量的货运。由于公路运输有很强的灵活性，所以近年来，在有铁路、水运的地区，较长途的大批量运输也开始使用公路运输。

公路运输的主要优点是灵活性强，公路建设期短，投资较低，易于因地制宜，对到站设施要求不高。可以采取“门到门”运输形式，即从发货者门口直到收货者门口，而不需转运或反复装卸搬运。公路运输也可作为其他运输方式的衔接手段。公路运输的经济半径一般在 300 千米以内。

2. 铁路运输

这是使用铁路列车运送客货的一种运输方式。铁路运输主要承担长距离、大数量的货运，在没有水运条件的地区，几乎所有大批量货物都依靠铁路。铁路运输是在干线运输中起主力运输作用的运输形式。

铁路运输的优点是速度快，运输不大受自然条件限制，载运量大，运输成本较低。主要缺点是灵活性差，只能在固定线路上实现运输，需要与其他运输手段配合和衔接。铁路运输经济里程一般在 300 千米以上。

3. 水运

这是使用船舶运送货物的运输方式。水运主要承担大数量、长距离的运输，是在干线运输中起主力作用的运输形式。在内河及沿海，水运也常作为小型运输工具使用，担任补充及衔接大批量干线运输的任务。

水运的主要优点是成本低，能进行低成本、大批量、远距离的运输。但是水运也有显而易见的缺点，主要是运输速度慢，受港口、水位、季节、气候影响较大，因而一年中中断运输的时间较长。

4. 航空运输

这是使用飞机或其他航空器进行运输的一种方式。航空运输的单位成本很高，因此，主要适合运载的货物有两类：一类是价值高、运费承担能力很强的货物，如贵重设备的零部件、高档产品等；另一类是紧急需要的物资，如救灾抢险物资等。

航空运输的主要优点是速度快，不受地形的限制。在火车、汽车都达不到的地区也可依靠航空运输，因而有其重要意义。

5. 管道运输

这是利用管道输送气体、液体和粉状固体的一种运输方式，其运输形式是靠物体在管道内顺着压力方向循序移动实现的，和其他运输方式的重要区别在于，管道设备是静止不动的。

管道运输的主要优点是，由于采用密封设备，所以在运输过程中可避免散失、丢失等损失，也不存在其他运输设备本身在运输过程中消耗动力所形成的无效运输问题。另外，运输量大，适合于大且连续不断运送的物资。

3.1.3 影响运输方式选择的主要因素

运输方式的选择也就是选择适当的承运人，一般也包括选择运载工具。承运人即运输服务供应商，其选择是企业供应链管理的重要问题之一。随着越来越多的企业把运输业务外包给承运人，作为运输决策的一部分，承运人的选择问题变得更加重要。

运输方式选择可分为以下四步：①问题识别。要考虑的因素有客户要求、现有模式的不足以及企业的分销模式的改变，通常最重要的是与服务相关的一些因素。②承运人分析。分析中要考虑的信息有过去的经验、企业的运输记录、客户意见等。③选择决策。选择过程中要做的工作是在可行的运输方式和承运人中作出决策。④选择后评价。企业作出选择之后，还必须制订评估机制来评价运输方式及承运人的表现。

早在 1967 年，就有学者对运输承运人的选择标准进行了研究，认为运输成本是最重要的承运人选择指标。随着人们对物流服务功能认识的增强，以及运输成本的逐渐下降，运输选择的重点从价格方面转移到了服务方面。服务因素是承运人选择的最重要因素，主要包括可靠性、安全性、可用性、能力以及运输时间等；成本因素、承运人的信息因素、托运人的商业活动和能力因素等是承运人选择的比较重要的因素。美国物流管理协会对成员单位调查后指出，总运输时间、运输时间的可靠性、运输成本、愿意协商的价格、财务稳定程度是承运人选择的五个最重要的指标。

在决定运输方式时，必须权衡运输系统要求的服务水平和运输成本。在现代物流运输系统中，常用的五种运输方式为：铁路、水运、公路、航空和管道，如何使用这五种运输方式，使货物运输成本降低是企业所要解决的问题。一般来说，选定运输方式主要考虑以下八个方面。

（1）货物品种。货物品种及性质、形状，对于运输方式的选择是很重要的，如大宗物品、危险品、液态物品、气态物品，它们对运输工具有较高的要求，所以必须选择适合这些货物特性和形状的运输方式。

观察 3.1　扬子石化项目的大件运输

扬子石化有限公司 PTA（精对苯二甲酸）改造项目中的进口氧化反应器，设备长 13.60 米，宽 9.20 米，高 8.448 米。设备从扬子石化专用码头卸货后，要运至工地现场。设备运输采用了山东力神起重运输有限公司的 NICOLAS（尼古拉斯）组装平板车，正常运行高度为 9.448 米。

通过现场勘察，南京扬子石化运输有限责任公司初步提出了三条运输线路。线路一受干线管廊高度的限制；线路二桥梁上方骨干输电网高压线高度不够，两者都存在不可清障点，结论为不可行。线路三不存在不可清障点，但存在十个主要清障点，存在的问题与采取的措施依次如下。

（1）道路上方管廊高度不够，通过下挖道路，使线路具备运行条件。

（2）道路上方通信线路高度不够，在设备通过时，采取临时抬高线路的方法。

（3）设备向右侧转弯时，转弯半径不够，采取拓宽道路的做法。

（4）管廊为干线管廊，高度为 8.782 米，设备到达管廊下方后，采取道路铺设钢轨，运用滚拖的方法通过。由于管廊下方地下管网密布，道路原为泥土路，所以采取水泥重新浇注，并在道路上方铺设钢板的方法，提高道路载荷强度。

（5）厂区道路，受两侧树木的限制，道路净宽不够，采取修剪树木的方法。

（6）直角弯道处，转弯半径不够，采取道路拐角处拓宽的方式。

（7）道路两侧灯杆影响设备通行，将灯杆临时拆除。

（8）支线管廊高度不够，利用工厂大检修的间隙，将支线管廊抬高。

（9）为避开密布的管廊，采取新建道路的方式。

（10）工厂大门宽度不够，采取临时拆除的方式。

除了上述十个主要清障点，沿途还有多处信号灯与交通标志牌，采取了临时移位的措施。需要指出的是，为了避开同向、对向以及横向交通流的干扰，大件设备运输通常需要交警护送，并对运输线路采取临时交通管制措施。

（2）运输工具可得性。不同运输工具的运输可得性也有很大的差异。通常意义上，公路运输最可得，其次是铁路，水路运输与航空运输只有在港口城市与航空港所在地才可得。但是，这不能一概而论，因为可得性问题还要受到运输市场，即买卖供求关系的影响。

（3）运输时间。运输时间必须与交货日期相联系，应保证运输时限，必须调查各种运输工具所需要的运输时间，根据运输时间来选择运输工具，运输速度一般情况下依次为航空、汽车、铁路、船舶和管道运输，各运输工具可以按照它的速度编组来安排日程，加上其两端及中转的作业时间，就可以算出所需的运输时间。

（4）运输成本。运输成本因货物的种类、重量、容积、运距不同而不同，而且运输工具不同，运输成本也会发生变化。在考虑运输成本时，必须注意运费与其他物流子系统之间存在着互为利弊的关系，不能只考虑运输费用来决定运输方式，要由全部总成本来决定。

（5）运输距离。从运输距离看，一般情况下可以依照以下原则进行选择：300 千米以内，用汽车运输；300～500 千米，用铁路运输；500 千米以上，用船舶运输。一般采取这样的选择是比较经济合理的。

（6）运输批量。大批量运输成本低，应尽可能使商品集中到最终消费者附近，选择合适的运输工具进行运输是降低成本的良策。一般来说，20 吨以下的商品用汽车运输；20 吨以上的商品用铁路运输；百吨以上且为原材料之类的商品，应选择船舶运输。

（7）货物安全性。安全性是指货物的灭失和损坏，货物运送延迟或损坏意味着给顾客带来不便，或者导致库存成本上升。货物运输中的安全性不仅与运输工具有关，还和运输路线或运输环境相关，更和货物承运人的安全运输能力相关。

（8）顾客满意度。顾客满意是指顾客对其明示的、通常隐含的或必须履行的需求或期望已被满足的程度的感受。满意度是顾客满足情况的反馈，它是对产品或者服务性能，以及产品或者服务本身的评价；它给出了一个与消费的满足感有关的快乐水平，包括低于或者超过满足感的水平，是一种心理体验。

观察 3.2　邮政、快递等运输主体服务投诉情况[①]

2015 年 1 月，国家邮政局和各省（自治区、直辖市）邮政管理局通过“12305”邮政行业消费者申诉电话和申诉网站共受理消费者申诉 73 849 件。申诉中涉及邮政服务问题的有 2793 件，占总申诉量的 3.8%；涉及快递业务问题的有 71 056 件，占总申诉量的 96.2%。已处理申诉中有效申诉（确定企业责任的）有 27 679 件，同比下降 4.5%。有效申诉中涉及邮政服务问题的有 572 件，占有效申诉量的 2.1%；涉及快递业务问题的有 27 107 件，占有效申诉量的 97.9%。经调解消费者申诉已全部妥善处理，为消费者挽回经济损失 331.1 万元，消费者对邮政管理部门申诉处理工作满意度为 95.4%，对企业申诉处理结果满意度为 93.2%。

投诉范围包括邮件丢失短少、邮件延误、收寄服务、邮件损毁、代收货款和违规收费等，投诉企业涉及圆通速递、中通快递、速尔快递、百世快递等共计 18 家机构。

3.1.4　运输决策的主体

运输活动的参与者也是决策者，主要包括货主、承运人、货运代理人、运输经纪人。

（1）货主。货主是货物的所有者，包括委托人（或托运人）和收货人。托运人和收货人的共同目的是要在规定的时间内以最低的成本将货物安全地从起始地转移到指定的地点，包括对收发货时间、转移时间、收发地点、有无丢失损坏和有关信息等方面的要求。

（2）承运人。承运人是运输活动的承担者，他们可能是运输企业或个体运输业者。承运人受托运人或收货人的委托，按委托人的意愿以最低的成本完成委托人委托的运输任务，同时获得运输收入。承运人根据委托人的要求或在不影响委托人要求的前提下，合理地组织运输和配送，包括选择运输方式和运输路线、进行配货配载等，以降低运输成本，尽可能多地获得利润。

（3）货运代理人。货运代理人是根据客户的指示，为客户的利益而揽取货物运输的人，其本人不是承运人。货运代理人把来自各种客户手中的小批量货物整合成大批量装载，然后利用承运人进行运输。送达目的地后，货运代理人再把该大批量装载拆分为原先较小的装载量，送往收货人处。货运代理人的主要优势在于因大批量装载可以实现较低的费率，所以可从中获得利润。货运代理人属非作业的中间商，也称为无船承运人。

（4）运输经纪人。运输经纪人是替托运人、收货人和承运人协调运输安排的中间商，协调的内容包括装运装载、费率谈判、结账和跟踪管理等。运输经纪人也属非作业的中间商。

① 资料来源：国家邮政局官方网站。

3.2 运输方式的选择方法

现有承运人选择的方法主要包括直观判断法、招标投标法、协商选择法等定性方法，也包括层次分析法（analytic hierarchy process，AHP）、成本平衡法、线性规划法及其他定量方法等。

3.2.1 招标投标法

当市场上的承运人较多，竞争激烈时，可采用招标法来选择适当的承运人。它是由企业提出招标条件，各承运人进行竞标，然后由企业决标，与提出最有利条件的承运人签订合同协议。招标法可以是公开招标，也可以是邀请招标。公开招标对投标者的资格不予限制；邀请招标则由企业预先选择若干个可能的承运人，再进行竞标和决标。招标投标法竞争性强，使企业能在更广泛的范围内选择适当的承运人。但招标投标法手续较繁杂，时间长，不能适应紧急运输的需要。

3.2.2 协商选择法

当合适的承运人较多，企业难以抉择时，也可以根据实际情况采用协商选择的方法，即由企业先选出比较有竞争优势的几个承运人，同他们分别进行协商，再确定适当的承运人。与招标投标法相比，协商选择法由于企业与承运人之间可以充分协商，所以在运输服务方面比较有保障。但选择范围有限，不一定能得到在价格、服务等方面最合理的承运人。当投标单位少、时间紧迫、竞争程度小时，协商选择法比招标投标法更为合适。

3.2.3 成本平衡法

一般来说，运输速度和可靠性会影响托运人和买方的库存水平（订货库存和安全库存）以及他们之间的在途库存水平。如果选择速度慢、可靠性差的运输服务，物流渠道中就需要有更多的库存。这样，就需要考虑因库存持有成本可能升高，而抵消运输服务使成本降低的情况。因此，方案中最合理的应该是，既能满足客户需求，又使总成本最低的服务。

观察 3.3 中国石油四川销售泸州分公司运输服务优化

中国石油四川销售泸州分公司是跨行政区域的成品油配送中心，所属泸州、隆昌市场，因区域大、运距远、路况差，且加油站点多面广、用户分散，所以油料配送路线不能合理安排，在途运输状况难以实时掌握，增加了运输成本，在一定程度上制约了经营效益的提高。

为“把最好的油，用最安全快捷的方式送到客户手中”，该分公司在 2005 年初开展“六查六整顿”活动和挖潜增效工作，层层落实指标和责任，同时制订了详细的“车辆运输优化路线方案”，方案主要内容如下：集中油料配送车辆的调度权；将全区市场划为5个配送片区，把机构用户、社会加油站和自有加油站纳入统一配送范围；整合业务配送流程，使销售、运输、服务一体化；在四川省销售系统中率先给油罐车安装上全球定位系统（global positioning system，GPS），对油罐车的运行路线、载重量、行驶里程、车速等运行状态实行24小时全程监控；优化原油料配送运输路线，避免迂回运输和绕道行驶；在安排车辆运输时对内部加油站采用大吨位、双罐多油品车辆配送，减少车辆运输次数。

2006年1～3月，该分公司在油罐车辆因报废较2005年同期减少25%的情况下，共配送汽柴油3.5万吨，比2005年同期增加28%；节约公路运费、油料费、修理费、轮胎费等5.5万元。

3.2.4　线性规划法

1. 考虑时间成本的运输工具选择

问题描述：假设一个物流企业将一批货物从货物的中心地运送到目的地，中途经过 n 个城市，任意相邻的两个城市之间有 m 种运输方式可以选择；相邻的两个城市之间各种运输方式的运输时间、运输费用、运输能力不同。当从一种运输方式转换到另一种运输方式时，需要一定的中转时间和中转费用，而且在整个运输过程中的总时间不能超过运输期限 T。综合考虑各种因素，确定最优的运输方式组合使运输成本最低。

模型假定：货物在某个城市的运输方式最多转换一次；两个相邻城市之间只能采用一种运输方式。

变量定义：$C_{i,i+1}^k$ 为货物以第 k 种运输方式从 i 城市到 $i+1$ 城市的运价；$t_{i,i+1}^k$ 为货物以第 k 种运输方式从 i 城市到 $i+1$ 城市所需的时间；$x_{i,i+1}^k$ 为货物以第 k 种运输方式从 i 城市到 $i+1$ 城市运输方式的控制变量，当从 i 城市到 $i+1$ 城市的运输方式为 k 时，$x_{i,i+1}^k=1$，否则 $x_{i,i+1}^k=0$；y_i^{kj} 为货物在 i 城市由第 k 种运输方式转换到第 j 种运输方式的转换控制变量，发生转换时 $y_i^{kj}=1$，不发生转换时 $y_i^{kj}=0$；d_i^{kj} 为货物在 i 城市由第 k 种运输方式转换到第 j 种运输方式的中转费；a_i^{kj} 为货物在 i 城市由第 k 种运输方式转换到第 j 种运输方式的中转时间；τ_1 为送达时间限制内的时间价值系数；τ_2 为送达时间限制外的时间价值系数；Q 为待运货物的总量；u 为货物从中心地运送到目的地总共需要的时间；T 为送达时间限制；n 为途经城市个数；m 为运输方式的类型数。

设 $u=\sum_{k=1}^{m}\sum_{i=1}^{n}t_{i,i+1}^k+\sum_{j=1}^{m}\sum_{k=1}^{m}\sum_{i=1}^{n}a_i^{kj}$，可以把 $\tau_1 u$ 作为成本来考虑。若运输时间超出时间限制，所超出时间为 $u-T$，则需按超出时间来惩罚，即增加成本 $\tau_2(u-T)$，这样总成本为

$$\min Z=C_{i,i+1}^k x_{i,i+1}^k+\sum_{j=1}^{m}\sum_{k=1}^{m}\sum_{i=1}^{n}d_i^{kj}y_i^{kj}+\tau_1 u+\tau_2(u-T) \tag{3.1}$$

$$\text{s.t.}\quad C_{i,i+1}^k x_{i,i+1}^k \geqslant Q \quad (i=1,2,\cdots,n-1;\ k=1,2,\cdots,m) \tag{3.2}$$

$$\sum_{k=1}^{m}x_{i,i+1}^k=1 \quad (i=1,2,\cdots,n-1) \tag{3.3}$$

$$\sum_{j=1}^{m}\sum_{k=1}^{m} y_i^{kj} = 1 \quad (i = 1,2,\cdots,n-1) \tag{3.4}$$

$$\tau_1 > 0 \tag{3.5}$$

$$\tau_2 \geqslant 0 \text{（仅 } u \leqslant T \text{ 时，} \tau_2 = 0\text{）} \tag{3.6}$$

$$x_{i,i+1}^{k} = 1 \text{ 或 } 0，\ y_i^{kj} = 1 \text{ 或 } 0 \tag{3.7}$$

其中，将时间作为价值成本考虑以后，目标函数以整个运输过程中的运输成本最小为目标，故运输成本由运输费用、中转费用、时间费用和惩罚费用四部分组成。

约束条件的含义：式（3.2）对应货物的运量不能超过某种运输工具的运输能力；式（3.3）对应在某两个相邻城市只能选择一种运输方式；式（3.4）对应在某一特定城市最多只能转换一次；式（3.5）对应运输时间对成本的贡献是正的；式（3.6）对应超出运输限期的时候成本要按超出时间增加；式（3.7）对应决策变量取 0 或 1。

该模型属于混合整数规划问题，可以利用分支定界法、割平面法或遗传算法来求解。但是这里涉及送达时间限制以外的时间价值系数 τ_2 是否取 0 的问题，在确定其取值后，再按照混合整数规划的求法来求解。

例题 3.1

假设一批货物要从 A 地运到 E 地，中途经过了 B、C、D 地，任意两个相邻城市之间都有汽车、火车、轮船、飞机四种方式可以选择，其路径如图 3.1 所示。相邻的两个城市之间，上述四种运输方式的运输时间、运输费用、运输能力见表 3.1，运输方式之间的转换时间和转换费用见表 3.2。

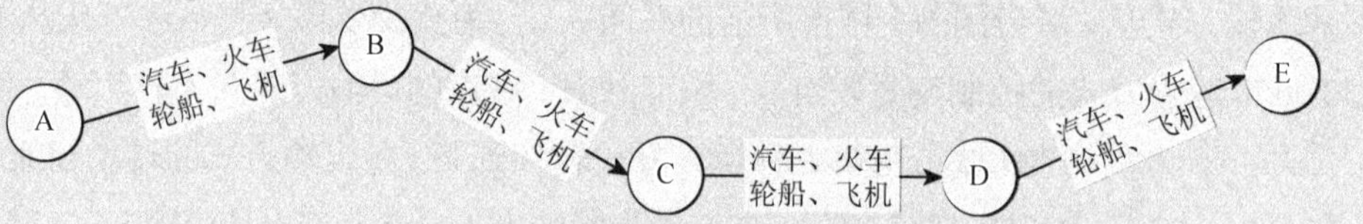

图 3.1 货物运输路径示意图

表 3.1 汽车、火车、轮船、飞机的运输时间、运输费用和运输能力

运输工具	参数	A→B	B→C	C→D	D→E
汽车	运输时间/小时	5.5	4.2	6.3	7.0
	运输费用/（元/吨）	0.50	0.38	0.57	0.64
	运输能力/吨	700	600	800	850
火车	运输时间/小时	10	8.5	9.4	8.0
	运输费用/（元/吨）	0.30	0.23	0.35	0.38
	运输能力/吨	1000	800	9000	1100
轮船	运输时间/小时	17	13	19	20
	运输费用/（元/吨）	0.25	0.19	0.29	0.32
	运输能力/吨	1500	1500	1500	1000

续表

运输工具	参数	A→B	B→C	C→D	D→E
飞机	运输时间/小时	1.5	1.2	1.8	2.1
	运输费用/（元/吨）	175	100	150	125
	运输能力/吨	500	450	550	700

表 3.2 各种运输方式之间的转换所需要的中转时间和中转费用

从	到	中转时间/小时	中转费用/（元/吨）
汽车	火车	2	1.0
	轮船	2	1.0
	飞机	2	1.0
火车	汽车	2	1.0
	轮船	5	1.5
	飞机	5	1.5
轮船	汽车	2	1.0
	火车	5	1.5
	飞机	8	1.8
飞机	汽车	2	1.0
	火车	5	1.5
	轮船	8	1.8

设送达时间限制内的时间价值系数 τ_1 为 100 元/吨；送达时间限制外的时间价值系数 τ_2 为 150 元/吨；待运货物的总量 Q 为 400 吨；送达时间限制为 24 小时。用 MATLAB 计算一混合整数规划问题得：从 A 到 B 采取的运输方式为汽车；从 B 到 C 采取的运输方式为汽车；从 C 到 D 采取的运输方式为汽车；从 D 到 E 采取的运输方式为汽车，即全程使用汽车运送时总成本最低。

在不考虑时间成本的情况下，一般会得到有时间约束时全程用火车运输，没有时间约束时全程用轮船运输为最优解，这里主要是时间价值系数的影响，所以最终选择全程汽车的运输方式。

2. 考虑承运人的配货数量

问题描述：托运人需要承运人 $m(1\leqslant m\leqslant M)$将不同类型货物 $i(1\leqslant i\leqslant I)$运输到目的地 $n(1\leqslant n\leqslant N)$。承运人根据所运输的货物提供不同的运输价格、服务质量、交货绩效和运输能力，并根据从托运人处所获取的运输收益的不同档次提供相应的折扣价格，令承运人 m 提供 $r(1\leqslant r\leqslant R_m)$种折扣率。

变量定义：M 为承运人数量；I 为货种数量；N 为目的地数量；M_i 为运输货种 i 的承运人数量；I_m 为承运人 m 所运输的货种数量；N_m 为承运人 m 运输目的地数量；N_i 为需要货种 i 的目的地数量；$D_{i,n}$ 为目的地 n 对货种 i 的需求量；$p_{i,m,n}$ 为承运人 m 运输到

目的地 n 的货种 i 的单位运输价格；$q_{i,m,n}$ 为承运人 m 运输到目的地 n 的货种 i 的退货率；$t_{i,m,n}$ 为承运人 m 运输到目的地 n 的货种 i 的延迟交货率；$S_{i,m}$ 为承运人 m 运输货种 i 的最大运力供给；$u_{m,r}$ 为承运人 m 提供第 r 类折扣率的运输收益上限；$d_{m,r}$ 为承运人 m 提供第 r 类折扣率的折扣系数；$x_{i,m,n}$ 为承运人 m 运输到目的地 n 的货种 i 的运输量；$y_{m,r}$ 为承运人 m 提供第 r 类折扣率时所得到的运输收益。$z_{m,r}$ =0/1，如果承运人 m 所得到的运输收益属于第 r 类折扣率的所在范围，则 $z_{m,r}$ =1，否则 $z_{m,r}$ =0。

目标函数：

$$\min C=[C_1,C_2,C_3] \tag{3.8}$$

$$C_1=\sum_{m=1}^{M}\sum_{r=1}^{R_m}(1-d_{m,r})y_{m,r} \tag{3.9a}$$

$$C_2=\sum_{i=1}^{I}\sum_{m=1}^{M_i}\sum_{n=1}^{N_i}q_{i,m,n}x_{i,m,n} \tag{3.9b}$$

$$C_3=\sum_{i=1}^{I}\sum_{m=1}^{M_i}\sum_{n=1}^{N_i}t_{i,m,n}x_{i,m,n} \tag{3.9c}$$

约束条件：

$$\sum_{m=1}^{M_i}x_{i,m,n}=D_{i,n}\ \ (i=1,2,\cdots,I;\ n=1,2,\cdots,N_i)\ \text{（需求条件）} \tag{3.10}$$

$$\sum_{n=1}^{N_i}x_{i,m,n}\leqslant S_{i,m}\ \ (i=1,2,\cdots,I;\ m=1,2,\cdots,M_i)\ \text{（运输能力）} \tag{3.11}$$

$$\sum_{i=1}^{I_m}\sum_{n=1}^{N_i}p_{i,m,n}x_{i,m,n}=\sum_{r=1}^{R_m}y_{m,r}\ \ (m=1,2,\cdots,M_i)\ \text{（运输收益）} \tag{3.12}$$

$$y_{m,r}\leqslant u_{m,r}z_{m,r}\ \ (m=1,2,\cdots,M;\ r=1,2,\cdots,R_m)\ \text{（折扣类别上限）} \tag{3.13}$$

$$y_{m,r+1}\geqslant u_{m,r}z_{m,r+1}\ \ (m=1,2,\cdots,M;\ r=1,2,\cdots,R_m-1)\ \text{（折扣类别下限）} \tag{3.14}$$

$$\sum_{r=1}^{R_m}z_{m,r}=1\ \ (m=1,2,\cdots,M)\ \text{（折扣策略）} \tag{3.15}$$

$$z_{m,r}=0/1\ \ (m=1,2,\cdots,M;\ r=1,2,\cdots,R_m)\ \text{（决策变量整数）} \tag{3.16}$$

$$y_{m,r}\geqslant 0\ \ (m=1,2,\cdots,M;\ r=1,2,\cdots,R_m)\ \text{（决策变量非负）} \tag{3.17}$$

$$x_{i,m,n}\geqslant 0\ \ (i=1,2,\cdots,I;\ m=1,2,\cdots,M_i;\ n=1,2,\cdots,N_i)\ \text{（决策变量非负）} \tag{3.18}$$

式（3.8）表示多目标决策函数，由式（3.9a）、式（3.9b）和式（3.9c）三部分组成，其中，式（3.9a）表示运输成本；式（3.9b）表示货物损失；式（3.9c）表示延迟交货的损失。式（3.10）表示各货种必须满足每个目的地的需求；式（3.11）表示每个承运人向各目的地的货物运输量不超过该承运人的运输能力；式（3.12）表示向承运人支付的运输收益；式（3.13）表示各折扣范围内的运输收益不超过该折扣类别所从属的运输收益范围上限；式（3.14）表示各折扣范围内的运输收益不低于该折扣类别所从属的运输收益范围下限；式（3.15）表示每个承运人仅运用一种折扣率；式（3.16）～式（3.18）分别表示决策变量的整数约束和非负约束。

附加限制条件：

$$\sum_{n=1}^{N_i} x_{i,m,n} \leqslant \alpha_i \sum_{n=1}^{N_i} D_{i,n} \quad (i=1,2,\cdots,I;\ m=1,2,\cdots,M_i)\ \text{（承运人市场份额）} \tag{3.19}$$

其中，α_i 为托运人愿意向承运人托运货物 i 的最大比例。

$$\sum_{r=1}^{R_m} y_{m,r} \leqslant U_m \quad (m=1,2,\cdots,M)\ \text{（运输收益限制）} \tag{3.20}$$

U_m 为承运人 m 所得到的最大运输收益。

$$\sum_{r=1}^{R_m} z_{m,r} \leqslant 1 \quad (i=1,2,\cdots,I;\ m=1,2,\cdots,M_i)\ \text{（承运人市场份额）} \tag{3.21}$$

$$\sum_{m=1}^{M}\sum_{r=1}^{R_m} z_{m,r} \leqslant G\ \text{（承运人数量限制）} \tag{3.22}$$

式（3.21）将替代式（3.15），与式（3.22）一起构成承运人数量限制条件，G 为承运人数量。

模型求解：由于上述模型属于多目标规划问题，可用多目标规划方法来求解，也可用“化多目标为单目标”方法进行求解。设货种 i 到达目的地 n 时，托运人的单位货物损失为 $h_{i,n}$，托运人的单位货物损失为 $l_{i,n}$，则多目标函数式（3.8）可以改写成：

$$\min C = \sum_{m=1}^{M}\sum_{r=1}^{R_m}(1-d_{m,r})y_{m,r} + \sum_{i=1}^{I}\sum_{m=1}^{M_i}\sum_{n=1}^{N_i} h_{i,n}q_{i,m,n}x_{i,m,n} + \sum_{i=1}^{I}\sum_{m=1}^{M_i}\sum_{n=1}^{N_i} l_{i,n}t_{i,m,n}x_{i,m,n} \tag{3.23}$$

于是，式（3.23）和约束条件就构成单目标规划问题，可以利用线性规划法进行求解。

3.3　运输中的路线选择

3.3.1　车辆路线问题

1. 问题描述

车辆路线问题（vehicle routing problem，VRP）自 1959 年由 Danting 和 Ramser 提出以来，一直是网络优化问题中最基本的问题之一，其应用的广泛性和经济上的重大价值，一直受到国内外学者的广泛关注。车辆路线的实际问题包括配送中心建设、公共汽车路线制订、信件和报纸投递、航空和铁路时间表安排、工业废品收集等。选择合理的运输路线对于产品流通范围广、用户分散的企业具有重要意义，在区域内短途、多用户的频繁“配送”业务方面更是一项重要决策。选择运输路线的原则：一是应保证把货物运抵顾客处的时间最短；二是应能减少总的运输里程；三是应首先保证重要用户得到较好的服务。

车辆路线问题可以描述如下：设有一场站（depot），共有 m 辆货车，车辆容量为 W，有 n 位顾客（customer），每位顾客的需求量为 D。车辆从场站出发对客户进行配送服务最后返回场站，要求所有顾客都被配送，每位顾客一次配送完成，且不能违反车辆容量的限制，目的是保证所有车辆路线的总距离最短（图 3.2）。

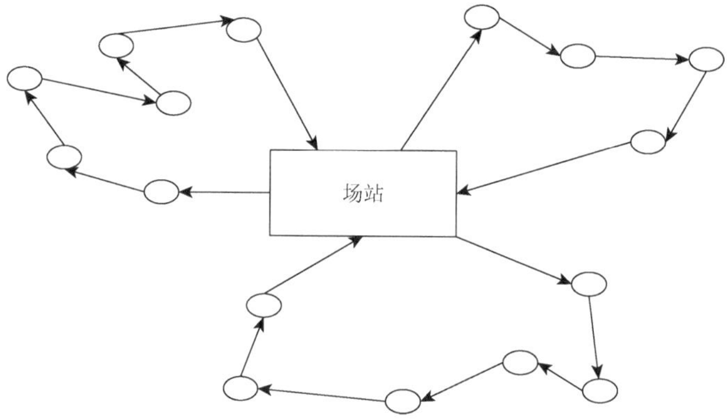

图 3.2 一般的运输线路示意图

2. 问题的分类

总体上，对于该类问题的分类有多种标准，举例如下。

按约束条件分类，当不考虑时间要求，仅根据空间位置安排线路时，称为车辆路线安排问题；考虑时间要求安排路线时，称为车辆调度问题（vehicle scheduling problem，VSP）；有时间窗要求的车辆调度问题时，称为 VRPTW（vehicle routing problem with time windows）；既考虑空间位置，又有时间要求时，称为 Routing 和 Scheduling 混合问题（简称 VRSP）。

按任务特征分类，有纯装问题或纯卸问题（车辆在所有任务点装货或卸货，即集货或送货问题）和装卸混合问题（每项任务有不同的装货点和卸货点，即集货、送货一体化问题）。

按配送中心（或货场、车场等）数目分，有单配送中心问题和多配送中心问题。

按车辆对车场的所属关系分，有车辆开放问题（车辆可以不返回其出发车场）和车辆封闭问题（车辆必须返回其出发车场）。

按对问题的优化目标数分，有单目标问题和多目标问题。

3. 约束条件和基本的假设

运输计划的编制即车辆运行路线和时间安排，是车辆运行路线选择问题的延伸，它受到的约束条件有很多，具体如下。

（1）每个停留点规定的提货数量和送货数量；

（2）所使用的多种类型的车辆的载重量和载货容量；

（3）驾驶员在路线上休息前允许的最长行驶时间；

（4）停留点规定的在一天内可以进行提货的时间；

（5）可能只允许送货后再提货；

（6）驾驶员可能只能在一天的特定时间进行短时间的休息或进餐等。

这些约束条件大大地使问题复杂化，甚至使人们难以去寻找最优化的解。一般情况下，配送规划问题的基本形式具有如下假设。

车辆从一个配送中心出发，向多个客户点送货，然后在同一天内返回到该配送中心，要安排一个满意的运行路线和时间，称为车辆调度问题。也就是，该配送中心需要确定车辆的台数（k）、车辆的类型、各车行走的路径（运货量及送货次序）以便完成任务，并使总运输费用（距离或时间等）最小（或实载率最高，用车最少等）。

（1）所有客户点的集合 N 为已知，$N=\{0,1,2,\cdots,n\}$，其中，0 为配送中心，其他为客户所在地（需求点）；

（2）配送中心拥有的车辆数为 k，每辆车的载重量（吨位）为 W_k；

（3）客户的位置 P_i 为已知，且客户的需求量 R_i 也已知；

（4）每辆车每日最大运行距离（或时间）为 L_i；

（5）配送中心到各需求点的距离和需求点之间的距离（或时间）为 d_{ij}；

（6）各需求点的最早开始作业时间为 e_i，最晚收货时间为 l_i；

（7）配送车辆的数量不超过确定的上限 m；

（8）路线的货物量，不得超过车辆的载重量限制 W_i；

（9）配送车辆的作业时间不超过给定的时间上限 T_k。

具有时间窗约束的配送规划问题与一般配送规划问题的最大差别，在于到达客户位置比给定时间窗早的情况下，产生了等待。设为客户 i 服务的配送车辆的到达时间为 a_i，而客户 i 的作业开始时间为 $b_i=\max\{e_i,a_i\}$，等待时间 $w_i=\max\{e_i-a_i,0\}$。如果到达时间比 l_i 更大时，因为破坏了时间窗约束，所以实施成为不可能。

实际中，常常允许有少许的延误，为此，也有将超出时间窗的部分作为罚函数添加到目标函数的做法。或者，在比最早开始作业时间更早到达的情况下，将客户等待的时间作为惩罚项添加到目标函数。若不是绝对不允许破坏时间窗约束，而是采用相应于超出时间窗范围的罚函数的处理方法，称为柔性时间窗约束。通常意义上的时间窗约束称为刚性时间窗约束。可以将刚性时间窗约束看作对于柔性时间窗约束采用非常大的罚值的情况。

4. 车辆路径问题求解方法概述

由于车辆路径问题是个 NP（non-deterministic polynomial，非确定多项式）难题，为了找到满足约束条件的最优解，就必须检查很大的设计空间，而设计空间又是多维的非连续空间，所以很难得到全局的最优解或满意解。针对以上问题，现在已有很多方法。

常用的基本理论和方法有：分支界定法、分割平面法、线性规划法、动态规划法、匹配理论、对偶理论、组合理论、线搜索技术、列生成技术、概率分析、统计分析、最差情况分析、经验分析等。众多的求解方法可以归纳成以下七种。

（1）数学解析法。此方法以动态规划法、整数规划法、树状搜寻法等方式为主来进行求解，对于配送点数较少的情形能求得一个最优解，但若求解的节点数增加，则其结果相对变差，与实际配送的情况相差较大。

（2）人机互动法。使用者通过人机互动的方式，结合使用者过去的经验，调整该模型的参数，作为配送路线规划决策的依据。

（3）先分组再排路线法。将所有配送点分成若干组群，再分别对各个组群进行路线规划。

（4）先排路线再分组法。与先分组再排路线法相反，这种方法是先进行路线的规划，然后再进行切割，此方法因切割方式的差异，可分为单巨集切割法和多巨集切割法：①单巨集切割法。取所有配送点进行旅行商问题的求解，建立一个自原点出发，经过所有节点，最后回到原点的巡回路线，然后以最短路径解法对此路线进行分割，求得所需要的结果。②多巨集切割法。与单巨集切割法相似，最大的差异在于建立巡回路线时并不包含原点，因此在切割路线时，可以有较多的切割方式。

（5）节省或插入法。由于数学解析法具有先天性的限制，对于大规模求解问题的效率与结果较为不佳，所以数学解析法以求得一个近似的最优解为目标，为了解决这个问题，许多学者提出了各种求解方法，其优点在于能够改善以往数学方法的求解效率，但并不一定保证所求出的解是最优解。节省或插入法即为此范畴的求解方法。

（6）改善或交换法。常见的改善方法有 Lin 提出的 2-opt 和 3-opt 方法，与 Lin 和 Kernighan 提出的 *k*-opt 方法相同，是先以其他方法产生初始解，再利用节点或节线交换的方式，对求出的路线进行改善，得到更好的目标函数值。

（7）数学规划近似法。此方法针对放松后的数学模式进行最优化处理。例如，Fisher 和 Jaikumar 将 Danting 与 Ramser 所提出的车辆路线问题，转换成由两个相关子问题组成的数学规划，其中一个为一般化配送点的路线问题，另一个为旅行商问题，并提出一些准则用来产生路径种子点，再利用节省值产生一个指派问题的目标函数，然后先解指派问题，再针对每辆车的旅行商问题求解。

3.3.2 起止点不同的路线选择

1. 单一路径问题

起止点不同的路线选择问题又可分为两种情况，一种是一个起点和一个终点的单一路径问题，另一种是多个起点和多个终点的多路径问题。

解决一个起点和一个终点的单一路径问题，其实是最短路径问题。用数学言语表述就是：在图 G 中，给定 s 和 t 两个顶点。从 s 到 t 可以有多条路径，从这多条路中找出长度最小的路，这样的路称为从 s 到 t 的最短路。针对上述问题，迪可斯特朗（Dijkstra）在 1959 年提出了一个算法，概述如下。

第一步，设已知图中最接近于顶点 s 的 n 个顶点以及从顶点 s 到这些顶点中每一个顶点的最短路（从 s 到其本身的最短路是零，即没有弧的路径，其长度为 0）。对顶点 s 和这 n 个顶点着色。

第二步，对最接近于 s 的第 n+1 个顶点，其中每一个未着色的顶点 y 和所有已着色的顶点 x，把弧（x，y）接在从 s 到 x 的最短路后面，这样就得到从 s 到 y 的 n 条不同路。从这 n 条路中选出最短的路，它就是从 s 到 y 的最短路。相应的 y 点就是最接近于 s 的第 n+1 个顶点。因为所有弧的长度都是非负值，所以从 s 到最接近于 s 的第 n+1 个顶点的最短路必然只使用已着色的顶点作为中间顶点。

第三步，从 n=0 开始，将这个过程重复进行下去，直至求得从 s 到 t 的最短路。

例题 3.2

某运输企业需将货主货物用公路运输方式从 A 地运送到 J 地，其路线如图 3.3 所示。图中圆点代表公路的连接处，两个圆点之间所标数字为两点之间运输所需时间，以运行时间（分钟）表示。试计算货物从 A 地运送到 J 地的最短运输线路。

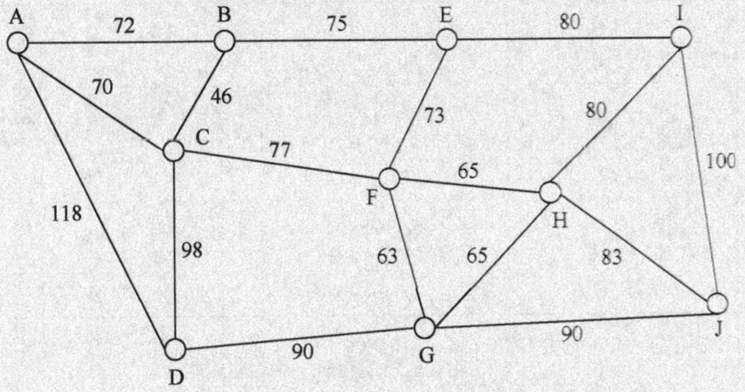

图 3.3　公路运输网示意图

计算步骤如下。

第一步：从第一个已解的节点或起点 A 开始，计算与起点 A 相连接的未解节点 B、C、D 点。通过计算可知：A 点到 B 点需要 72 分钟，A 点到 C 点需要 70 分钟；A 点到 D 点需要 118 分钟。由此可看到 C 点是距 A 点最近的节点，记为 AC。所以，C 点是唯一的选择，它成为已解的节点。

第二步：找出距 A 点和 C 点最近的未解的节点，B、F 节点是距已解节点 A、C 最近的连接点，我们知道有 A 点到 B 点；A 点到 C 点再到 F 点。注意从起点通过已解节点到某一节点所需的时间应该等于到达这个已解节点的最短时间加上已解节点与未解节点之间的时间。也就是说，从 A 点到 B 点的时间为 72 分钟；从 A 点到 C 点再到 F 点的时间等于 AC 节点的时间加 CF 节点的时间，即 AC+CF=70+77=147 分钟。由此可知，B 点为已解节点。

第三步：现在需要找到与各已解节点直接连接的最近的未解节点。如图 3.3 所示，有三个候选点，分别是 D、E、F，从已解节点到这三个未解节点的最短时间分别为 118 分钟、147 分钟、147 分钟，其中连接 AD 的时间最短，为 118 分钟。由此得知，D 点为已解节点。

重复上述过程直到到达终点 J，即第八步。最小的路线时间是 295 分钟，连接表 3.3 中以星符号标出的路线，可知，最短路线为 A—C—F—H—J。最短路径计算表如表 3.3 所示。

表 3.3　最短路径计算表

计算步骤	已解节点	与已解节点连接的未解节点	相关总成本计算过程	第 n 个最近节点	最小成本	最新连接
1	A	B C D	72 70 118	C	70	*AC

续表

计算步骤	已解节点	与已解节点连接的未解节点	相关总成本计算过程	第 n 个最近节点	最小成本	最新连接
2	A C	B F	72 70＋77=147	B	72	AB
3	A B C	D E F	118 72＋75=147 70+77=147	D	118	AD
4	B C D	E F G	72+75=147 70+77=147 118+90=208	E F	147 147	BE *CF
5	D E F	G I G	118+90=208 72+75+80=227 70+77+63=210	G	208	DG
6	E F	I H	72+75+80=227 70+77+65=212	H	212	*FH
7	E H	I J	72+75+80=227 70+77+65+83=295	I	227	EI
8	I H G	J J J	72+75+80+100=327 70+77+65+83=295 118+90+90=298	J	295	*HJ

*表示最优解。

在节点很多时，可利用计算机进行求解。通过把有关各节点和节点之间数据资料输入数据库，选好运输路线的起点和终点后，计算机就可以计算出从起点到终点的最短路径。需要说明的是，计算机计算的绝对的最短路径并不一定是实际运输中的最短路径，因为该方法并没有考虑各条路线的运输质量。所以最短路径的选择需要先设定运行时间和距离的权数，通过权数来综合计算实际的最短路径。

2. 多路径问题

多个起点和多个终点的运输问题一般描述为：某种物资有若干个产地和销地，若已知各个产地的产量、各个销地的销量以及各产地到各销地的单位运价（或运输距离）。应如何组织调运，才能使总运费（或总的运输量）最少？

将此问题更具体化，若有 m 个产地，n 个销地：

a_i 为第 i 产地的供应量，$i=1,2,\cdots,m$。

b_j 为第 j 销地的需求量，$j=1,2,\cdots,n$。

c_{ij} 为从产地 i 到销地 j 的单位运费，$i=1,2,\cdots,m;\ j=1,2,\cdots,n$。

x_{ij} 为产地 i 到销地 j 的调运数量。

则该问题为求解最佳调运方案，即求解所有 x_{ij} 的值，使总的运输费用 $\sum_{i=1}^{m}\sum_{j=1}^{n}c_{ij}x_{ij}$ 达到最少。决策变量为 x_{ij}。

根据该问题中总供应量 $\sum_{i=1}^{m} a_i$ 与总需求量 $\sum_{j=1}^{n} b_j$ 的关系，可将运输问题分为两类：一是平衡型运输问题，即当 $\sum_{i=1}^{m} a_i = \sum_{j=1}^{n} b_j$ 时；二是不平衡型运输问题，即当 $\sum_{i=1}^{m} a_i \neq \sum_{j=1}^{n} b_j$ 时，但无论哪种情形，都可用表上作业法求得最优解。

3.3.3 起止点相同的路线选择

1. 感知法

运输路线选择和车辆调度，首先根据人的经验和直觉判断来简化问题的难度，然后通过数学建模或计算机仿真等方法求解出理论上的最优方案，再适当调整其方案以满足实际情况。

对于人的经验和直觉判断，可用以下一些原则。

（1）就近线路。车辆运送货物时应将就近线路停靠点的货物装在一辆车上运送，以使车辆运行距离最小化，最大限度地减少车辆途中运行时间。

（2）经停点集聚。当停靠点货物送达时间是在一定时间窗口内时，应将货物尽量积聚在一起，以便尽可能地安排同一批次送货，以尽可能使运行车辆数量、车辆运行时间和运送距离最小化。

（3）由远及近。合理的运输线路是要找到距仓库最远停靠点周围的站点群，从最远的停靠点出发，逐步返回仓库附近的站点群，再回到终点即仓库。在确定了最远停靠点后，分派送货车辆装载沿停靠点的货物。

（4）运送路线呈水滴状。合理的经停路线中各条线路之间是不交叉的，并且只要有可能路径就会呈凸形或水滴状，据此可直观分析出合理的路线规划图。然而，当停靠点受装卸货物时间约束时（先送货到停靠点再装货），运送线路交叉不可避免（图 3.4）。

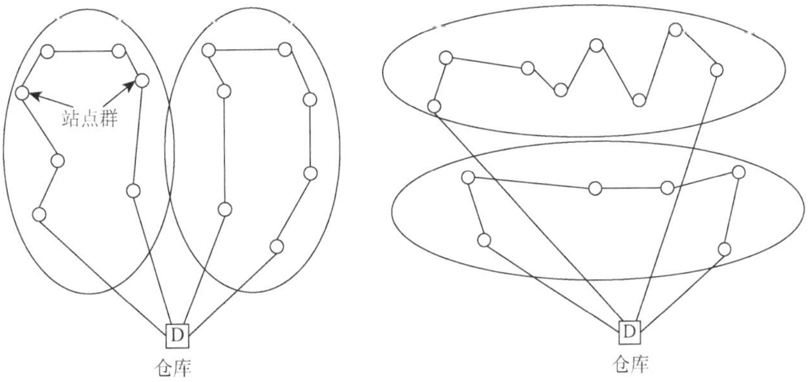

(a) 不合理的划分方式　　(b) 较合理的划分方式

图 3.4　不合理和较合理的运输路线示意图

（5）首先使用最大载重车辆。如果车辆不成问题，应采用足够大载重的车辆运送运行路线上停靠点的所有货物，以减少车辆运送距离和运送时间，最终减少运输成本。

（6）装、卸货物混合安排。尽可能在送货途中安排卸货，最大限度地减少路线交叉的次数。运行路线交叉的程度取决于车辆的装载大小、结构、卸货数和货物堆放对车辆装卸出口的影响程度。

（7）孤立站点单独配送。对于无法归入群落的孤立站点，可以考虑采用其他配送方式。

2. 集合划分模型

针对起止点相同的路线选择问题，除了用上述感知法求解，也可以通过集合划分模型的方法进行求解。

设 $N_R=\{1,2,\cdots,n\}$， $N_T=\{1,2,\cdots,m\}$， $I_1,\cdots,I_m$ 是自然数集 N_R 的一个划分（I_j 为第 j 辆车的送货点集），$F(P_{i1},P_{i2},\cdots,P_{ik})$ 为过 $P_{i1},P_{i2},\cdots,P_{ik}$ 点的最小回路长。

$$\min Z=\sum_{i=1}^{m}F(\{P_0\}\cup\{P_j|\, j\in I_i\}) \tag{3.24}$$

s.t.

$I_j\subset N_R$， $j\in N_T$

$\bigcup_{j=1}^{m}I_j=N_R$ （每一个需求点必须至少有一辆车去送货）

$I_i\cap I_j=\varnothing$， $i\neq j$， $1\leqslant i$， $j\leqslant m$（每一个需求点最多只需有一辆车去送货）

$\sum_{j\in I_i}R_j\leqslant W_i$， $i\in N_T$ （每辆车的总载货量不超出车辆载货限制）

$F(\{P_0\}\cup\{P_j|\, j\in I_i\})\leqslant L_i$， $i\in N_T$ （每辆车的总运距不超出车辆最大运距）

其中，用车数 $k=\sum_{j=1}^{m}\mathrm{Sign}(|I_j|)$；第 j 辆车的送货点为 $I_j, j=1,2,\cdots,m$；初始载货量为 $\sum_{i\in I_j}R_i$。

对地点的下一个节点访问时，节点的作业开始时间可以采用公式 $b_j=\max\{e_j,b_i+s_i+t_{ij}\}$ 计算，对于给定的路线，关于时间的所有变量，都可以采用该路线所包含的客户节点的线性序列的时间加以计算。

3. 构造求解算法

1）扫描法

Gillete 和 Miller 所提出的扫描法，是根据所有配送点的分布，以及坐标的表示方法来呈现各配送点的位置，然后任意选取一个配送点作为起始点，依顺时针或逆时针的方向选取尚未指派的配送点，并以货车的容量或其他条件作为限制，进行车辆配送的分组作业，再以求解旅行商问题的算法进行最优化的操作。因为依不同的配送点作为起点就会有不同的运算结果，所以可以针对每个配送点为起始点求解，取结果的最佳者（图 3.5）。

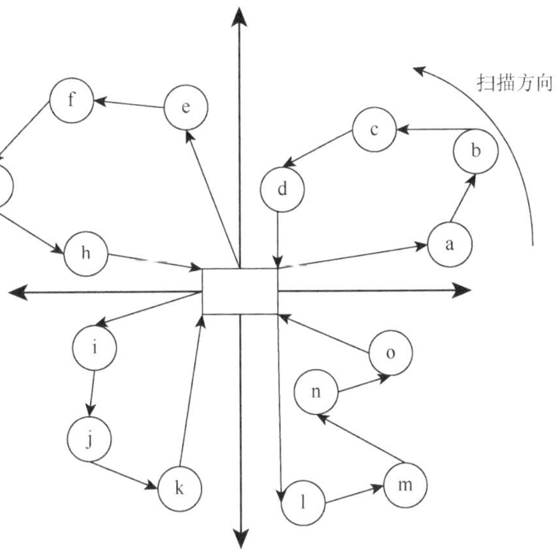

图 3.5　扫描法示意图

2）节约里程法

经典的算法有节约法（saving method）和插入法（insertion method）两种。以下只介绍节约法。

设只有两个收货点 P_1 和 P_2，如图 3.6 所示。进行最简单的单独配送，距离为 $2d_{01}+2d_{02}$，若用一辆车改为单线配送，则距离为 $d_{01}+d_{02}+d_{12}$（c_{ij} 为 P_i 到 P_j 的最短距离），节约运距为 $(2d_{01}+2d_{02})-(d_{01}+d_{02}+d_{12})=d_{01}+d_{02}-d_{12}\geqslant 0$，称 $d_{01}+d_{02}-d_{12}$ 为 P_1-P_2 的“节约里程”，记为 s_{12}。

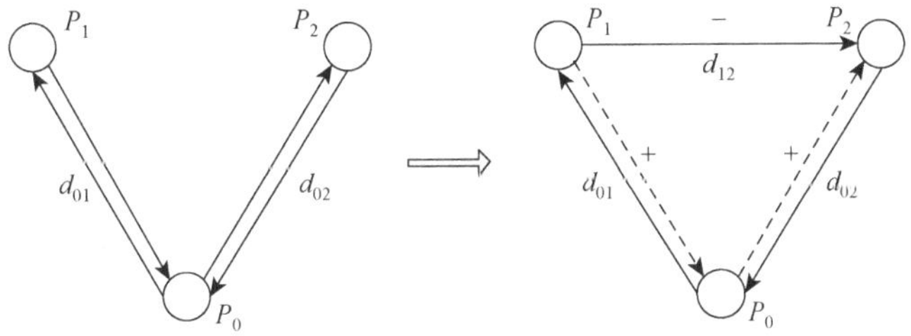

图 3.6　由分别配送改为巡回配送节约的里程

对于多个点，如图 3.7 所示，已知有两条配送路径，距离分别为 a 和 b，若 $d_{0i}+d_{0j}-d_{ij}>0$，则采用并线配送后，运送距离为 $a+b-(d_{0i}+d_{0j}-d_{ij})$。其中，$d_{0i}+d_{0j}-d_{ij}$ 为合并后的节约里程，即 $s_{ij}=d_{0i}+d_{0j}-d_{ij}$。

因此，VSP 算法采用两条配送路径合并为一条配送路径的思想，缩短了总运输距离，算法首先求出任意两点的“节约里程”，并从大到小排序，合并节约里程大的路径，合并时检验车辆的载重量和总运距约束。

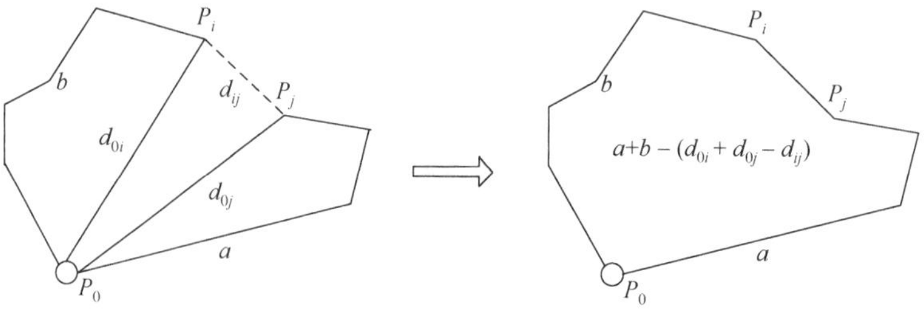

图 3.7　两条配送路线并线后的节约里程

注意在线路合并时，只有在两条不同线路上并且直接与配送中心相连接的点才能合并，即每个点最多只能合并两次，在同一路径内的两点不能再合并，因此在合并线路时，还需要对这些条件进行检验。

设 $N_R=\{1,2,\cdots,n\}$，$N_T=\{1,2,\cdots,m\}$，$I_1,\cdots,I_m$ 是自然数集 N_R 的一个划分（I_j 为第 j 辆车的送货点集），$F(P_{i1},P_{i2},\cdots,P_{ik})$ 为过 $P_{i1},P_{i2},\cdots,P_{ik}$ 个点的最小回路长。

求节约里程算法模型的主要步骤如下。

输入：需求点集 $N_R=\{1,2,\cdots,n\}$，各点需求量为 R_i，各点间最短距离为 c_{ij}；

车辆集合 $N_T=\{1,2,\cdots,m\}$，各车辆最大载重量为 W_j，各车辆最大运距为 L_j。

输出：各车辆配送点集为 $I_1,I_2,\cdots,I_m$。

第一步：将 N_T 按 W_i 从大到小排序，使得 $W_1\geqslant W_2\geqslant\cdots\geqslant W_m$，若 $m<n$，则需设 $n-m$ 台车辆，令 $W_{m+1}=W_{m+2}=\cdots=W_n=W_m$，即 $N_T=N_R$，令 $m'=m$；

第二步：对于所有的客户对 (i,j)，采用式（3.25）计算节约里程 s_{ij} 的值：

$$s_{ij}=d_{i0}+d_{0j}-d_{ij}\quad(i,j=1,2,\cdots,n) \tag{3.25}$$

将非零的 s_{ij} 从大到小排列形成队列。

第三步：求初始可行解。令 $I_j=\{j\};\ j=1,2,\cdots,n,k=m'$（先采用单点配送，$k$ 为所需车辆数）。

$$F(\{P_0\}\cup\{P_j|\ j\in I_i\})\leqslant 2d_{0j} \tag{3.26}$$

第四步：合并配送路径。直到节约里程 s_{ij} 的队列空，重复下列动作。

按照队列顺序，分析客户 i 和 j 之间合并的可能性（是否满足装载限制条件、最大运输距离约束、不在同一路径内以及合并次数不超过 2），如果连接以后不会丧失实施可能性，则将 i，j 连接起来，即可令 $I_i'=I_i\cup I_j$，$I_j\neq\varnothing$。如果不是这样，则从节约里程队列中去除当前的节约里程，分析下一个客户对。

3）先路径后分组算法

先路径后分组算法的求解思路是先根据松弛模型中关于车辆载重和距离等约束，构造一条或几条很长的路线（通常不可行），然后再把这些很长的线路划分成一些短而可行的线路。具体进行时，一般首先形成包含所有需求点的路径，然后根据一定的约束（如车辆容量、距离、时间等）对它进行划分，形成多个配送车辆的路径。这类算法的主要步骤如下。

第一步：寻求对于每个节点通过一次且只通过一次的巡回路径，设表达巡回路径的序列为 ρ，则 $\rho(i)$ 为回路第 i 个通过的点，而 $\rho(0)$ 为配送中心。

第二步：按照车辆路径上的客户必须在 ρ 上是连续的，并且满足给定条件（如最大装载量、最大运输距离等）进行分组。

第三步：确定各组需求点的最优访问顺序。

由于求解最优巡回路径问题自身是 NP 难题，且每次访问点的次序直接影响以下的分组方法。所以设计此类算法的主要技巧是确定通过每个点一次的巡回路径和将巡回路径上的各需求点进行合理分组。常用的分组方法有集合划分法、集合覆盖法、最优划分法、填充曲线法等。接下来将介绍最优划分法的具体计算过程。

最优划分法也称最短路法。在访问所有需求点的巡回路径已经确定的条件下，最优划分法给出了一种不破坏巡回路径的“最优”分组方法。这种方法适用于具有装载量约束的同类配送规划问题（目标函数只与运输距离有关）的求解。

3.4　本章小结

面对日益激烈的市场竞争，运输决策问题应当视为物流管理人员迫切需要优化与解决的重要决策问题。运输决策包括承运人的选择、运输路线的设计与车辆调度等一系列问题。本章探讨了比较常见的若干情形，如利用成本平衡法、线性规划法求解运输方式决策，用扫描法、节约路径法对车辆运输路径与调度进行求解，同时通过举例作为参考。

第4章 库存管理

➢本章引导案例[①]

聊城市侯营镇田庄村的王庆祥等三兄弟各凑了 5 万元收购了 200 吨白菜，本想大挣一笔，可 2011 年春天白菜便宜得可怜，15 万元本钱只能收回 3 万元，一人赔了 4 万元。

王庆祥已经连续四年囤白菜了。2010 年春天白菜批发价一元多一斤（1 斤=0.5 千克），他挣了不少钱，但是 2010 年囤得少，不到 2 月底就卖完了，总觉得挣得有点“意犹未尽”。2010 年秋天白菜一下来，他找到自己的表兄弟王润光和王本宽，跟他们说了一下白菜行情，他们当场决定一人出 5 万元收购白菜。

王庆祥把收购来的 200 吨白菜存在田庄村一个冷库里，预计来年 3 月 1 日出库，储存费用 5 万元。王庆祥安顿好 200 吨白菜，开始密切关注白菜价格。过年时白菜价格最贵，6 角/斤，可过年后，价格一天比一天低，到了白菜出库时间，一斤只有两角多。

王庆祥心里开始发毛，3 角/斤收购白菜，一冬天流失很多水分，卖的时候还要去掉白菜帮和根，相当于 4 角/斤收的。雇一个工人一天 50 多元，入库出库的工钱、车钱一斤白菜得加 6 分。存冷库 5 万块钱的费用，一斤白菜得加 1 角 4 分。卖到 6 角/斤才能把本钱挣过来。

王庆祥很想等等再卖，但是冷库老板天天催着让出库。为了等待转机，他跟两个表兄弟商量，又给冷库老板加了 3000 元钱，推迟 10 天出库。10 天后，白菜价格有降无升。“不能再等了，再等白菜心得长芽了，青州那边新白菜快下来了，到那时候更不好卖。”

2011 年 3 月 10 日，王庆祥硬着头皮卖出第一批白菜，批发价 2.2 角/斤，当天拉到菜市场的 1 万斤白菜都卖出去了，才卖了 2000 多元，直到 24 日卖了 14 天，200 吨白菜差不多卖完了，除去工人工钱、吃饭、租车的费用，就落下 3 万元。

“赔钱不要紧，不这么折腾人也行啊，你不知道白菜出库多受罪。”王庆祥说。冷库里有 7 米多高的架子，白菜一排一排地摆放在上面，烂掉的白菜帮耷拉在架子上，不时滴落腐烂的汁液。

---

① 资料来源：http://finance.huanqiu.com/roll/2011-03/1588761.html。

腐烂的白菜汁滴到皮肤上，皮肤就会红肿。进去取菜必须全副武装：戴上皮帽子、胶皮手套，披上雨衣，穿上胶皮鞋。

和王庆祥一块囤白菜的王润光今年才 25 岁，积蓄不多，贷款跟王庆祥和王本宽一起收购白菜，赔了个底朝天，他懊悔地说："以后再也不囤白菜了。"

4.1 相关概念

4.1.1 库存及其管理

库存（inventory）就是在企业生产和物流渠道中各点堆积的原材料、供给品、零部件、半成品和成品。库存管理又称库存控制，是对制造业或服务业生产、经营全过程的各种物品、产成品以及其他资源进行管理和控制，使其储备保持在经济合理的水平上。

关于库存，有这样一种说法："库存是一个必要的恶魔。"也就是说，库存的存在有利有弊。由于库存有利有弊，所以在企业经营运作管理中，就必须对库存加以控制，使其既能为企业经营有效利用，又不为企业带来太多的负面影响。因此，我们要对库存进行控制，库存控制就是根据外界对库存的要求、企业订购的特点，预测、计划和执行一种补充库存的行为，并对这种行为进行控制，重点在于确定如何订货、订购多少、何时订货。

除了以上两个基本概念，还有如下的相关概念。

（1）周转库存是为满足日常生产经营需要而保有的库存。周转库存的大小与采购量直接有关。企业为了降低物流成本或生产成本，需要批量采购、批量运输和批量生产，这样便形成了周期性的周转库存，这种库存随着每天的消耗而减少，当降低到一定水平时需要补充库存。

（2）安全库存是为了防止不确定因素的发生（如供货时间延迟、库存随消耗速度突然加快等）而设置的库存。安全库存的大小与库存安全系数或者说与库存服务水平有关。从经济性的角度看，安全系数应确定在一个合适的水平上。例如，国家为了预防灾荒、战争等不确定因素的发生而进行的粮食储备、钢材储备、石油储备等，就是一种安全库存。

（3）调节库存是用于调节需求与供应的不均衡、生产速度与供应的不均衡以及各个生产阶段产出的不均衡而设置的库存。

（4）在途库存是处于运输以及停放在相邻两个工作或相邻两个组织之间的库存，在途库存的大小取决于运输时间以及该期间内的平均需求。

4.1.2 与库存相关的成本

1. 采购成本

采购成本（procurement costs）可能包括以下内容。

（1）不同订货批量下产品的价格或制造成本；

（2）生产的启动成本；

（3）订单（常常通过邮寄或电子方式）传输到供应地的成本，订单经过财务、采购部门的处理成本；

（4）货物运输成本（若采购价格不含运输费用）；

（5）在收货地点的所有物料搬运或商品加工成本。

2. 库存持有成本

库存持有成本（carrying costs）是因一段时间内存储或持有商品而导致的，大致与所持有的平均库存量成正比。该成本可分为四种。

（1）空间成本（space costs），是因占用存储建筑内立体空间所支付的费用；

（2）资金成本（capital costs），指库存占用资金的成本。该项成本可占到库存成本的80%，同时也是各项库存持有成本中最捉摸不定、最具主观性的一项；

（3）库存服务成本（inventory service costs），包括仓库的管理人员的工资等费用；

（4）库存风险成本（inventory risk costs），是指仓库中的货物损坏、被盗等损失费用。

3. 缺货成本

当客户下达订单，但所订购货物无法由平常所指定的仓库供货时，就产生了缺货成本（out-of-stock costs）。

缺货成本有两种：损失销售成本（lost sales costs）和订单积压成本（back order costs）。当出现缺货时，如果客户选择收回其购买要求，就产生了损失销售成本。

如果客户愿意等待订单履行，那么就不会发生失销的情况，只会出现订单履行的延期，即产生订单积压成本。

4.1.3 库存管理目标

“零库存”的观念在 20 世纪 80 年代成为一个流行的术语。如果供应部门能够紧跟需求的变化，在数量上和品种上都及时供应所需物资，即实现供需同步，那么，库存就可以取消，即达到“零库存”。由于需求的变化往往难以预测，完全实现供需同步是不易做到的，而且由于供应部门、运输部门的工作也会不时出现某些故障，完全的“零库存”只能是一种理想的境界。现代管理要求在充分发挥库存功能的同时，尽可能地降低库存成本，在库存成本的合理范围内达到满意的顾客服务水平。因此，库存管理的目的是在满足顾客服务要求的前提下通过对企业的库存水平进行控制，力求尽可能降低库存水平、提高物流系统的效率，以强化企业的竞争力。

观察 4.1 我国部分企业库存情况

沪、深两市共 1625 家上市公司披露 2011 年年报，其中存货量调整后可比的公司共有 1569 家，2010 年底的存货总量达 3.34 万亿元，同比增长 25.43%。上市公司存货的增速明显高于净利润，这些公司净利润共计 8080.21 亿元，同比增长仅 2.13%。2013 年，国内 6 大运动品牌李宁、安踏、匹克、361°、中国动向和特步的存货量分别为 9.42 亿元、6.89 亿元、3.66 亿元、4.09 亿元、1.83 亿元和 5.37 亿元，存货总量超过 31 亿元。因此，企业经营者将减少库存作为一种潜在的资本来源，将“零库存”作为一种追求，就不足为怪了。

（1）保障生产供应。库存的基本功能是保证生产活动的正常进行，保证企业经常维持适度的库存，避免因供应不足而出现非计划性的生产间断。这是传统库存控制的主要目标之一。现代的库存控制理论虽然对此提出了一些不同的看法，但保障生产供应仍然是库存控制的主要任务。

（2）控制生产系统的工作状态。每一个精心设计的生产系统，均存在一个正常的工作状态，此时，生产按部就班地有序进行。生产系统中的库存情况，特别是在制品的数量与该系统所设定的在制品定额相近。反之，如果一个生产系统的库存失控，该生产系统也很难处于正常的工作状态。因此，现代库存管理理论将库存控制与生产控制结合为一体，可通过对库存情况的监控，达到对生产系统整体目标的控制。

（3）降低生产成本。降低生产成本是生产管理的重要任务之一。无论是生产过程中的物资消耗，还是生产过程中的流动资金占用，均与生产系统的库存控制有关。在工业生产中，库存资金常占企业流动资金的 60%～80%，物资的消耗常占产品总成本的 50%～70%。因此，必须通过有效的库存控制方法，使企业在保障生产的同时，减少库存量，提高库存物资的周转率。

4.2　库存管理的基本方法

4.2.1　拉动式库存管理

拉动式库存管理是基于每个仓库的特定需求以一定的订货批量补足库存，每一个存储点都独立于渠道中其他所有的仓库，预测需求、决定补货量时都只考虑本地的因素，而不直接考虑各个仓库不同的补货量和补货时间对采购成本或生产成本的影响。

拉动式库存管理模式认为各个仓库相对独立，因此做需求预测和补货决策时主要考虑本地市场的情况，忽略各区域不同水平、不同时间的需求对供货点经济批量造成的影响，即各个仓库首先确定自己所需补进的货量，再将信息逐级向上传导，拉动整个供应链的库存变动，供货点则根据各市场需求而不是自身的生产批量提供供给。

4.2.2　推动式库存管理

拉动式库存管理是基于每个仓库的特定需求以一定的订货批量补足库存，而推动式库存管理是基于每个仓库的预测需求将剩余产能分配给每个仓库。

拉动式库存管理方式认为每一个存储点（如仓库）都独立于渠道中其他所有的存储点。相应地，在预测需求、决定补货量时都只考虑本地的因素，而不直接考虑各个存储点不同的补货量和补货时间对工厂成本的影响。虽然利用该方法可以对每个存储点的库存进行精确控制，但如果各地的库存单独进行决策，那么补货量和补货时间不一定能够与企业生产批量、经济采购批量等很好地协调起来。

为了克服拉动式库存管理方式的弊端，国内很多空调生产企业采用的是推动式库存管理方式。它们根据以往经验、每个存储点的销售情况、可用空间以及其他一些因素，将生产出来的产品分配给各个存储点。其中，库存水平的设定是根据整个仓库系统的情况统一决定的。一般来说，当采购或生产的规模经济收益超过拉动式库存管理方式实现的最低总库存水平带来的收益时，就可以采用推动式库存管理方式。

空调生产企业往往采用的是典型的 MTS 生产方式，推动式库存管理方式比较适用于生产数量超过短期需求量的空调生产企业。如果缺少仓储空间或其他原因，产品无法储存在生产地点，那么就需要将剩余产品分拨到各存储地点，以期获得一定的成本节约。为此，需要确定以下问题：在每一个存储点需要保持多少库存？一批生产应分配到各个存储点的库存是多少？超过需求的产能或产品供给量在各存储点之间如何分配？

需要说明的是，很多时候，企业采购拉动式、推动式混合的库存管理策略。

4.3 需求确定性的库存管理

4.3.1 经济订货批量模型

本书的分析建立在以下六条假设上。

（1）需求是不变且确定可知的；

（2）生产一个单位时，生产率是不变且确定可知的；

（3）订单发出和订单到达之间的提前期是不变且确定可知的；

（4）发出订单或者开始生产的成本与数量无关，即仅有交易成本；

（5）库存持有成本与平均库存成比例；

（6）如果允许延期交货，那么其成本与延期的平均单位数量成比例。

订货与产品数量模型中的符号如下。

D 为每周期的单位的需求率；P 为每周期的单位产品生产量；c 为每单位的订购（或生产）成本；h 为每单位金额在一个周期内的库存持有成本；c_e 为每单位周期的库存持有成本（过剩成本率），例如，$c_e=h\times c$；c_s 为每单位的周期延期交货成本（缺货成本率）；A 为每次交易的成本（订货或者开始生产的成本）；Q 为一次订购（或生产）的总量，或每次交易的单位；b 为补充订货到达时（或生产开始时）的延期单位数量。

没有其他依赖于订货批量 Q 的成本，所以每周期的总相关成本的表达式为（图 4.1）

$$C(Q)=\mathrm{TC}(Q)+\mathrm{HC}(Q)=A\frac{D}{Q}+\frac{Q}{2}\times c_e$$

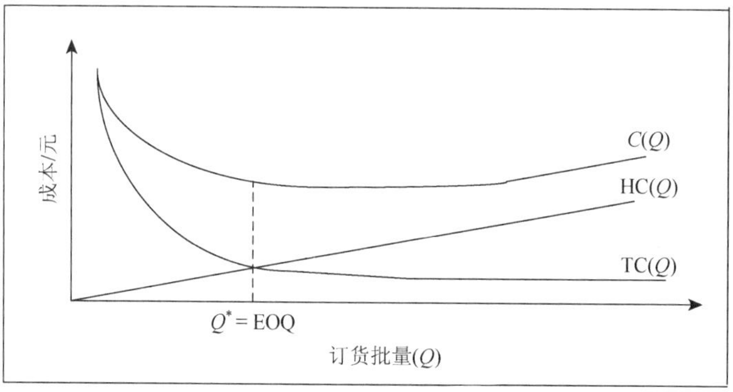

图 4.1 周期的平均交易成本 TC(Q)、周期的平均库存持有成本 HC(Q)及周期成本 $C(Q)$的曲线

$C(Q)$=TC(Q)+HC(Q)在批量 Q^*时最小化，在该点交易与库存持有成本相交；EOQ 为经济订货批量

式中，$\frac{D}{Q}$为每周期的平均订货次数=每周期的需求量/每次订货的批量，则$\frac{Q}{D}$为两次订货之间的周期数=1/每周期的订货次数；$\frac{Q}{2}$为平均库存，或平均周转库存；$TC(Q)$为每周期的平均交易成本=每次交易成本×每次交易次数=$A\frac{D}{Q}$；$HC(Q)$为每周期的平均库存持有成本=平均库存×$c_e=\frac{Q}{2}\times c_e$；$C(Q)$为每周期的平均交易成本与持有成本之和=$A\frac{D}{Q}+\frac{Q}{2}\times c_e$；$Q^*$为经济订货批量最低平均交易下的订货量加上库存持有成本=$\sqrt{\frac{2AD}{c_e}}$；$TC(Q^*)$为订货批量为Q^*时每周期的平均交易成本=$\frac{AD}{Q^*}=\sqrt{\frac{ADc_e}{2}}$；$HC(Q^*)$为订货批量为$Q^*$时每周期的平均库存持有成本=$\frac{Q^*}{2}\times c_e=\sqrt{\frac{ADc_e}{2}}$；$C(Q^*)$为订货批量为$Q^*$时每周期的平均交易成本与持有库存成本=$\sqrt{2ADc_e}$。

要考虑一个问题：EOQ的意义是什么？在不理解的情况下机械地使用EOQ模型几乎没有价值。其实，规模经济在社会和商业中应用广泛，包括在订购、广告、聘用和解雇、教学、餐饮、仓库等方面。

例题 4.1

作为财务总监（chief financial officer，CFO），你发现公司有两个现金账户。当有可用现金时就存放到高收益账户，年利率是8%，且以3%的利率周期性地转到低收益账户中。从低收益账户中出去的电子资金转账或支票是不收费的。然而，对从高收益账户中转出的电子资金，银行将收取25元的交易费。现在的政策是低收益账户中余额接近0时，转100万元进去。低收益账户一年的支出总计1000万元，在一年的时间里平均有10次转账。为什么不每天转账，或者为什么不一年一次转完呢？

如果你处于这种情况，至少有两种方法可以为公司节约成本。

其一，你可以每次转10万元，一年至少可在账本上产生大约2万元收益。这里有个权衡点：一方面多转些就可以节约交易费，另一方面少转些就可以在低收益账户中保持低平均余额。在低收益账户中会损失5%现金利息；这就是高收益8%的利率与低收益3%的低利率的差异。因此，一次转100万元就意味着每年总费用为250元。低收益账户中的余额在0～100万元，平均余额为50万元，损失利息成本为0.05×50万=2.5万元/年，总成本是25 250元/年。一次转账10万元的情况下，年总成本是5000元，而且这是最理想的交易量。

其二，问题的根源是交易费。如果它可以被消除，那么就可以从高收益账户中直接支付，消除所有损失利息和交易成本。因为无论是否与资金交易、顾客送货、采购订单或其他交易相关，管理者往往都控制着每笔交易的成本。库存持有成本率受的影响一般不会很大（本例中为 5%），这是 EOQ 权衡的另一面。

一些符号可以用前述例子中的数字阐明。上面定义的很多术语都是指比率或者每个周期的数量，此外为了方便阐明，本书用了年比率（即周期长度为一年）。例中的一次交易指的是从高收益账户到低收益账户的资金转账，且每次交易成本=A=25 元。公司在低收益的账户损失 5%的年利息；即 1 元在低收益账户中可以赚 8%。这就是意味着 h=每单位金额一个周期内的库存持有成本=0.05 元/年。本书表示年需求和过剩成本率的方式依赖于选择的单位。如果定义每个单位为 100 万元，那么 D=单位的周期需求率=10 单位/年，且 c_e=每单位周期的库存持有成本=0.05×100 万=5 万元/单位周期。总之，c_e=5 万元/单位周期意味着一个 100 万的单位在低收益账户中放一年要花费 5 万元。更正常的选择是定义一个 1 元的单位，这种情况下 D=1000 万单位/年，c_e=0.05 元/(单位·年)。

4.3.2 允许延期交货的经济订货批量

允许延期交货的 EOQ 公式总结如下。

因为没有其他的依赖于订货批量 Q 和延期交货批量 b 的成本，所以每周期的总相关成本的表达式为

$$C(Q,b)=\mathrm{TC}(Q)+\mathrm{HC}(Q,b)+\mathrm{SC}(Q,b)=\frac{AD}{Q}+\frac{(Q-b)^2}{2Q}c_e+\frac{b^2}{2Q}c_s$$

式中，$\frac{D}{Q}$ 为每周期的平均订货次数，则 $\frac{Q}{D}$ 为两次订货之间的周期数；$\frac{(Q-b)^2}{2Q}$ 为平均库存或平均周转库存；$\frac{b^2}{2Q}$ 为平均延期交货的单位数量；TC(Q)为每周期的平均交易成本=$\frac{AD}{Q}$；HC(Q, b)为每周期的平均持有库存成本=$\frac{(Q-b)^2}{2Q}c_e$；SC(Q, b)为每周期的平均延期交货成本=$\frac{b^2}{2Q}c_s$；$C(Q, b)$为每周期的平均交易、持有和延期交货成本=$\frac{AD}{Q}+\frac{(Q-b)^2}{2Q}c_e+\frac{b^2}{2Q}c_s$；$Q^*$ 为经济订货批量=$\sqrt{\frac{2AD}{c_e}}\sqrt{\frac{c_e+c_s}{c_s}}$；$b^*$为订货到达时的最佳延期交货数量=$Q^*\frac{c_e}{c_e+c_s}$；TC($Q^*$)为订货批量为 Q^* 时每周期的平均交易成本=$\frac{AD}{Q^*}=\sqrt{\frac{ADc_e}{2}}\sqrt{\frac{c_s}{c_s+c_e}}$；HC($Q^*$, b^*)为订货批量为 Q^*、收到订单时要延期交货 b^*单位时的周期平均库存持有成本=$\frac{(Q^*-b^*)^2}{2Q^*}c_e=\sqrt{\frac{ADc_e}{2}}\sqrt{\frac{c_s}{c_s+c_e}}\frac{c_s}{c_s+c_e}$；$C(Q^*, b^*)$为订货批量为 Q^*、收到订单时要延期

交货 b^*单位时的周期平均交易、持有及延期成本之和$=\dfrac{AD}{Q^*}+\dfrac{(Q^*-b^*)^2}{2Q^*}c_e+\dfrac{b^{*2}}{2Q^*}c_s=\sqrt{\dfrac{2AD}{c_e}}\sqrt{\dfrac{c_e+c_s}{c_s}}$。

应该注意到，如果缺货率成本非常高（即$c_s\approx\infty$），那么$Q^*\approx\sqrt{2AD/c_e}$。

例题 4.2

考虑现金管理的案例，假定银行提供透支保护的选择，这就意味着银行愿意用贷款来抵消收益账户中的负余额，以年利率 18%为例，低收益账户中的负余额类似于一个没有为产品和延期交货需求设置库存的公司。在银行账户的案例中，现金转到低收益账户中，贷款还清，剩余的就可以为将来的付款所用。在产品的案例中，当供应商的货物到达时，装载好延期货物运走，剩余的就可以为将来的需求所用。

考虑到新的透支保护的选择，在低收益账户中转账到达之前允许余额为负，就可以节省成本吗？从 Q=10 万元开始改变转账数量就可以降低成本吗？如果可以，那么转账数量是增加还是减少呢？试着去回答以上这些问题。

回顾一下会发现，如果某种产品延期交货的代价很大，那么你很可能不愿制订延期交货的计划。

4.3.3 有数量折扣的经济订货批量

有数量折扣的经济订货批量是按照基本 EOQ 成本分析的，但是考虑了采购成本，每单位周期的库存持有成本 $c_e=hc(Q)$。因此，每周期的总相关成本包括交易成本、库存持有成本和采购成本。周期采购成本$=\sqrt{2ADc_e}\sqrt{\dfrac{c_s}{c_e+c_s}}$，它包括采购价格，与需求率有很大关系，除了周期采购成本，前一部分的公式仍可应用。公式总结如下。

$C(Q)$为平均的单位价格（订货批量 Q 的函数）；h 为每单位金额每年的库存持有成本；c_e为每周期的单位库存持有成本$=hc(Q)$；TC(Q)为每周期的平均交易成本=每次交易的成本×每周期的平均交易次数$=\dfrac{AD}{Q}$；HC(Q)为每周期的平均库存持有成本=平均库存×$c_e=\dfrac{Q}{2}hc(Q)$；PC(Q)为每周期的平均采购成本=每周期的需求×每单位的平均采购成本$=Dc(Q)$；$C(Q)$为每周期的平均交易、持有和采购成本之和=TC(Q)+HC(Q)+PC(Q)。

用 Q 的一些不同试验值代入计算 $C(Q)$=TC(Q)+HC(Q)+PC(Q)，很快就可以找到最近订货批量。

实践中常见的两个数量折扣定价结构是全量折扣和增量折扣。这些折扣定价结构基本上决定了 Q 变大时平均单位采购成本 $C(Q)$如何变化。本书将先对所有单位折扣结构进行举例分析，然后再简要介绍增量折扣以及两种结构的分析有何不同。

1. 全量折扣

全量折扣，即一次性数量折扣，又称非累计性数量折扣，是对一次购买超过规定数量或金额给予的价格优惠，目的在于鼓励顾客增大每份订单购买量，便于超市卖场组织大批量进货而获得进价优势。

例题 4.3

某产品的原料需要从一个供应商处购买，以下为其价格表。

（1）如果 $Q<10\,000$，那么单位价格 $c(Q)=75$ 元/千克。

（2）如果 $10\,000\leqslant Q<20\,000$，那么单位价格 $c(Q)=70$ 元/千克。

（3）如果 $Q\geqslant 20\,000$，那么单位价格 $c(Q)=65$ 元/千克。

香味配料的年需求 D=80 000 千克/年，发出订单的总交易费 A=3206 元，且你的公司年库存持有成本为产品价值的 45%（即 h=0.45 元/年）。

$$C(Q)=\mathrm{TC}(Q)+\mathrm{HC}(Q)+\mathrm{PC}(Q)=\frac{AD}{Q}+\frac{Q}{2}hc(Q)+Dc(Q)$$

$$=\begin{cases}(3206\times 80\,000)/Q+(Q/2)(0.45\times 75)+80\,000\times 75, Q<10\,000\\(3206\times 80\,000)/Q+(Q/2)(0.45\times 70)+80\,000\times 70, 10\,000\leqslant Q<20\,000\\(3206\times 80\,000)/Q+(Q/2)(0.45\times 65)+80\,000\times 65, Q\geqslant 20\,000\end{cases}$$

如图 4.2 所示，已用 Q 的很多试验值代入计算 $C(Q)$。

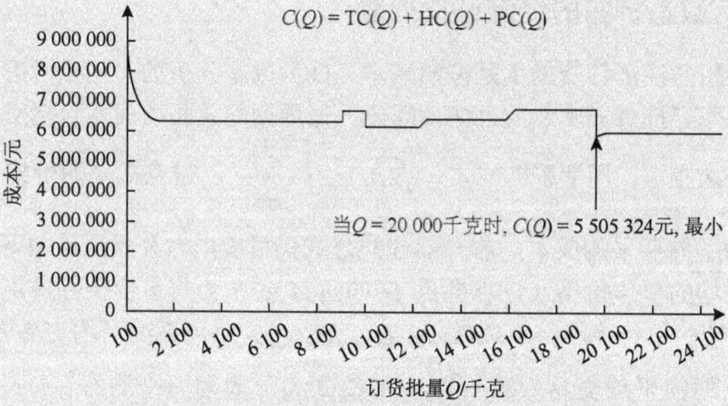

图 4.2　订货批量与总成本的关系

从 Q 取不同值时的年总交易、持有和采购成本之和的曲线，可看出在 Q=20 000 千克时成本最小

最佳订货批量是 20 000 千克，且每年的总成本为

$$\begin{aligned}C(Q)&=\mathrm{TC}(Q)+\mathrm{HC}(Q)+\mathrm{PC}(Q)\\&=(3206\times 80\,000)/20\,000+(20\,000/2)\times(0.45\times 65)+80\,000\times 65\\&=12\,824+292\,500+5\,200\,000=5\,505\,324(\text{元})\end{aligned}$$

2. 增量折扣

上面的例子是基于所有单位折扣结构的。而增量折扣结构能给超过间断点的单位更低的价格。考虑到前例中的单位价格和数量间断点：小于或等于 9999 千克时价格为 75 元/千克，10 000～19 999 千克时为 70 元/千克，大于或等于 20 000 千克时为 65 元/千克。在增量折扣下，订货的前 9999 千克定价是 75 元/千克，而后面的 10 000 千克定价是 70 元/千克，任何随后再附加的订货定价都是 65 元/千克了。这样，比如，一批 15 000 千克的订货的平均单位价格 c(15 000)=(75 元/千克×9999 千克+70 元/千克×5001 千克)/15 000 千克≈73.33 元/千克。增量折扣结构的成本分析可以按照前面举例说明过的所有单位折扣结构，但是要注意 $c(Q)$的确定方法不同。

例题 4.4

一家大医院的维修部每年使用大约 816 箱液体清洁剂。订货成本为 12 元，库存成本是每年每箱 4 元，新价目表表明，少于 50 箱的订货成本为每箱 20 元，50～79 箱的订货成本是每箱 18 元，80～99 箱的订货成本是每箱 17 元，更大的订货成本则是每箱 16 元。请确定最优订货量和总成本。

计算通常的经济订货批量：$Q^*=\sqrt{\dfrac{2\times816\times12}{4}}=70$（箱）。

$Q^*=70$ 落在 50～79，根据公式得到

$$C(70)=70\times4\div2+816\times12\div70+18\times816=14\,968(\text{元})$$

$$C(80)=80\times4\div2+816\times12\div80+17\times816=14\,154(\text{元})$$

$$C(100)=100\times4\div2+816\times12\div100+16\times816=13\,354(\text{元})$$

因此，最优的订货批量应该是 100 箱，总成本为 13 354 元。

画出不同的数量折扣的总成本函数图，大致如图 4.3 所示。

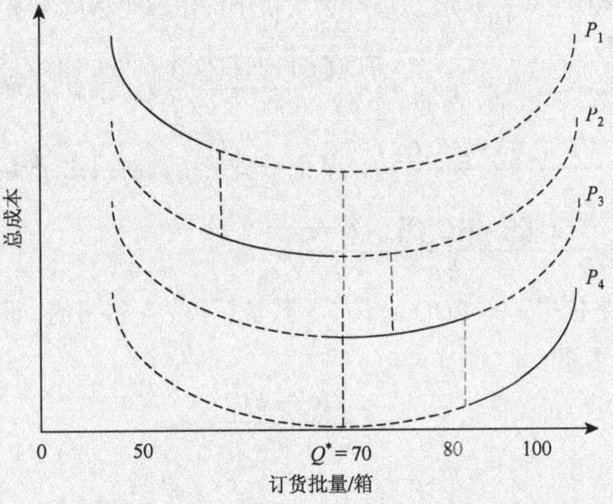

图 4.3 订货批量与总成本的关系

P_1表示订货批量小于 50 箱时的单位成本；P_2表示订货批量为 50～79 箱时的单位成本；P_3表示订货批量为 80～99 箱时的单位成本；P_4表示订货批量大于 100 箱时的单位成本

3. 价格增长前的经济订货批量

在此之前，本书只考虑了周转库存，即批量订货的库存。还有一种情况就是投机库存，也就是预计未来产品要涨价，买方打算增持超额的库存。在产品即将涨价的情况下，应该做出什么样的订货策略？除了应照常订购 Q^*单位，还要知道价格增长前最后一次订货时，应额外订多少单位可以省最多的钱，关键是找到一个公式描述价格增长前最后一次订货的最后单位成本（图 4.4）。

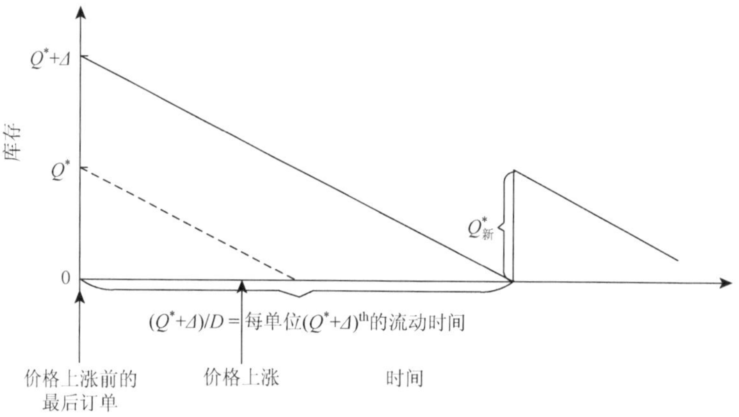

图 4.4 库存-时间关系曲线

Q^* 是目前价格下的最佳订货批量，$Q^*_{新}$ 是新的更高价格下的最佳订货批量。额外 Δ 单位包含于价格上涨前的最后一次订货，且最后一次订货的最后单位在 $\frac{Q^*+\Delta}{D}$ 周期的库存里

在价格上涨前最后一次额外订购单位的成本是采购价格 c 和持有这么多单位 $\frac{Q^*+\Delta}{D}$ 个周期的库存成本（即 $c+\frac{Q^*+\Delta}{D}hc$ ）①。在新价格下的单位平均成本是采购价格 $c_{新}$ 和单位平均交易与持有成本之和（即 $c_{新}+\frac{\mathrm{TC}(Q^*_{新})+\mathrm{HC}(Q^*_{新})}{D}$ ）。因此，通过继续增长 Δ 到 $c+\frac{(Q^*+\Delta)}{D}hc+c_{新}+\frac{\mathrm{TC}(Q^*_{新})+\mathrm{HC}(Q^*_{新})}{D}$，从而节省费用。解决 Δ 产量的最佳额外订货数量：$\Delta^*=\frac{(c_{新}-c)D}{hc}+\frac{\mathrm{TC}(Q^*_{新})+\mathrm{HC}(Q^*_{新})-Q^*hc}{hc}$。

如果 Q^* 和 $Q^*_{新}$ 是依据基本 EOQ 公式（无数量折扣的）得出的，那么忽略第二项，影响一般不大，所以多用

$$\Delta^* \approx \frac{(c_{新}-c)D}{hc}$$

① 事实上，已经忽略了在涨价前正好订购 Δ 的可能性。更完整的分析应该把此成本与包含最后一次订货时 Δ 单位的成本进行比较，然后选择最小的一个（比如，如果交易成本比在订单发出和到达期间 Δ 单位的库存持有成本小，那么价格增长的额外订购是值得的）。

作为经验法则。

按照经验，额外订购$\frac{c_{新}-c}{hc}$个周期的需求的价值，即找一个$\varDelta$值使库存中持有一个单位、$\frac{\varDelta}{D}$周期的成本等于价格增长值（即$\frac{\varDelta}{D}hc=c_{新}-c$）。公式总结如下。

h为每单位金额每年的库存持有成本；c为目前的单位价格；$c_{新}$为未来不久的更高单位价格；Q^*为目前最佳订货批量（价格为c时）；$Q^*_{新}$为价格为$c_{新}$时的最佳订货批量；$\mathrm{TC}(Q^*_{新})$为价格为$c_{新}$、订货批量为$Q^*_{新}$时的平均周期交易成本；$\mathrm{HC}(Q^*_{新})$为价格为$c_{新}$、订货批量为$Q^*_{新}$时的平均周期持有成本；$\varDelta^*$为价格增长前的最后一次订货的额外单位$=\frac{(c_{新}-c)D}{hc}+\frac{\mathrm{TC}(Q^*_{新})+\mathrm{HC}(Q^*_{新})-Q^*hc}{hc}$。

如果Q^*和$Q^*_{新}$是依照基本 EOQ 公式（如无数量折扣）得出的，那么

$$Q^*_{新}=\sqrt{\frac{2AD}{hc}}$$

$$\mathrm{TC}(Q^*_{新})=\sqrt{\frac{ADhc_{新}}{2}}$$

$$\mathrm{HC}(Q^*_{新})=\sqrt{\frac{ADhc_{新}}{2}}$$

$$\varDelta^*=\frac{(c_{新}-c)D}{hc}+\frac{\left(\sqrt{c_{新}}-\sqrt{c}\right)\sqrt{2ADh}}{hc}\approx\frac{(c_{新}-c)D}{hc}$$

例题 4.5

假设某产品的现价是c=60 元/千克，明年拟涨价 10%，即$c_{新}$=66 元/千克，年需求量D=112 000 千克，总订货相关交易成本A=3206 元，年库存持有成本为产品价值的 45%（即h=0.45 元/年），则现在的经济订货批量为

$$Q^*=\sqrt{\frac{2AD}{hc}}=\sqrt{\frac{2\times3206\times112\,000}{0.45\times60}}\approx5157(\text{千克})$$

因为$\frac{c_{新}-c}{hc}$=(66−60)÷(0.45×60)≈0.22（年），所以应该维持约 0.22 年的消耗，即 81 天，即

$$\varDelta^*\approx\frac{(c_{新}-c)D}{hc}=(66-60)\times112\,000\div(0.45\times60)$$
$$\approx24\,889(\text{千克})$$

这就意味着该年最后一次订货量为

$$Q^*+\varDelta^*=5157+24\,889=30\,046（\text{千克}）$$

价格增长前订 24 889 千克额外产品可以节省多少呢？1 月 1 日之后价格增长到 $c_{新}$=66 元/千克，且最佳订货批量有些许下降，即

$$Q_{新}^{*}=\sqrt{\frac{2AD}{hc_{新}}}=\sqrt{\frac{2\times3206\times112\,000}{0.45\times66}}\approx4917(千克)$$

在这个更高价格下，平均单位成本为

$$\begin{aligned}\frac{C(4917)}{D}&=\frac{\mathrm{TC}(4917)+\mathrm{HC}(4917)+\mathrm{PC}(4917)}{D}\\&=[3206\times112\,000\div4917+4917\times0.45\times66\div2+112\,000\times66]\div112\,000\\&=67.30(元/千克)\end{aligned}$$

年底最后一次订货中额外的 24 889 千克的平均单位成本是采购成本和库存中持有 $\varDelta$ 产品的平均成本之和。所有额外产品都在仓库中放 $\frac{Q^*}{D}$ 周期，之后将第一批额外产品立刻卖掉，$\frac{\varDelta}{D}$ 周期之后将最后一批卖掉。因此，平均起来额外产品都在仓库中放 $\frac{Q^*}{D}+\frac{1}{2}\times\left(0+\frac{\varDelta}{D}\right)$ 周期，且平均单位成本为

$$\begin{aligned}c+\frac{Q^*+\varDelta/2}{D}hc&=60+[(5157+24\,889\div2)\div112\,000]\times0.45\times60\\&=64.24(元/千克)\end{aligned}$$

平均起来，本年最后一次订货中的一个额外产品就可以节省 67.30–64.24=3.06（元/千克），总共节省（3.06 元/千克）×24 889 千克≈76 160 元。

如果用更精确的表达式

$$\varDelta^*=\frac{(c_{新}-c)D}{hc}+\frac{\mathrm{TC}(Q_{新}^*)+\mathrm{HC}(Q_{新}^*)-Q^*hc}{hc}$$

那么 $\varDelta^*$=25 141 千克，而不是要额外订购的 24 889 千克。其实，额外精度的影响很小，总节省的增加不超过 8 元/千克。

值得注意的是，在实践中，涨价的时间和次数都可能是不确定的，而且存在降价的可能，这些都会给应用模型带来很大的困难。

4.4 随机需求下的库存管理

4.4.1 安全库存的作用

安全库存（又称保险库存）是指为了防止不确定因素（如突发性大量订货或供应商延期交货）影响订货需求而准备的缓冲库存，安全库存用于满足提前期需求。所有的业务都面临着不确定性，这种不确定性来源各异。从需求或消费者一方来说，不确定性涉及消费者购买多少和什么时候进行购买。处理不确定性的一个习惯做法是预测需求，但需求的大小从来都不能准确地预测出。就供应来说，不确定性是获取零售商等的需要，

以及完成订单所要的时间。就交付的可靠性来说，不确定性可能来源于运输。无论怎样，不确定性带来的结果通常是一样的，企业要备有安全存货来进行缓冲处理。安全库存在正常情况下不动用，只有在库存过量使用或者送货延迟时，才能使用。

安全库存越大，出现缺货的可能性越小，增加安全库存水平能够提高产品可得性，使公司从顾客购买中获利；库存越大，越会导致剩余库存的出现，提高安全库存水平会增加供应链的库存成本。这些矛盾在产品生命周期很短或产品需求极不稳定的行业尤为突出，因为可能今天还很畅销的产品明天便过时了，这使库存过多的企业成本大增。因此，供应链成功的关键是，在不损害产品可得性水平的前提下，找到降低安全库存水平的有效途径。

观察 4.2 戴尔公司的安全库存策略

1998 年初，计算机价格下跌，戴尔公司和康柏公司的经历强调了降低安全库存的重要性。康柏公司持有 100 天的库存量，相比之下戴尔公司仅持有 10 天的库存量。由于库存过多，价格下跌时康柏公司损失惨重，这也是康柏公司 1998 年第一季度没有盈利的直接原因。

戴尔公司成功的关键在于其供应链能够以极低的安全库存向顾客提供高水平的产品可得性。这一点对沃尔玛和日本 7-11 公司的成功也起到了极其重要的作用。

对于任何一条供应链来说，在制订安全库存计划时，都要考虑如下两个重要问题。

（1）合理的安全库存应该为多少？

（2）在降低安全库存的同时，可以采取什么措施来提高产品可得性？

4.4.2 确定合理的安全库存水平

由于供应和需求不确定性增加，企业需要的安全库存水平也会相应提高。随着企业对产品可得性期望水平的提高，需求的安全库存也相应增加。合理的安全库存水平由以下两个因素决定。

（1）需求和供应的不确定性。

（2）期望的产品可得性水平。

下面将讨论需求不确定性的一些度量方法。

1. 需求不确定性的度量

需求包含系统成分和随机成分。预测的目的就是预计系统成分，并且对随机成分进行评估。人们通常用需求的标准差来衡量随机成分。本书用下面的变量描述市场需求。

D 为每期平均需求量；σ_D 为每期需求（预测误差）的标准差。

提前期是货物从订货到交付之间的时间间隔，用 L 表示。假设第 i 个周期 $(i=1,2,\cdots,L)$ 的产品服从均值为 D_i、标准差为 σ_i 的正态分布。用 ρ_{ij} 表示第 i 个周期和第 j 个周期的相关系数，这样，L 个周期内的市场总需求服从均值为 P、标准差为 Ω 的正态分布，其中：

$$P = D_L = \sum_{i=1}^{L} D_i, \quad \Omega = \sqrt{\sum_{i=1}^{k} \sigma_i^2 + 2\sum_{i>j} \rho_{ij}\sigma_i\sigma_j} \tag{4.1}$$

若 $\rho_{ij}=1$，则两个周期的需求完全正相反。若 $\rho_{ij}=-1$，则两个周期的需求完全负相反。若 $\rho_{ij}=0$，则两个周期的需求相互独立。假设 L 个周期的每个周期的需求都相互独立，且服从均值为 L、标准差为 σ_D 的正态分布。由式（4.1）得到，L 个周期的总需求服从均值为 D_L、标准差为 σ_L 的正态分布，其中：

$$D_L = D \times L, \quad \sigma_L = \sqrt{L}\sigma_D \tag{4.2}$$

不确定性的另一个重要的度量指标是波动系数（coefficient of variation，cv），它是标准差与均值的比。假设需求的均值为 μ，标准差为 σ，那么：

$$\text{cv} = \sigma/\mu$$

波动系数用于度量不确定性因素相对市场需求的大小。用波动系数可以得出市场需求的均值为 100、标准差为 100 的产品，比均值为 1000、标准差为 100 的产品具有更高的需求不确定性的结论。如果只从标准差的角度来度量，就不能得出两种产品具有不同需求不确定性的结论了。

2. 产品可得性的度量

产品可得性反映了一家企业在库存为零的情况下满足顾客订单需求的能力。当顾客订单到达时，企业没有存货，产品就会脱销。有多种方法度量产品可得性。以下列出了其中一些重要的方法。

（1）产品满足率（product fill rate，fr）是指在市场的总需求中，以库存产品来满足的那部分需求所占的比率。产品满足率的计算对象应该是具体的需求量，而非时间。

（2）订单满足率（order fill rate）是指由库存满足订单需求的比率。订单满足率的计算对象应该是某一具体订单的量而非时间。在多产品的情况下，只有当库存能够提供订单的所有产品时，库存才能满足该订单的需求。

（3）周期服务水平（cycle service level，CSL）是指在所有的补货周期中，能满足顾客所有需求的补货周期所占的比重。补货周期是指连续两个补充订货交付的时间间隔。周期服务水平是相对于一次补货周期内不出现缺货的概率。周期服务水平的计算对象应该是具体的补货周期次数。

在单一产品情况下，产品满足率和订单满足率之间的差别并不明显。然而，当公司经营多种产品时，两者之间的差别就会很明显。例如，如果大多数订单包括 10 种或 10 种以上的不同产品，那么只要有一种产品缺货就会导致订单无法满足。在这种情况下，即使公司的产品满足率很高，订单满足率也可能很低。如果顾客要求整个订单中的所有货物同时送达，并愿意为此付出高价，那么跟踪订单满足率就非常重要。

然而，在选择服务水平时，往往会发生一些错误。在选择过程中，有一点需要考虑，即区别服务水平与满足率。服务水平指在补充订单到达时没有缺货的概率，或在没有缺货的情况下，公司所经过的订单循环概率，它也称为循环服务水平。因为它反映了在给定的订单循环过程中公司没有缺货的概率。注意：这个定义没有强调如果缺货发生公司会缺多少单位的货。满足率是指需求单元被需要时在库的百分率。满足率是一个更底线、更实际的测量标准，它也称为年服务水平。

下面举一个实际的例子来说明这两个词组间的区别。假设某公司在过去的一年中对于一个给定的产品有1000单位的需求。当时，公司以每批订单为10单位产品订购了10批，这样，意味着公司经历了10次订单循环。假设在公司订单循环过程中，有一批货在补充订单到来之前存在缺货，年服务水平则为90%，这是由于公司在10次订单循环中有9次没有造成缺货。进一步考虑在一次缺货的订单循环中，公司缺货3单位，所以去年在所需的1000件货物中，当需要时公司有997件是在库的。去年的满足率就是997/1000，或者说是99.7%。

两个词组的混淆会导致安全库存量与成本的大幅度增加。从数字上来看，在几乎所有的情况中，满足率将会比服务水平高。例如，在没有持有安全库存的情况下，至少从理论上来说，服务水平将是50%，即公司将有半数的订单循环会是缺货。然而，满足率高于95%，主要依赖于补货前置期和订单数规模的需求变化特性。比如，公司有一个标准分布的前置时间需求，前置时间的标准偏差为60，固定走单数量为500单元，这样即使没有安全库存，满足率也可达到95.2%，而服务水平仅为50%。

在这种情况下，如果公司想有95%的满足率，它在完全没有安全库存投资的情况下就可以达到这个目标。但是，如果公司误把95%的满足率当作服务水平目标，然后，从标准正态分布表中选择和标准偏差为1.65的安全库存相对应的因素，将会得出相对比较高的但完全没有必要的99单位的安全库存。

3. 补货策略

补货策略包括再订货时间及订货数量等问题的决策。这些决策决定了产品满足率、周期服务水平以及周转库存和安全库存。补货策略可以采取多种形式。这里只关注以下两种类型。

（1）连续盘点（continuous review）：这种方法是对库存进行不间断盘点，当库存下降至再订货点（reorder point，ROP）时，订购批量为 Q 的货物。

（2）周期盘点（periodic review）：这种方法是定期对库存进行盘点，并在库存下降时，将库存水平补充到指定的初始量。

这两种库存策略虽然并不全面，但足可以用来阐述与安全库存相关的主要管理问题。

4. 给定补货策略求周期服务水平和满足率

现在讨论在给定补货策略的情况下计算周期服务水平和满足率的步骤。在此只考虑连续盘点策略。补货策略包括订货批量 Q，当持有库存下降至再订货点时就订购批量为 Q 的货物。假如每月的需求服从正态分布，且均值为 D，标准差为 σ_D，补货提前期为 L 个月。

1）计算给定补货策略下的安全库存

安全库存相当于补货订单到达时库存中剩余产品的平均数量。假设提前期为 L 个月，且平均每月市场的需求量为 D，由式（4.2）得

$$\text{提前期的期望需求}=D\times L$$

假设当产品的现有库存下降到再订货点时，公司经理发出补货订单，于是

$$\text{安全库存 SS}=\text{ROP}-D\times L \tag{4.3}$$

这是因为在订单发出到货物交付这段时间内，平均有 $D\times L$ 单位产品售出。因此，当补给货物交付时，企业的平均库存为 ROP–$D\times L$。

例题 4.6

某公司某产品每月的需求量服从正态分布，且均值为 3500，标准差为 300。订货提前期为 0.5 个月。每当该产品持有库存下降至 5000 时，公司物流经理就发出批量为 12 000 的订单。计算该公司持有的安全库存和平均库存，以及产品在公司的平均停留时间。

分析：在连续盘点策略下，有

月平均需求量 D=3500

月需求量的标准差 σ_D=300

平均的补货提前期 L=0.5 个月

再订货点 ROP=5000

平均订货批量 Q=12 000

由公式（4.3）得

安全库存 SS=ROP$-D\times L$=5000$-$1750=3250

周转库存=Q/2=12 000/2=6000

平均库存=周转库存+安全库存=6000+3250=9250

利用利特尔定理，得

平均流程时间=平均库存/月平均需求量=9250/3500=2.64

因此，产品在公司的平均停留时间为 2.64 个月。

2）计算给定补货策略下的周期服务水平

在补货策略给定的情况下计算周期服务水平，即在一个补货周期内不出现缺货的概率。当提前期内的需求量大于再订货点的库存量时，缺货问题就会在补货期内发生，所以有

CSL=Prob（L 个月提前期内的需求量≤ROP）

当持有库存降至再订货点时，管理人员就订购 Q 个单位产品，且提前期为 L 个月，每个月的需求量服从正态分布，且均值为 D_L，标准差为 σ_L，这时周期服务水平可表示如下：

$$\text{CSL}=F(\text{ROP},D_L,\sigma_L) \tag{4.4}$$

例题 4.7

某公司某产品每月的需求量服从正态分布，且均值为 3500，标准差为 300。订货提前期为 0.5 个月。每当该产品持有库存下降至 2300 时，公司物流经理就发出批量为 12 000 的订单，求该策略下的周期服务水平。

解决方案

依题意，得

月平均需求量 D=3500

月需求量的标准差 σ_D=300

平均的补货提前期 L=0.5 个月

再订货点 ROP=2300

平均订货批量 Q=12 000

由于需求相互独立，由公式（4.2）可得提前期内的需求函数，它服从均值为 D_L，标准差为 σ_L 的正态分布，且

$$D_L = D \times L = 3500 \times 0.5 = 1750, \quad \sigma_L = \sqrt{L}\sigma_D = \sqrt{0.5} \times 300 = 212.13$$

由公式（4.4），可得

$$\text{CSL=周期内不缺货的可能性=}F(\text{ROP}, D_L, \sigma_L) = F(2300, 1750, 212.13)$$

由 Excel 中的 NORMDIST 函数可得

$$\begin{aligned}\text{CSL} &= F(\text{ROP}, D_L, \sigma_L) = \text{NORMDIST}(\text{ROP}, D_L, \sigma_L, 1) \\ &= \text{NORMDIST}(2300, 1750, 212.13, 1) = 0.9952\end{aligned}$$

周期服务水平为 0.9952，这意味着在补货周期内，公司库存能够满足 99.52%的需求，还有 0.48%的需求得不到满足。

3）计算给定补货策略下的满足率

从零售商角度来看，产品满足率是一种比周期服务水平更为适宜的方法，它能使零售商计算出转化成销售量的那部分需求所占比例。这两个量度值密切相关，周期服务水平上升时产品满足率也将提高。计算满足率的关键是要弄清楚在补货周期内缺货发生的过程。若提前期内需求量超过再订货点，则发生缺货。

补货周期平均预期缺货量（expected shortage per replenishment cycle，ESC）表示每个补货周期无法由现有库存满足的那部分市场需求的平均值。假设订货批量为 Q（它表示补货周期的平均需求），那么需求丢失率就等于 ESC/Q。因此，产品满足率（fr）为

$$\text{fr} = 1 - \text{ESC}/Q = (Q - \text{ESC})/Q \qquad (4.5)$$

在补货周期中，只有当提前期内的需求超过再订货点时才会发生缺货。设 $f(x)$为提前期内需求分布的密度函数，则补货周期平均预期缺货量可以表示为

$$\text{ESC}=\int_{x=\text{ROP}}^{\infty} (x - \text{ROP}) f(x) \mathrm{d}x \qquad (4.6)$$

如果提前期内的需求服从正态分布，且均值为 D_L，标准差为 σ_L，安全库存为 SS，则公式（4.6）可简化为

$$\text{ESC} = -\text{SS}\left[1 - F_s\left(\frac{\text{SS}}{\sigma_L}\right)\right] + \sigma_L f_s\left(\frac{\text{SS}}{\sigma_L}\right) \qquad (4.7)$$

式中，F_s为标准正态累计分布函数；f_s为正态分布的密度函数。补货周期平均预期缺货量的计算公式为

$$\begin{aligned}\text{ESC} = &-\text{SS}[1-\text{NORMDIST}(\text{SS}/\sigma_L,0,1,1)] \\ &+\sigma_L \text{NORMDIST}(\text{SS}/\sigma_L,0,1,0)\end{aligned} \tag{4.8}$$

给出补货周期平均预期缺货量，由公式（4.5）可计算得到满足率。

需要注意的是，产品满足率和周期服务水平随着安全库存的增加而提高，就同一安全库存水平而言，订货批量的增加会引起满足率的提高，但对周期服务水平不产生任何影响。

5. 计算给定期望周期服务水平和满足率下的安全库存

在许多实际情况下，企业有它期望的产品可得性水平，并希望通过设计补货策略达到期望水平。例如，沃尔玛对其超市出售的每一种商品都确定了期望的产品可得性水平。超市管理者必须确定相应的补货策略以及合理的安全库存水平，以实现该目标。确定期望的产品可得性水平可能要通过平衡库存持有成本与缺货成本来实现。在其他的情况下，合同中明确规定了期望的产品可得性水平（由周期服务水平或满足率表示），管理者必须设计能够实现期望目标的补货策略。

1）计算给定期望周期服务水平下的安全库存

假设企业采用连续盘点补货策略，且提前期为L，期望的周期服务水平表示为CSL，提前期内的平均需求量为D_L，提前期内需求的标准差为σ_L，在给定CSL期望值的情况下，求出合理的安全库存。由公式（4.3）得出ROP=D_L+SS。现要确定安全库存SS，以使式（4.9）成立：

$$\text{Prob}(\text{提前期内的需求量} \leqslant D_L+\text{SS})=\text{CSL} \tag{4.9}$$

若需求服从正态分布，则式（4.9）就变成了式（4.10）：

$$F(D_L+\text{SS}, D_L, \sigma_L)=\text{CSL} \tag{4.10}$$

根据正态分布函数的反函数定义，可得

$$D_L+\text{SS}=F^{-1}(\text{CSL},D_L,\sigma_L) \text{ 或 } \text{SS}=F^{-1}(\text{CSL},D_L,\sigma_L)-D_L$$

化简可得

$$\text{SS}=F_s^{-1}(\text{CSL})\times\sigma_L \tag{4.11}$$

2）计算给定期望满足率下的安全库存

在上述相同的条件下，第一步是利用公式（4.5）算出补货周期平均预期缺货量。补货周期平均预期缺货量为

$$\text{ESC}=(1-\text{fr})Q$$

第二步是在得到补货周期平均预期缺货量的情况下，利用公式（4.7）和公式（4.8）及Excel公式求出安全库存SS。在此无法给出最终结果的直接计算公式。运用Excel公式将不同值代入，通过公式（4.8）可以很容易地求出安全库存。

4.4.3 供应不确定性对安全库存的影响

在许多实际情况中，供应不确定性也会产生很大的影响。本书将考虑提前期不确定的情况以及它对安全库存的影响。如果提前期的需求和周期性需求都不确定，公司采取连续盘点策略管理库存，当库存低于再订货点时发出补货订单，用以下字母表示相关意

思。D 为每期平均需求量；σ_D 为每期需求的标准差；L 为平均补货提前期；s_L 为提前期的标准差。

若提前期内需求量服从正态分布，且均值为 D_L，标准差为 σ_L，则

$$D_L = D \times L, \quad \sigma_L = \sqrt{L\sigma_D^2 + D^2 s_L^2} \tag{4.12}$$

例题 4.8

假设库存由经销商保有，某产品的预测需求为 D=100 件/天，σ_D=10 件/天。使用再订货点法管理库存。从供应地到用户所在地的供应渠道包括多个点，产品流动过程可能要花费一定的时间。这些时间的分配就构成补货提前期。在集散地或在卡车上只有很少的库存。我们还已知：库存持有成本 I=10%×c；交易成本 A=10 美元/订单；产品价值 c=5 美元/件；现货供应比率 P=0.99。确定经销商所持有的平均库存。

解决方案

运用再订货点法。要确定提前期内分布的统计参数，需要将整个渠道的提前期考虑在内（图 4.5）。

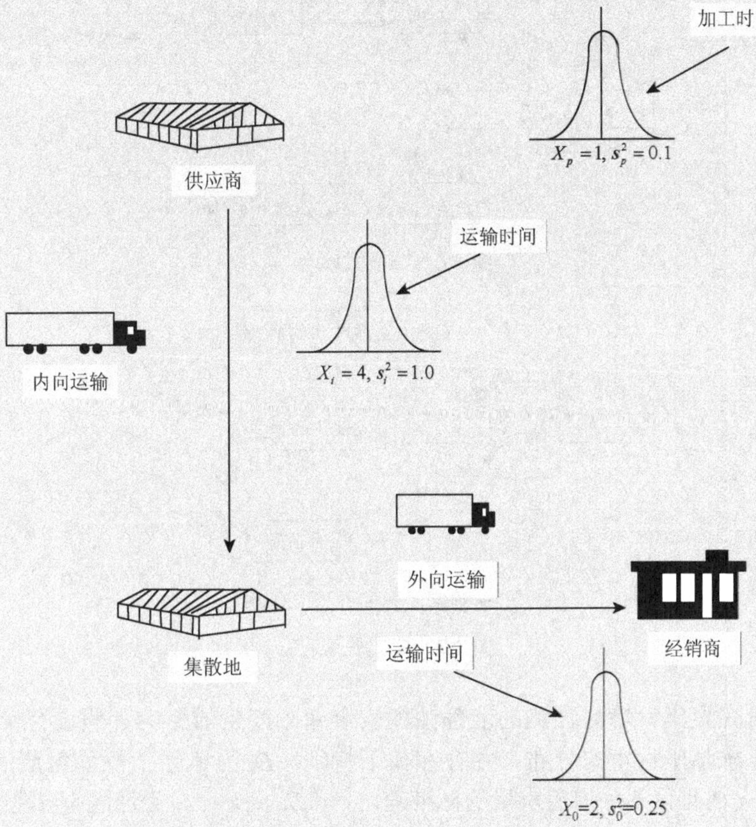

图 4.5 供应渠道中的多个时间因素

由上述公式可得

$$s_L^2=s_p^2+s_i^2+s_0^2=0.1+1.0+0.25=1.35\text{（天）}$$

$$L=X_p+X_i+X_0=1+4+2=7\text{（天）}$$

这样由公式（4.12）有

$$\sigma_L=\sqrt{7\times10^2+100^2\times1.35}=119.16\text{（件）}$$

且

$$\text{平均库存=周转库存+安全库存}=Q/2+F_s^{-1}(0.99)\times\sigma_L=\frac{63}{2}+2.33\times119.16=309\text{（件）}$$

4.4.4 聚集策略对安全库存的影响

分散式库存系统中的库存点分布在靠近顾客的地方（图 4.6），对市场有快速反应能力和运输成本优势，但要保有很大的安全库存量。聚集式库存就是把企业同一级中多个库存点合并成一个中心仓库或分销中心（图 4.7），这样可以进行集中存储和配送，提高需求预测的准确性，并有效地降低安全库存量，也相应降低库存成本和产品积压风险。

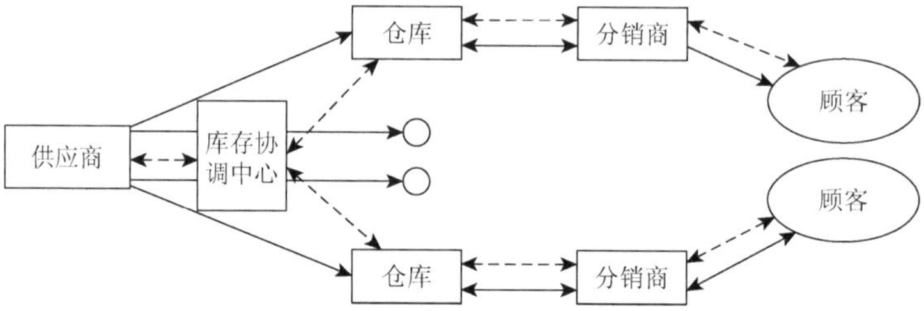

图 4.6 分散式库存

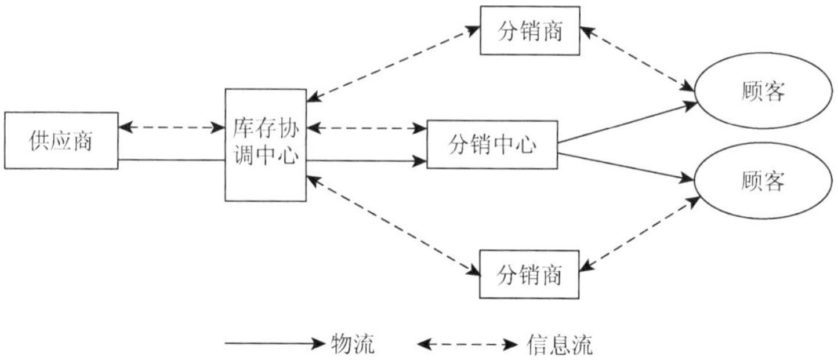

图 4.7 聚集式库存

现在要研究聚集策略对预测的准确性和安全库存产生的影响。假设有 k 个地区，每个地区的需求都服从正态分布，并存在如下特征。D_i 为地区 i 平均每周的需求量，$i=1,2,\cdots,k$；σ_i 为地区 i 每周需求量的标准差，$i=1,2,\cdots,k$；ρ_{ij} 为地区 i 与地区 j 每周需求量的相关性，$1\leqslant i\neq j\leqslant k$。

设补货提前期为 L，期望的周期服务水平为 CSL，利用公式（4.9），得

$$\text{非聚集策略下的总安全库存}=\sum_{i=1}^{k}F_s^{-1}(\text{CSL})\times\sqrt{L}\times\sigma_i \tag{4.13}$$

如果全部库存都聚集在分销中心，需要估算聚集需求的分布。若聚集需求服从正态分布，其均值 D、方差 var（D）和标准差 σ_D 为

$$D=\sum_{i=1}^{k}D_i\text{，}\quad \text{var}(D)=\sum_{i=1}^{k}\sigma_i^2+2\sum_{i>j}\rho_{ij}\sigma_i\sigma_j\text{，}\quad \sigma_D=\sqrt{\text{var}(D)} \tag{4.14}$$

设补货提前期为 L，这时得到分销中心的安全库存，即

$$\text{聚集策略下的安全库存}=F_s^{-1}(\text{CSL})\times\sqrt{L}\times\sigma_D \tag{4.15}$$

对于公式（4.15），分两种情况讨论。

（1）当 ρ_{ij}=1 时，$\sigma_D=\sqrt{\sum_{i=1}^{n}\sigma_{D_i}^2+2\sum_{i\neq j}\sigma_{D_i}\sigma_{D_j}}$，即 $\sigma_D=\sum_{i=1}^{n}\sigma_{D_i}$，表示不同库存点市场需求呈完全正相关时，聚集后的需求标准差等于单个库存点需求标准差之和，聚集后的安全库存量等于单个库存点的安全库存量之和。

（2）当 ρ_{ij}＜1 时，$\sigma_D=\sqrt{\sum_{i=1}^{n}\sigma_{D_i}^2+2\sum_{i\neq j}\rho_{ij}\sigma_{D_i}\sigma_{D_j}}<\sum_{i=1}^{n}\sigma_{D_i}$，也就是当聚集分布在不同库存点的需求量之间不完全正相关时，聚集效应会降低需求的波动，且这种波动会随着不同库存点之间需求的相关度减小而减小。因为必备的安全库存量与需求标准差之间成正比，所以非完全正相关需求量的聚集可以降低安全库存量，又不损害产品的供给水平。

如果 h 表示库存的单位持有成本，根据公式（4.13）和公式（4.15），聚集策略导致的单位成本节约为

$$\frac{F_s^{-1}(\text{CSL})\times\sqrt{L}\times h}{D}\times\left(\sum_{i=1}^{k}\sigma_i-\sigma_D\right) \tag{4.16}$$

式中，差值 $\sum_{i=1}^{k}\sigma_i-\sigma_D$ 受相关系数 ρ_{ij} 的影响。

因此，由公式（4.16）得出以下结论。

聚集策略带来的安全库存节约量随期望周期服务水平的提高而增加；

聚集策略带来的安全库存节约量随补货提前期的增加而增加；

聚集策略带来的安全库存节约量随持有成本 h 的增加而增加；

聚集策略带来的安全库存节约量随相关系数的增加而减少。

例题 4.9

供应链下游某一零售商的经销通过 4 个销售点（苏州、无锡、常州、南京）向整个江苏地区提供产品。每个销售点的周需求量都呈正态分布，均值和标准差如表 4.1 所示，从制造商到销售点的补给货物交付期 L=2 周。每个销售点覆盖一个单独的区域，各区域的需求量之间的相关系数为 ρ。

该零售商考虑用一个更大的销售点取代上述 4 个销售点的可能性。假设中心销售

区会覆盖4个销售点的需求之和。零售商将经营的目标定为补给周期供给水平是0.90。当相关系数 ρ 在 0 和 1 之间变化时，对比两种销售方式所需的安全库存。

表 4.1 各地区需求量均值和标准差

地区	均值	标准差
苏州	25	5
无锡	30	7
常州	20	4
南京	40	5

解决方案

当该供应商销售方式为分散经营时，由公式（4.12）得

$$\sigma_{L_1}=7.07,\sigma_{L_2}=0.90,\sigma_{L_3}=5.66,\sigma_{L_4}=7.07$$

再由公式（4.13）得

$$SS_1=9.06，SS_2=12.67，SS_3=7.25，SS_4=9.06。$$

苏州、无锡等 4 个地方销售点的安全库存总和为

$$SS=9.06+7.25+12.67+9.06=38.04$$

当该供应商销售方式为聚集经营且各地区相关系数为 $\rho_{ij}=0$ 的时候，得

$$\sigma_D=\sqrt{2}\times\sqrt{5^2+7^2+4^2+5^2}=15.16$$

$$SS=F_s^{-1}(0.9)\times 15.16=19.41$$

当 $\rho=0.2$、0.4、0.6、0.8、1.0 时，得到表 4.2 中的其余数值。由此可见，除非所有区域的需求都完全正相关，否则分散策略的安全库存比聚集策略的安全库存高。不同区域需求的正相关越大，聚集策略的收益就越小。

表 4.2 分散策略和聚集策略下的安全库存

ρ	分散策略下的安全库存	聚集策略下的安全库存
0	38.04	19.41
0.2	38.04	25.02
0.4	38.04	28.98
0.6	38.04	33.43
0.8	38.04	35.61
1.0	38.04	38.04

4.5 供应链中的库存管理

4.5.1 供应链管理环境下的库存问题

供应链管理环境下的库存问题和传统的企业库存问题有许多不同之处，这些不同点

体现出供应链管理思想对库存的影响。传统的企业库存管理侧重于优化单一的库存成本，从存储成本和订货成本出发确定经济订货量与订货点。从单一的库存角度看，这种库存管理方法有一定的适用性，但是从供应链整体的角度看，单一企业库存管理的方法显然是不够的。

目前供应链管理环境下的库存控制存在的主要问题有三大类：信息类问题、供应链的运作问题和供应链的战略与规划问题。这些问题可综合成以下几个方面的内容。

（1）没有供应链的整体观念。虽然供应链的整体绩效取决于各个供应链的节点绩效，但是各个部门都是各自独立的单元，都有各自独立的目标与使命。有些目标和供应链的整体目标是不相干的，更有可能是冲突的。因此，这种各行其道的山头主义行为必然导致供应链的整体效率低下。

（2）对用户服务的理解与定义不恰当。供应链管理的绩效好坏应该由用户来评价，或者以对用户的反应能力来评价。但是，对用户的服务的理解与定义各不相同，导致对用户服务水平的差异。许多企业采用订单满足率来评估用户服务水平，这是一种比较好的用户服务考核指标。但是用户满足率本身并不保证运作问题。比如，一家计算机工作站的制造商要满足一份包含多产品的订单要求，产品来自各供应商，用户要求一次性交货，制造商要等各个供应商的产品都到齐后一次性装运给用户，这时，用总的用户满足率来评价制造商的用户服务水平是恰当的。但这种评价指标并不能帮助制造商发现哪家供应商交货迟了还是早了。

（3）不准确的交货状态数据。当顾客下订单时，总是想知道什么时候能交货。在等待交货过程中，也可能会对订单交货状态进行修改，特别是当交货延迟以后。我们并不否定一次性交货的重要性，但必须看到，许多企业并没有及时而准确地把推迟订单交货的修改数据提供给用户，其结果当然是用户的不满。例如，一家计算机公司花了一周的时间通知用户交货日期；有一家公司 30%的订单是在承诺交货日期之后交货的；40%的实际交货日期比承诺交货日期偏差 10 天之久，而且交货日期修改过几次。交货状态数据不及时、不准确主要是信息传递系统的问题。

（4）低效率的信息传递系统。在供应链中，各个供应链节点企业之间的需求预测、库存状态、生产计划等都是供应链管理的重要数据，这些数据分布在不同的供应链组织之间，要做到有效地快速响应用户需求，就必须实时地传递，为此需要对供应链的信息系统模型做相应的改变，通过系统集成的办法，使供应链中的库存数据能够实时、快速地传递。但是目前许多企业的信息系统并没有很好地集成起来，当供应商需要了解用户的需求信息时，常常得到的是延迟的信息和不准确的信息。因为延迟引起误差和影响库存量的精确度，所以短期生产计划的实施也会遇到困难。例如，企业为了制订一个生产计划，需要获得关于需求数量、当前库存状态、订货的运输能力、生产能力等信息，这些信息需要从供应链的不同节点企业数据库存获得，数据调用的工作量很大。数据整理完后制订主生产计划，然后运用相关管理软件制订物料需求计划（material requirement planning，MRP），这样一个过程一般需要很长时间。时间越长，预测误差越大，制造商对最新订货信息的有效反应能力也就越小，生产出过时的产品和造成过高的库存也就不奇怪了。

（5）忽视不确定性对库存的影响。供应链运作中存在诸多不确定因素，如订货提前期、货物运输状况、原材料的质量、生产过程的时间、运输时间、需求的变化等。为减少不确定性对供应链的影响，首先应了解不确定性的来源和影响程度。很多公司并没有认真研究和跟踪其不确定性的来源和影响，错误估计供应链中物料的流动时间（提前期），造成有的物品库存增加，而有的物品库存不足的现象。

4.5.2 供应链中的需求变异放大原理

需求变异放大原理是美国著名的供应链管理专家 Hau L. Lee 对需求信息扭曲在供应链中传递的一种形象描述。其基本思想是：当供应链的各节点企业只根据来自其相邻的下级企业的需求信息进行生产或供应决策时，需求信息的不真实性会沿着供应链逆流而上，产生逐级放大现象，达到最源头的供应商时，其获得的需求信息和实际消费市场中的顾客需求信息发生了很大的偏差，需求变异系数比分销商品零售商的需求变异系统大得多，这称为牛鞭效应（图 4.8）。

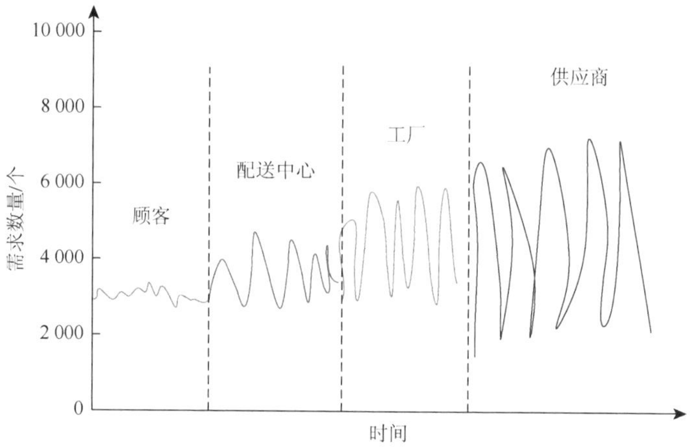

图 4.8 牛鞭效应示意图

牛鞭效应最先是由宝洁公司发现的。宝洁公司在一次考察该公司最畅销产品一次性尿布的订货规律时，发现零售商销售的波动性并不大，但当考察分销中心向宝洁公司的订货时，发现波动性明显增大了。有趣的是，当进一步考察宝洁公司向其供应商（如 3M 公司）的订货时，发现其订货的变化更大。除了宝洁公司，其他公司（如惠普公司）在考察其打印机的销售状况时也曾发现这一现象。

实际上，早在 1958 年，弗雷斯特（Forrester）就通过对一个具有四个环节的渠道研究，揭示了这种工业组织的动态学特性和时间变化行为，发现各自的决策行为导致需求信息被扭曲和放大了。在库存管理研究中，斯特曼（Sterman）在 1989 年通过一个“啤酒分销游戏”验证了这种现象。在实验中，有四个参与者形成一个供应链，各自独立进行库存决策而不与其他成员进行协商，决策仅依赖其毗邻成员的订货信息。斯特曼把这种现象解释为供应链成员的系统性非理性行为的结果，或称为“反馈误解”。牛鞭效应有以下四大成因。

1）多重需求预测

当处于不同供应链位置的企业预测需求时，都会包括一定的安全库存，以对付变幻莫测的市场需求和供应商可能的供货中断。当供货周期长时，这种安全库存的数量将会非常显著。例如，一美国计算机制造商预测到某型计算机的市场需求是 10 万台，但可能向中国的供应商下 11 万台的零件订单；同理，中国计算机零件供应商可能向其供应商订购 12 万台的原材料。以此类推，供应链各节点库存将逐级放大。

此外，有些预测方法也会系统地扭曲需求。以移动平均法为例，前三个月的趋势是每月递增 10%，那第四个月的预测也将在前三个月的平均值上递增 10%。但市场增长不是无限的，总有一天实际需求会降低，其间的差额就成了多余库存。如果供应链上各个企业采用同样的预测方法，并且根据上级客户的预测需求来更新预测，那么这种系统性的放大将会非常明显。

2）批量生产或订购

为了达到生产、运输上的规模效应，厂家往往批量生产或订购，以积压一定库存的代价换取较高的生产效率和较低成本。在市场需求减缓或产品升级换代时，代价往往巨大，导致库存积压，库存品过期，或二者兼具。例如，作者所管理的一家加工设备机箱的小供应商，因为是大批量生产，所以直到宣布关门停业数月后还没有用完生产积压下的数种机箱。

3）价格浮动和促销

厂家为促销往往会推出各种促销措施，其结果是买方大批量买进而导致部分积压。这在零售业尤为显著，使市场需求更加不规则、人为加剧需求变化幅度，严重影响整个供应链的正常运作。研究表明，价格浮动和促销只能使未来的需求提前实现，导致谁也无法从整个供应链中获利。

4）非理性预期

如果某种产品的需求大于供给，且这种情况可能持续一段时间，厂家给供应商的订单可能大于其实际需求，以期供应商能多分配一些产品给它，但同时也传递虚假需求信息，导致供应商错误地解读市场需求，从而过量生产。随着市场供需渐趋平衡，有些订单会消失或被取消，导致供应商库存多余，也使供应商更难判断需求趋势。等到供应商搞清实际需求已经为时过晚，成为又一个“计划跟不上变化”。这种现象在 2000 年前后的电子行业得到充分体现，整条供应链都深受其害，积压了大量库存和生产能力，后面提到的思科就是一个典型例子。

无论如何，因为供应链本身就有缺陷，所以只要有需求的变化和订货周期的存在，必然会引起需求预测的失效。供应链的层次越多，这种矛盾就越明显。

例题 4.10

在线药品公司所销售的维生素是一种终端产品。在向制造商发出订单时，在线药品公司基于自身成本决定订货批量。每月的维生素需求量为 10 000 瓶，在线药品公司每次向供应商订购维生素的固定订货成本、运输成本、收货成本为 100 元。在线药品公司的库存持有成本比率为 20%。制造商每瓶维生素的价格为 3 元。使用 EOQ 公式，算出在线药品公司的最优订货批量为 Q=6324 瓶。此时，在线药品公司的年订货成本和库存持有成本为 3795 元。

在线药品公司每次订购，制造商都需要加工、打包、发运订货产品。制造商有一条生产线以固定速率装瓶，且产能与需求相匹配。制造商生产一批订单的固定成本为 250 元，每瓶维生素的生产成本为 2 元，库存持有成本比率为 20%。假设在线药品公司以 6324 瓶为批量订货，则制造商的年订货成本和库存持有成本计算如下。

制造商的年订货成本=(120 000/6324)×250=4744（元）

制造商的年库存持有成本=(6324/2)×2×0.2=1265（元）

制造商的年订货成本和库存持有成本共计 6009 元。

因此，在线药品公司以 6324 瓶为批量订货时，制造商的年总成本为 6009 元。而在线药品公司以 6324 瓶为批量订货导致的供应链总成本为 6009+3795=9804（元）。

如果能够说服在线药品公司以 9165 瓶为批量订货，供应链的总成本就能下降至 9165 元，供应链因此可节省 639 元。可以看到，以 9165 瓶为批量订货会使在线药品公司每年的成本上升 264 元，达到 4059 元（尽管这使得供应链整体成本下降）。相对而言，制造商每年的成本则下降了 903 元，为 5106 元。因此，制造商必须给在线药品公司适当的激励，以促使在线药品公司增大订货批量。

在这种情况下，基于批量的数量折扣就是合适的激励措施。如果制造商对批量小于 9165 瓶的所有订单报价为每瓶维生素 3 元，而批量不小于 9165 瓶的全部订单为每瓶 2.9978 元，在线药品公司就会有动力订购 9165 瓶。对在线药品公司而言，数量折扣带来的原材料成本的降低足够抵消订货和库存持有成本的增加。制造商通过降低原材料成本（以数量折扣的形式）将 264 元返还给在线药品公司，从而使该公司的最优订货批量变为 9165 瓶。在此情况下，制造商和供应链总利润增加了 639 元。当然，供应链利润增加部分的具体分配取决于供应链不同环节双方的讨价还价能力。

在这种情况下，基于批量的折扣降低了供应链的总成本。然而，它也增加了零售商的采购批量，从而增加了供应链的周转库存。

本书关于最终产品协调性的讨论，强调了基于批量的数量折扣与制造商订货成本之间的重要联系。当制造商着力于降低订货成本或生产准备成本时，它提供给零售商的折扣就会改变。因为当生产准备成本或订货成本足够低时，制造商利用基于批量的数量折扣获得的利益将非常小。在前面讨论的在线药品公司的案例中，如果制造商的固定订货成本由 250 元降低为 100 元，制造商就可以取消全部的数量折扣。然而在许多公司，当生产部门着力于降低生产准备成本或订货成本时，市场营销部门却制订出数量折扣策略。这导致制造过程中，价格策略的转变并不与生产准备成本的降低相适应。因此两个职能部门协调行动至关重要。

4.5.3 供应商管理库存

1. 供应商管理库存的内涵

供应商管理库存（vendor managed inventory，VMI），有的场合也称为寄售库存，是一种供应链环境下的库存运作模式，是一种在用户与供应商之间的合作性策略，对双方来说都是以最低的成本优化产品的可得性，在一个相互同意的协议框架下由供应商管理库存，这样的目标协议被经常性地监督和修正，是使库存管理得到持续改进的合作性策略。

供应商管理库存的基本内涵是用户把库存决策权代理给供应商，由供应商掌握供应链上的商品库存动向，供应商代理分销商、批发商、零售商行使库存管理和订货决策的权利。一方面实现了由终端销售信息拉动的上下游信息共享，使得供应商在下游用户的协助下更有效地做计划；另一方面是寄售方式的运作，在一个合作协议下由供应商管理甚至拥有库存直到用户将其售出。

供应商管理库存不仅可以加快整个供应链面对市场的回应时间，较早地得知市场准确的销售信息；还可以最大化地降低整个供应链的物流运作成本，即降低供应商与零售商由市场变化带来的不必要库存，达到挖潜增效、开源节流的目的。对于制造商来说，供应商管理库存允许制造商以互联网支持为工具远距离管理他们自己的库存，完成补货循环，将所拥有的库存和费用推迟到生产线需要最迟时刻。对于分销商和零售商来说，供应商管理库存可以让其拥有少量的库存，甚至逼近零库存。

2. 供应商管理库存的优势和局限

1）供应商管理库存的优势

供应商管理库存使供应商掌控终端需求信息，得到更为准确的预测，从而更有效地安排生产，增加整个生产的柔性，合理制订原材料采购计划；更好地了解顾客需求，按顾客要求进行生产改进，提高产品质量；消除预期外的短期产品需求导致的额外成本，降低对安全库存的需求；与下游用户发展长期合作的战略关系进行有效沟通，有利于供应商的长期发展战略，使其在激烈的竞争中保持市场份额；增加了提供品类管理及提供增值服务的机会。

供应商管理库存使分销商（批发商、零售商）订货次数减少，库存成本降低，降低了缺货率和积压率；供应链库存环节成本的降低带来最终产品价格降低，可以增强竞争力并增加销售收入；降低了库存管理和供应商管理的成本，可以集中发展核心能力，形成战略优势；供货商参与品类管理，服务水平提高。

供应商在产品管理上更专业化，可以实现更有效的库存管理和订货决策；降低买卖双方采购订单、发票、付款、运输、收货等交易时间和交易成本；加强买卖双方的伙伴关系，提高供应链的柔性和持续改进能力，为买卖双方长远发展奠定坚实的基础。

2）供应商管理库存的局限

供应商管理库存的一个局限是其成功与否取决于供应商与零售商之间的合作关系。双方之间的依赖度提高，转移成本提高，技术成本及对组织进行变革调整的成本也会较高。如果双方之间缺乏诚信，不能够充分交换信息数据，将会导致库存不清或者库存失衡，且缺少了必要的、充分的货架空间（货品展示）有可能使零售商失去顾客的注意。因此，零售商开展任何促销活动，都需要提前与供应商进行沟通，否则极易出现货品短缺。供应商管理库存的另一个局限是由于库存水平较低，极易遭受非可预见性的风险损失，如罢工或飓风等自然灾害造成的货品短缺。

比较而言，供应商管理库存让供货商付出得多，而让经销商与零售商获益得多。

观察 4.3 宝洁公司与香港某零售商的供应商管理库存项目

宝洁公司与香港某零售商成功实施了供应商管理库存项目。该零售商有 10 个店铺和 1 个配送中心，项目实施前采用手工订单，宝洁公司商品单品数为 115，中心仓库库存为 8 周，店铺库存为 7 周，缺货率为 5%。

项目在 2000 年 3 月正式启动，宝洁公司有关人员在详细分析零售商居高不下的库存以及缺货率以后，与该零售客户调动双方的信息技术、后勤储运、采购业务部门，组建了多功能小组，并采用宝洁公司的 KARS 软件+EDI 来解决宝洁产品的有效补货问题。在几个月的实施过程中，双方紧密合作，重新组合了订单、储运的流程，确定了标准的流程、清晰的角色与任务，安装了供应商管理库存系统，建立起了电子数据交换沟通渠道。

系统在 2000 年 7 月开始运行。3 个月后，取得显著的业务指标改进和经济效益。零售商销售宝洁公司产品的数量增加了 40%，宝洁公司商品单品数为 141，增加了 22.6%；中心仓库库存为 4 周，降低了 50%；店铺库存为 5.8 周，降低了 17%；缺货率为 3%，降低了 40%。

4.6 本章小结

库存的存在有利有弊。在企业经营运作管理中，就必须对库存加以控制，使其既能为企业经营有效利用，又不为企业带来太多的负面影响。本章从库存及其管理的概念出发，对库存相关的成本、管理目标及基本方法进行了系统的讲解，对需求确定性与随机需求下的库存管理进行了阐述。希望通过本章相关知识的讲解，使读者对库存管理，尤其是供应链中的库存管理有较为系统的认识，为相关研究与工作的开展提供些许参考。

第5章

设施选址决策

➢本章引导案例[①]

郑万高铁是连接河南郑州到重庆万州的一条高铁线，2015 年河南段全线开工，眼下邓州和新野争夺的高铁站在河南南阳至湖北襄阳路段。

铁路设站一般按照“取直原则”，一开始，在邓州设站完全没有疑义。2012 年，郑万高铁河南至湖北段线路是从南阳到十堰，按“取直原则”，线路从邓州穿过。但不久，湖北段高铁站从十堰改到襄阳西，2014 年 5 月，又改至襄阳东津新区。这一改动后，邓州站就不在直线上了，而邻县新野符合“取直原则”（图 5.1）。

当时，负责铁路设计的专家提出三条线路方案：其中有两个在新野设站，一个在邓州设站。就这样，原本毫无争议的邓州，有了新野这个竞争对手。有邓州官员说，这就像“怀胎十月，等孩子要生了，又有人要抢走”。很多新野人觉得，是邓州市抢了本属于他们的站。

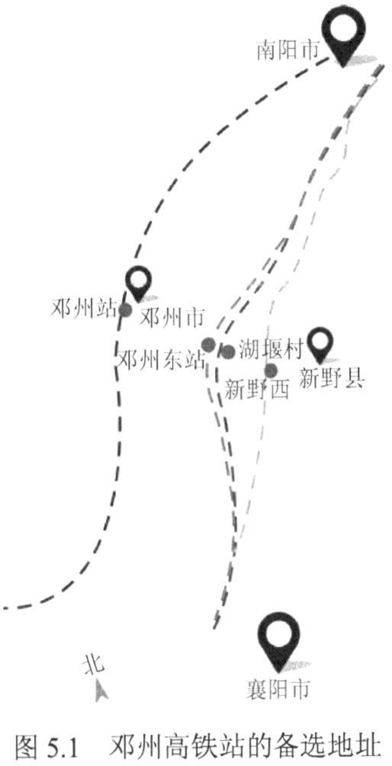

图 5.1　邓州高铁站的备选地址

在这场高铁“争夺战”中，邓州一直坚持讲“政治”，依据是 2012 年国务院批复的一份《丹江口库区及上游地区经济社会发展规划》（以下简称《规划》）。《规划》中，邓州被明确为丹江口水库及上游地区“区域中心城市”，《规划》中提到了铁路建设。

邓州和新野相邻，联系一直很紧密。但由于高铁站的选址问题，这两个邻居关系变得“紧张”起来。2014 年 9 月，“新野保路联盟”牵头，新野民间率先开始保路运动；同年 11 月，“邓州同乡会”发起倡议，号召邓州市民在全国范围开展保路运动。

“邓州同乡会”和“新野保路联盟”开始正面对决：他们在全国各地开展签名活动，在北京、天山等地拉横幅宣传，创作保路歌曲等，甚至还有新野保路联盟成员到美国白宫留影营造气势。这些活动资金来源主要依靠

---

① 资料来源：http://finance.sina.com.cn/china/dfjj/20150129/023121423224.shtml。

“众筹”，即全国各地的保路成员的捐款。

两地民间保路运动甚至还影响到两地市民的合作。邓州水果批发商王海洲说，2014 年 10 月底，在新野的两个零售商突然不和自己合作了，不知道是不是和保路运动有关。

2014 年 10 月 17 日，河南省推出在邓州和新野中间设邓州东站方案，兼顾邓州与新野两地，该方案站位距邓州市区 16 千米，距新野城区仅有 14 千米。新野人则认为，如果设在两地中间，至少该叫新邓站。不过，河南省的折中方案未获中国铁路总公司专家首肯，专家提出离新野更近的设站方案，遭到邓州官方反对。

2014 年 10 月 24 日，河南省人民政府向中国铁路总公司发出《关于郑万铁路邓州东站站址方案意见的函》，意见函中“第四方案”提出的站点为湖堰村，这一地点紧邻 2014 年 10 月 17 日河南省组织专家推出的邓州和新野中间的邓州东站。

2015 年 1 月 29 日上午，中国铁路总公司回应说，高铁规划要考虑的东西很具体，很庞大，考虑的方面也很多，又要照顾到地方的利益。中国工程院院士、著名铁路专家王梦恕认为，郑万高铁是高铁线路网中的主干线，线路设置是由中国铁路总公司、国家相关部委及各省级政府研究决定的，县市级地方政府有权建议，没有权力干涉线路和站点设置。

5.1 决策的基本内容

5.1.1 选址决策的三个层次

所谓设施，是指生产运作过程得以进行的硬件手段，通常由工厂、办公楼、车间、设备、仓库等物质实体构成。2001 年，美国出版的 *Maynard's Industrial Engineering Handbook*（第 5 版）对设施的定义为：“设施是运作（作业）能力的物理表达。”2002 年，美国生产与库存控制学会（American Production and Inventor Control Society，APICS）将设施定义为：“设施是物理工厂、配送中心、服务中心和其他的设备。”对一个工业设施或制造业的工厂来说，设施就是指所占用的土地、各种建筑物、各种生产和辅助设备、各类公用设施等。

如果按照功能分类，可将设施分为：生产类设施，如工厂、仓库、港口（码头）；服务类设施，如超市、医院、学校、邮局、消防站。如果按照人的喜好程度分类，可将设施分为：令人喜爱的设施，如超市、学校、医院；令人厌恶的设施，如化工厂、殡仪馆、垃圾处理场。

设施选址，是指运用科学的方法决定设施的地理位置，使之与企业的整体经营运作系统有机结合，以便有效、经济地达到企业的经营目的。对一个企业来说，设施选址是建立和管理企业的第一步，也是扩大业务的第一步。设施选址的重要性显而易见，主要在于：设施选址对设施建成后的设施布置以及投产后的生产经营费用、产品和服务质量以及成本都有极大而长久的影响。一旦选择不当，它所带来的不良后果不是通过建成后的加强和完善管理等其他措施可以弥补的。因此，在进行设施选址时，必须充分考虑多方面因素的影响，慎重决策。另外，除了新建企业的设施选址问题，随着经济的发展，城市规模的扩大，以及地区之间的发展差异，很多企业面临着迁址的问题。可见，设施选址是很多企业都面临的、现代企业生产运作管理中的一个重要问题。

设施选址包括三个层次的问题。

（1）区位选择。区位选择即选择什么地区（区域）设置设施，沿海还是内地，南方还是北方。在当前全球经济一体化的大趋势之下，或许还要考虑是国内还是国外。

（2）地点确定。地区选定以后，具体选择在该地区的什么地点设置设施，也就是说，在已选定的地区内选定一片土地作为设施的具体位置。

（3）规模或数量大小。在选址中，应该包括对设施规模或数量的决策，以及各设施服务范围的确定。

5.1.2　选址决策的步骤

1. 准备阶段

（1）收集设施建设的内外部条件及潜在客户的信息。

（2）分析设施中经营物品的品种、货源、流量和流向。

（3）调查物流服务的供需情况、物流行业的发展情况。

2. 确定目标和原则

（1）确定目标时要根据前期的资料，确定近期、中期和远期目标。

（2）建设的原则一般是根据物流学、统计学等及项目的实际情况确定的。

3. 规划设施功能

设施不仅具有一般的功能，还要有专业化的特色。

4. 选址规划

（1）分析约束条件，如客户需求、运输条件、用地条件、公用设施条件及相关法规等。

（2）确定评价标准，标准应该与企业的要求相吻合，一般应包括市场、劳动力、物流、原料、环境和竞争情况。

（3）选择选址方法，定性和定量相结合。

（4）收集每个可供选择地点的详细资料，对备选地点进行比较，包括考虑影响设施选址的工程方面的因素。

（5）提出设施选址建议，并递交给决策层。

5.1.3　选址方法概述

解决设施选址问题的常用方法主要有以下三大类。

1）定性方法

定性方法主要是依赖个人或集体的智慧和经验做出决策。定性选址常用的方法有头脑风暴法、专家调查法等。定性方法的优点是注重历史经验，简单易行；缺点是决策过程容易受以往经验主义干扰和容易犯主观主义的错误，并且当可选场址较多时，不易做出理想的决策，导致决策的可靠性不高。

2）定量方法

选址决策能够带来潜在收益或利润，通常在利润最大化或成本最低的基础之上进行决策。定量方法包括重心法（center of gravity approach）、运输规划法、聚类（cluster）分析法、有容量约束的设备的选址问题（capacitated facilities location problem，CFLP）法、Baumol-Wolfe 法、混合 0-1 整数规划法、双层规划法等。Current 等（2001）就已有的选址模型归纳分成八类基本模型：①集合覆盖模型；②最大覆盖模型；③P-中心问题；④P-分散模型；⑤P-中位问题；⑥固定费用模型；⑦中心选址问题；⑧最大和模型。

另外，由于仿真方法可以描述多方面的影响因素，具有较好的实用价值，所以也常用于辅助求解选址问题。

3）定性、定量相结合的方法

物流选址问题不仅是运输和储存费用的优化问题，还会受到很多其他方面因素的影响，如社会、经济、环境等方面的因素。定性、定量相结合的方法就是在综合考虑评判对象的各项经济技术指标，兼顾评判对象各种特性、各方面因素的基础上，将各项指标进行量化，并根据不同指标对评判对象的影响程度来分配权系数，从而对各评判对象给出一个定量的综合评判值。

这类方法通常有层次分析法、模糊综合评判法、费用-效果分析法、关联矩阵法等。

5.2 定量模型的一般描述

解决选址问题的两项关键工作是建立选址模型和求解模型。建立一个好的选址模型不仅与建模思想相关，还需考虑模型的求解技术，而且后者通常是制约选址研究的主要因素。比如，非常符合实际情况的模型往往由于难以求解而不得不退而求其次，这也导致不少选址模型与现实情况有较大差距。不同类型的设施选址问题涉及的选址因素不尽相同，但仍有一些要素是在决策模型中是必须共同考虑的，如目标、决策变量、决策空间、距离、设施、系统参数等。

5.2.1 决策目标和变量

Current 等（1990）把选址问题中的目标概括为四种类型：①利润型目标，可进一步细化为利润最大目标、利润率最大目标、市场份额最大目标、产出最大目标等类型；②成本型目标，包括选址总成本最小、选址成本与运作成本之和最小等类型；③需求型目标，又可分为覆盖最大、重复覆盖最大、满足的需求最大、最大距离最小等类型；④环境型目标，有污染最小、空气质量降低最小、危险最小、舒适度最大、最小距离最大等类型。需要注意的是，这四大类目标也可能会重叠。比如，成本可以运输距离作为替代目标，即成本最小可用总运输距离最小代替。最小化运输距离是选址模型中的传统目标。

选址模型的决策变量可以只是设施的位置，或是设施位置和设施的数目，也可能是设施位置和设施属性。设施属性有很多，主要有：设施是受欢迎设施还是不受欢迎设施；设施是公用设施还是私有设施；待安置的设施数量是确定的还是不确定的；设施是合作性的还是竞争性的；设施是分等级的还是同级的；各设施选址费用是相同的还是不同的；设施的服务能力是有限的还是无限的；设施是自建的还是租赁的；设施之间是否相互影响；设施之间距离越近越好还是越远越好；设施规模相对于选址空间是忽略不计作为一个点看待还是作为一个区域看待；设施提供的产品或服务是单一的还是多种的。设施相关的决策变量可以是设施容量，也可以是非传统选址问题中的服务质量、产品产量、产品价格、产品种类等，还可以是既确定设施位置又确定需求的分配，或是既确定设施位置又确定行车路线等。此外，还可以把其他与设施位置密切相关的量作为决策变量。

5.2.2　选址空间和距离

1. 选址空间

选址空间大体可以分为两类：R^n 空间和网络空间。

（1）R^n 空间。在 R^2 上的选址是实践中最普遍的一种选址，但从模型求解角度，这种决策通常很复杂，甚至难以求解，如被选中点可能是风景区、自然保护区等。在 R^3 空间中的选址也有实际需要。R^n（$n>3$）空间上的选址问题可以归为非传统选址问题，与实物选址不同的是，这类问题的决策变量一般是事物的一些特征参数或属性等（Laporte，2007），其选址模型一般用于预测产品销量，或是职员的最佳部署等。

（2）网络空间。现实生活中城市街道和公路都可以看作一个网络，如果设施可以安置在网络的任何地方或顶点，那么称为连续网络选址问题，如高速公路上救护车、拖车的选址问题，这类问题模型通常用非线性最优化方法求解；如果设施只能安置在网络的顶点或离散点集上，就称为离散网络选址问题，如零售商店的选址问题等，这类问题模型通常是整数规划或 0-1 规划模型，属于组合优化问题。当然，有的选址问题决策空间为混合空间，即一部分是连续空间，另一部分是网络或离散点集。

2. 选址中的距离

选址模型的建立和求解都与距离有关，而选取的距离范式不同，可能会导致选址方案的不同，通常用范数来定义两点之间的距离。决策空间为 R^n 空间的选址问题多采用 Minkowski 距离，即 $d_{ij}^p=[|a_i-a_j|^p+|b_i-b_j|^p]^{1/p}$。

在实际中，常用三种距离度量公式：直线型（rectilinear）距离公式 $d_{ij}=|a_i-a_j|+|b_i-b_j|$、Euclidean 距离公式 $d_{ij}^2=\sqrt{(a_i-a_j)^2+(b_i-b_j)^2}$、Chebyshev 距离公式 $d_{ij}^{\infty}=\max\{|a_i-a_j|,|b_i-b_j|\}$。

5.2.3　影响因素和系统参数

1. 影响因素

影响物流设施选址的因素比较多，本书列举以下几个因素。

1）自然和社会环境因素

（1）气象条件。物流设施选址过程中，主要考虑的气象条件有湿度、温度、风力、降水量、无霜期、日照等指标。例如，选址时要避开风口，因为在风口建设会加速露天堆放物品的老化。

（2）地质条件。物流设施是大量商品的融合地。如果物流设施地面以下存在着淤泥层、流沙层、松土层等不良地质条件，那么在受压地段会造成沉陷、翻浆等严重后果，为此，设施选址时地质条件应符合建筑承载力要求。

（3）水文条件。物流设施选址需远离容易泛滥的河川流域与上溢地下水的区域。要认真考察近年的水文资料，地下水位不能过高，洪泛区、内涝区、古河道、干河滩等区域绝对禁止使用。

（4）地形条件。物流设施应选择地势高亢、地形平坦、具有适当的面积与外形、适宜建筑的地形。选在完全平坦的地形上是最理想的；其次选择稍有坡度或起伏的地方；对于山区陡坡地区则应该完全避开；在外形上可选长方形，不宜选择狭长或不规则形状。

另外，环境保护政策也是要考虑的因素。

2）人口和市场因素

人口既是商品的市场，也是潜在的劳动力资源。尤其是考虑到顾客服务时，它会对消费品公司将在哪里设立它们的配送设施起到至关重要的作用。消费品的设计者很重视当前和潜在客户的特征。设计者所感兴趣的人口数量在发生变化，人口特征也在发生变化，尤其会影响消费习惯的特征。提到人口数量，中国和印度有着庞大的市场的原因是这两个国家占了全球几乎 1/3 的人口。

3）基础设施因素

物流设施的所在地，要求城市的道路、通信等公共设施齐备，有充足的电、水、热、燃气的供应能力，且设施周围要有污水、固体废物处理能力。

4）成本因素

（1）土地、建筑成本。物流中心的建设费用，在物流中心前期投资中占很大比例。不同的选址方案以及区域政策的影响，直接导致土地、建筑成本出现很大区别。2015 年 9 月，财政部发布《关于继续实施物流企业大宗商品仓储设施用地城镇土地使用税优惠政策的通知》（以下简称《通知》），《通知》要求各地自 2015 年 1 月 1 日起至 2016 年 12 月 31 日止，对物流企业自有的（包括自用和出租）大宗商品仓储设施用地，按所属土地等级适用税额标准的 50%计征城镇土地使用税。

（2）营运成本。营运成本是指物流设施建成后维持正常运行时所需花费的各种可变费用。主要包括所选地区的动力成本、能源成本、劳动力成本、利率、税率和保险、管理费用与设备维修保养费等。随着供应链越来越全球化，劳动力的工资水平成为决定选址的重要因素。例如，2004 年，制造业企业每小时的薪水（包括利润）显示：美国平均薪水 23.17 美元；日本 21.90 美元；德国 34.05 美元。相比之下，墨西哥 2.50 美元。对一家公司来说，雇用 9 个墨西哥工人和雇用一个美国工人薪水支出几乎一样。这种工资差别至少部分说明了出口加工区（maquiladoras）仅在美墨边境南部如此盛行的原因。

（3）运输成本。运输成本与供应点到物流中心的距离以及物流中心到需求点的距离、需求点的需求量、采取的运输方式、选择运输路径的道路情况等都有直接关系。通过合理选择，可使运输距离最短，降低运输成本，缩短送货的时间，提高服务质量。

（4）固定成本。固定成本主要指物流配送中心运营所需的设备支出，包括软硬件费用，主要有装卸机械、物流管理信息系统等。

观察 5.1　中国劳动力成本全面超越东南亚

中国劳动力成本要比东南亚国家高 2 倍。曾经有着劳动力低成本优势的中国正面临被东南亚国家超越。全球咨询公司 Willis Towers Watson 发布的最新研究报告指出，一些东南亚经济体低廉的劳动力成本，正对中国的竞争力产生负面影响。比如，中国各个行业的基本工资要比印度尼西亚高出 5%～44%，而印度尼西亚已经是东盟国家中劳动力成本最昂贵的了；中国基础专业人员工资平均值要比越南和菲律宾高出 1.9～2.2 倍。

中国劳动力成本优势已成往事。与大多数东南亚国家和南亚国家相比，当前中国制造业平均工资最高已超过 6 倍多。以纺织企业为例，2012 年，中国纺织品制造企业员工的月平均工资为 188～300 欧元（约合人民币 1450～2320 元），孟加拉国只有 80 欧元左右，越南也不到 120 欧元。即便和美国这种工资水平处在世界一线的发达国家相比，中国也未见得存在优势。美国劳动生产率是中国的 4 倍，虽然中国劳动价格比美国低，但并不一定代表劳动力成本比美国便宜。牛津经济研究院有数据显示，中国制造业单位劳动力成本已经趋近于美国，只比美国低 4%。

跨国公司代工厂外移潮再起。面对劳动力成本日益上涨以及人口红利的消逝，越来越多的外商开始把工厂搬到中国较为贫穷落后的中西部，但这只是权宜之计，因为中国的劳动力价格差距正在缩小。更多的跨国公司正将生产基地向东南亚地区转移。特别是越南、孟加拉国等，越来越受到欧美客商的青睐。2012 年，阿迪达斯就关闭了其在华的最后一家位于苏州的直属工厂，而早在 2009 年 3 月，阿迪达斯的竞争对手耐克，就已经关闭了在中国的唯一一家鞋类生产工厂——太仓工厂。像阿迪达斯、耐克这样的公司并不是少数。2000 年，40%的耐克运动鞋由中国制造，13%由越南制造。到 2013 年，中国制造只占 30%，而越南制造猛增到 42%。

5）管理因素

（1）物品特性。经营不同类型物品的物流设施分别布局在不同地域。如生产型物流设施的选址应与产业结构、产品结构、工业布局紧密结合进行考虑。

（2）服务水平。服务水平是物流设施选址的考虑因素。由于现代物流过程中能否实现准时运送是服务水平高低的重要指标，所以在物流设施选址时，应保证客户可在任何时候向物流设施提出物流需求，都能获得快速满意的服务。

（3）竞争因素。物流设施选址时应考虑所在区域竞争企业已有将要建设的物流设施。在新增物流设施进入前，常常已有一个或多个竞争企业物流设施存在。

2. 系统参数

选址模型中涉及的很多参数往往并不能准确知道，甚至带有明显的不确定性，换句话说，很多参数带有统计或预测的成分，如顾客需求、顾客分布、顾客光顾设施的概率等；还有一些参数带有明显的动态性和主观性，如需求会随时间变化，竞争者选址会随时间变化，以及选址总费用、设施数、市场份额等的变化。根据参数的随机性、模糊性和动态性可以将选址模型建立为随机选址模型、模糊选址模型和动态选址模型等。

5.3 设施选址决策的定量模型

5.3.1 连续型模型

重心法模型是连续型选址模型，也叫网格法（grid method），该模型适用于单点选址问题。所谓重心法是将物流系统的需求点看成分布在某平面范围内的物体系统，各点的需求量和资源量分别看成物体的重量，物体系统的重心将作为物流网点的最佳设置点，利用物体重心的方法来确定物流网点的位置。

场址选择时，如果生产费用中运费是很重要的因素，而且多种原材料由多个现有设施供应，则可根据重心法确定场址位置。总之，重心法的思想是在确定的坐标中，各个原材料供应点坐标位置与其相应供应量、运输费率之积的总和等于场所位置坐标与供应点供应量、运输费率之积的总和。

假设 $P_0(x_0,y_0)$ 表示所求设施的位置，$P_i(x_i,y_i)$ 表示现有的第 i 个设施（供应点或需求点）的位置，w_i 和 c_i 分别表示第 i 个设施的需求量和运输费率，$P_0 \sim P_i$ 的距离用 $d_i=\sqrt{(x_0-x_i)^2+(y_0-y_i)^2}$ 来表示，其中：$i=1,2,\cdots,n$。

目标函数

$$\min \mathrm{TC}=\sum_i c_i w_i d_i \tag{5.1}$$

将 d_i 的表达式代入式（5.1）中，再对总费用函数 TC 中的 x_0 和 y_0 分别求偏导，然后通过求解微分方程，得出含有 x_0 和 y_0 的等式：

$$x_0^*=\frac{\sum_i c_i w_i x_i / d_i}{\sum_i c_i w_i / d_i},\quad y_0^*=\frac{\sum_i c_i w_i y_i / d_i}{\sum_i c_i w_i / d_i} \tag{5.2}$$

在式（5.2）中含有 x_0 和 y_0，可以采用迭代法进行求解，迭代步骤如下。

第一步，在迭代开始时，将 x_0^*、y_0^* 作为迭代的初始点；

第二步，计算该解的总运输费用 TC_0；

第三步，利用式（5.2）进行迭代，计算出改善点及其对应的总费用，到不能改善为止。

例题 5.1

假设物流设施选址范围内有五个需求点 $A \sim E$（图 5.2），其坐标、需求量和运输费率如表 5.1 所示。现在设置一个物流设施，问物流设施的最佳位置 M 为何处？

表 5.1 需求点的基本数据

需求点	坐标	需求量（w_i）	运输费率（c_i）	综合权重
A	（3，8）	2000	0.50	1000
B	（8，2）	3000	0.50	1500
C	（2，5）	2500	0.75	1875

续表

需求点	坐标	需求量（w_i）	运输费率（c_i）	综合权重
D	（6，4）	1000	0.75	750
E	（8，8）	1500	0.75	1125

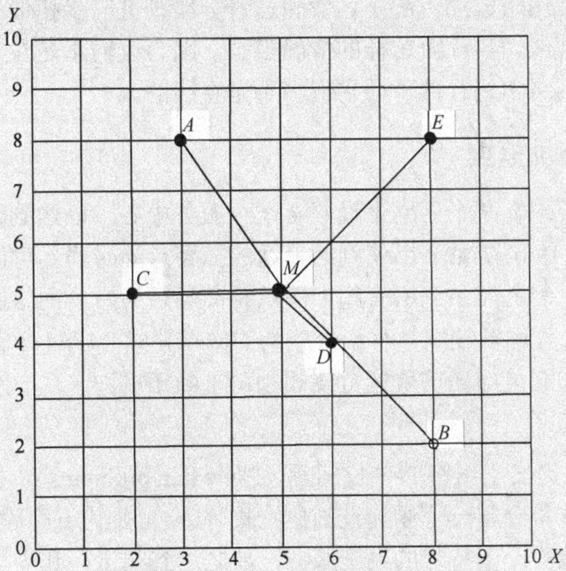

图 5.2　物流设施位置图

根据式（5.1）和式（5.2），经过若干次迭代，得到表 5.2，从该表可以看出总运费在迭代 59 次后基本上趋于稳定了，故 M 为（4.910 110，5.057 677）（表 5.2）。

表 5.2　迭代结果列表

迭代次数	x^k	y^k	总运费
0	5.160 000	5.180 000	21 471.002 980
1	5.037 691	5.056 592	21 434.215 810
2	4.990 259	5.031 426	21 427.110 404
3	4.966 136	5.031 671	21 426.140 542
4	4.950 928	5.036 766	21 425.686 792
⋮	⋮	⋮	⋮
59	4.910 110	5.057 677	21 425.136 231
60	4.910 110	5.057 677	21 425.136 231

重心法是使用较早的一种方法，计算简单，重心法模型是连续型模型，相对于离散型模型来说，其配送中心地点的选择是不加特定限制的，有自由选择的长处，但也有一

些缺陷：①需求量集中于某一点上。实际上需求来自分散于广阔区域内的多个消费点。市场的重心通常当作需求的聚集地，而这会导致某些计算误差，因为计算出的运输成本是到需求聚集地而不是到单个的需求点。②不同地点物流节点的建设费用、运营费用相同。模型没有区分在不同地点建设物流节点所需要的投资成本、经营成本之间的差别。③运输费用随运输距离成正比增加。实际上，多数运价是由不随运距变化的固定费用和随运距变化的可变费用组成的。起步运费和运价分段则进一步扭曲了运价的线性特征。④运输线路为空间直线。实际上这样的情况很少，因为运输总是在一定的公路网络、铁路系统、城市道路网络中进行的，而它们多不是直线的。

5.3.2 网络选址模型

网络选址问题要求在某个网络上设置若干个服务中心，以达到特定的目的。例如，城市中设置若干个 119 消防站，以使到达最远的报警点的时间尽可能得短。又如，物流配送中心的选址，以配送商品到所有超市的总距离最短为宜。网络选址问题在物流设施规划、通信系统设计等诸多领域具有十分广阔的应用背景。1964 年首次提出中位问题和中心问题以来，网络选址问题的研究范围和领域不断拓展。

1. P-中位问题

Hakimi 在 1964 提出了网络 P-中位问题（P-median problems），主要思想是在一个给定数量和位置的需求集合与一个候选设施位置集合下，分别为 p 个设施找到合适的位置，并指派每个需求点接受一个特定的设施服务，使之达到在工厂和需求点之间的运输费用最小。在实际应用中，因问题目标有很多种，如最小化成本、最小化总（平均）运输距离、最小化总（平均）需求权距离、最小化总运输时间、最小化总运输费用等，故又称为最小和问题。其中需求权距离指需求点的需求量和该需求点与最近设施之间的距离的乘积。

$$\min \sum_{i\in I}\sum_{j\in J}\varpi_i c_{ij} y_{ij} \tag{5.3}$$

$$\text{s.t.} \quad \sum_{j\in J} y_{ij}=1,\quad i\in I \text{（每个需求点只有一个设施满足其服务）} \tag{5.4}$$

$$\sum_{j\in J} x_j = p \text{（限制了设施数目）} \tag{5.5}$$

$$y_{ij} \leqslant x_j,\ i\in I,\ j\in J \text{（如果没有设施，就不会有需求被满足）} \tag{5.6}$$

$$x_j, y_{ij} \in \{0,1\},\quad i\in I, j\in J$$

式中，I 为所有需求点的集合；J 为所有候选设施点的集合；ϖ_i 为第 i 个需求点的需求量；c_{ij} 为第 i 个需求点到第 j 个需求点的单位运输费用；p 为可建立的配送点的总数；假如设施在 j 点处建立时 x_j=1，否则 x_j=0；若需求点 i 由备选设施 j 提供服务则 y_{ij}=1，否则 y_{ij}=0。

从上面的两种 P-中位问题不同表达方式中可以看出，求解一个 P-中位问题需要解决两方面问题：一是选择合适的设施位置（数学表达式中的 x_j 变量）；二是指派客户到相应的设施中（数学表达式中的变量 y_{ij}）。

求解 P-中位问题，主要有两大算法：精确算法和启发式算法。这里介绍一种启发式算法，即贪婪取走启发式算法（greedy dropping heuristic algorithm），基本步骤如下。

步骤 1　初始化，令循环变量 $k=n$，将所有物流中心全部选中，按照运输成本最低的原则将需求点指派到物流中心；

步骤 2　选择取走一个设施，但须满足以下条件：假如取走它并将其客户重新指派后，总费用增加量最小。然后令 $k=k-1$；

步骤 3　重复步骤 2，直到 $k=p$。

贪婪取走启发式算法不一定能得到问题的最优解，但是当数据量很大时计算速度比较快。

例题 5.2

某公司在某地区得到了 8 个大型超市的订单，因为该地区离总部较远，所以该公司拟在该地区新建两个仓库，用最低的运输成本来满足该地区的需求。经过一段时间的实地考察之后，已有 4 个候选点（图 5.3）。从候选点到各个超市的运输成本 c_{ij}、各个超市的需求量 D_i 都已经确定（表 5.3），试选择其中的两个候选点作为仓库地址，使总运输成本最小（$p=2$）。

图 5.3　客户和候选位置分布图

表 5.3　需求量与运输成本表

c_{ij}	S_1	S_2	S_3	S_4	ω_i
D_1	4	12	20	6	100
D_2	2	10	25	10	50
D_3	3	4	16	14	120
D_4	6	5	9	2	80
D_5	18	12	7	3	200
D_6	14	2	4	9	70
D_7	20	30	2	11	60
D_8	24	12	6	22	100

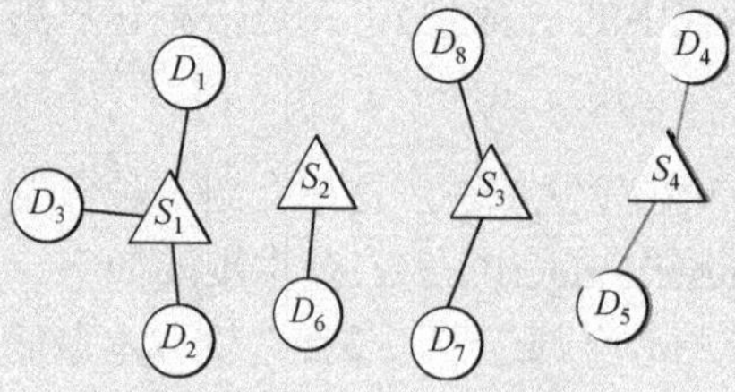

图 5.4 初始化指派结果

用贪婪取走启发式算法。令循环参数 $k=m$，m 为候选点个数。令第 i 个超市指派给 c_{ij} 中最小的候选点。

第一次指派结果为（图 5.4）：$D=(a_1,\cdots,a_8)=(1,1,1,4,4,2,3,3)$，总运输费用 $Z=4\times100+2\times50+3\times120+2\times80+3\times200+2\times70+2\times60+6\times100=2480$。

分别对删去候选点 1，2，3，4 进行分析，并对各自的增量进行计算。

若删去候选点 1（图 5.5），则 $(a_1,\cdots,a_8)=(4,2,2,4,4,2,3,3)$，总运输费用 $Z=6\times100+10\times50+4\times120+2\times80+3\times200+2\times70+2\times60+6\times100=3200$，增量为 $3200-2480=720$；

若删去候选点 2（图 5.6），则 $(a_1,\cdots,a_8)=(1,1,1,4,4,3,3,3)$，$Z=2620$，增量为 140；

若删去候选点 3（图 5.7），则 $(a_1,\cdots,a_8)=(1,1,1,4,4,2,4,2)$，$Z=3620$，增量为 1140；

若删去候选点 4（图 5.8），则 $(a_1,\cdots,a_8)=(1,1,1,2,3,2,3,3)$，$Z=3520$，增量为 1040。

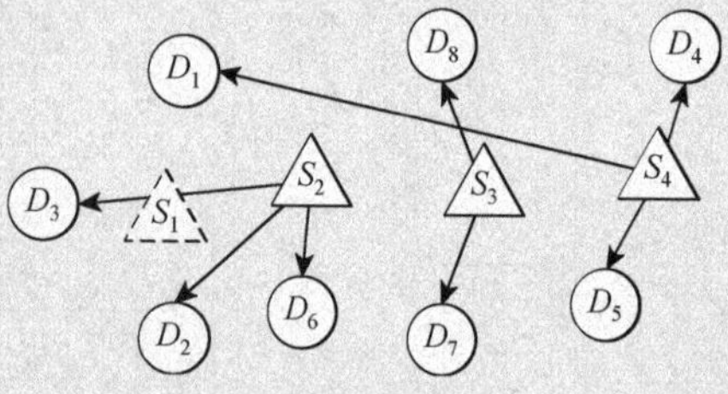

图 5.5 删除候选点 1 的结果

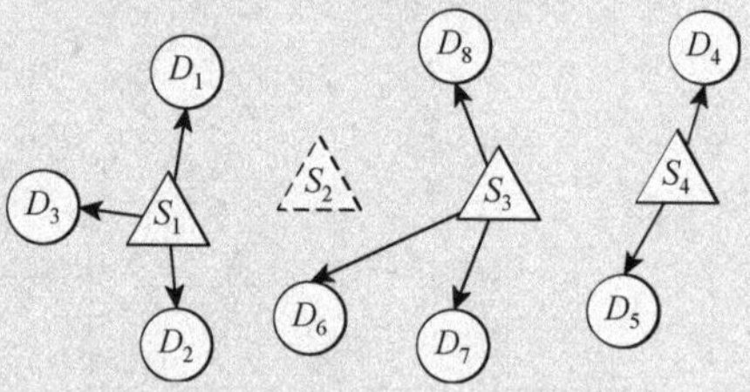

图 5.6 删除候选点 2 的结果

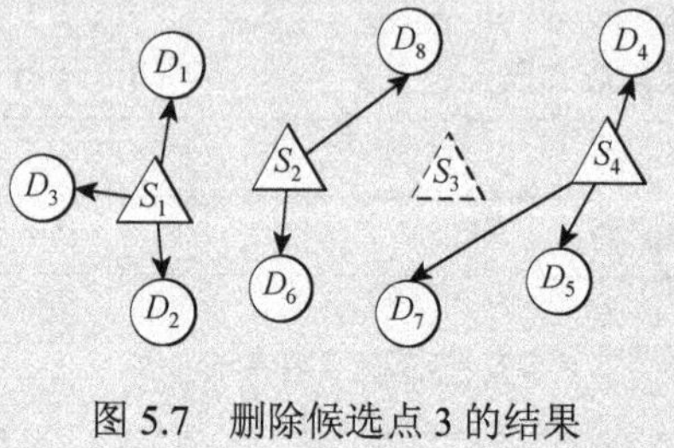

图 5.7 删除候选点 3 的结果

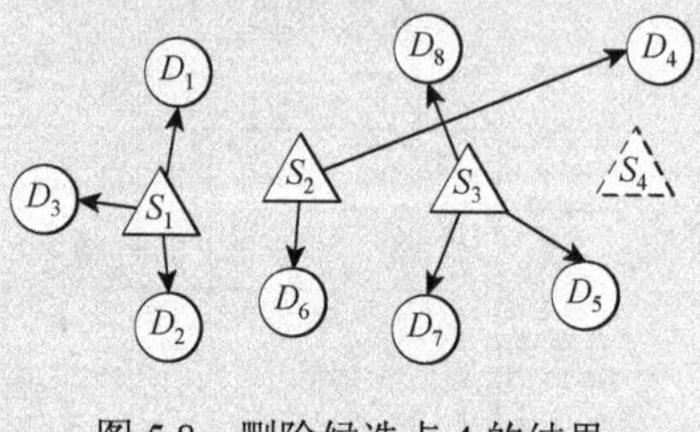

图 5.8 删除候选点 4 的结果

可见，移走候选点 2 所产生的增量最小，所以，第一个被移除的就是候选点 2。

此时 $k=3$，$(a_1,\cdots,a_8)=(1,1,1,4,4,3,3,3)$，$Z=2620$，又要分别对候选点 1，3，4 进行删除分析。

若删去候选点 1，则 $(a_1,\cdots,a_8)=(4,4,4,4,4,3,3,3)$，$Z=4540$，增量为 1920；

若删去候选点 3，则（$a_1,\cdots,a_8$）=（1, 1, 1, 4, 4, 4, 4, 4），Z=5110，增量为 2490；

若删去候选点 4，则（$a_1,\cdots,a_8$）=（1, 1, 1, 1, 3, 3, 3, 3），Z=3740，增量为 1120；

可见，移走第 4 个候选点所产生的增量是最小的，因此，此时又移除了候选点 4。

此时 k 的值已经为 2，k=p=2，计算完毕，最终选择在候选点 1 和 3 建设新仓库，总的运输成本为 3740。

2. P-中心模型

P-中心问题（P-center problems）研究如何选定 p 个设施的位置，优化最差情形（worst case），即使得设施点到需求点的最大距离最小化。如最小化最大反应时间、最小化需求点与最近设施的最大距离，或者是最小化最大损失等，所以也称为极小极大问题，问题的最优目标值称为 P-半径。P-中心模型通常用于解决有服务标准承诺的服务行业选址问题，或消防站、急救中心选址问题等。

如果设施位置限制在网络节点上，问题称为极点中心问题（vertex center problem）；如果设施可以设置为网络的任何地方（既可以在节点上，也可以在两节点之间的弧上），则称为绝对中心问题（absolute center problem）。绝对中心问题的解通常好于极点中心问题的解（即目标函数的值更低），这里只给出极点中心问题。

$$\min W \tag{5.7}$$

$$\text{s.t.}\quad W-\sum_{j\in N}c_{ij}d_{ij}y_{ij}\geqslant 0,\quad \forall i\in I\ \text{（需求点与最近设施之间的最大距离）} \tag{5.8}$$

$$\sum_{j\in J}x_j=p\ \text{（限制了设施数目）} \tag{5.9}$$

$$\sum_{j\in J}y_{ij}=1,\quad \forall i\in I\ \text{（每个需求点只有一个设施满足其服务）} \tag{5.10}$$

$$y_{ij}-x_j\leqslant 0,\quad \forall i\in I, j\in J\ \text{（保证仅对建设的设施点指派需求点）} \tag{5.11}$$

$$x_j\in\{0,1\},\quad y_{ij}\in\{0,1\},\quad \forall i\in I, j\in J \tag{5.12}$$

式中，I 为所有需求点的集合；J 为所有候选设施点的集合；d_{ij} 为需求点 i 与最近设施 j 之间的距离；c_{ij} 为第 i 个点到第 j 个需求点的单位运输费用；p 为可建立的设施点总数；假如在 $j\in M$ 建立设施 x_j=1，否则 x_j=0；若需求点 i 由备选点 j 提供服务则 y_{ij}=1，否则 y_{ij}=0；W 为需求点和最近设施的最大距离。

在具体求解该模型时，可以放宽式（5.12）中 y_{ij} 的整数约束条件，如果变量 y_{ij} 取分数值，表示一个需求点可以由多个设施提供服务，因为在这里设施的容量是无限的，故可以直接将每个需求点指派给离其最近的设施点。

5.3.3　覆盖模型

1971 年，Toregas 等（1971）通过研究若要服务所有需求点最少需要多少辆救护车的问题，提出集合覆盖选址模型，首次将覆盖问题引入选址研究。Church 和 ReVelle（1974）

在 Toregas 等的工作基础上，提出最大覆盖选址问题，即若可用的救护车数量少于集合覆盖模型的最优值，则在给定的覆盖距离内，现有救护车最多可服务多少需求点。集合覆盖模型要满足所有的需求点，而最大覆盖模型则只覆盖有限的需求点，两种模型的应用情况取决于服务设施的资源充足与否。

1. 集合覆盖模型

集合覆盖模型的目标是用尽可能少的设施去覆盖所有的需求点。即在已知若干个需求点位置和需求量的条件下，从一组候选点中选择若干个作为物流设施网点，在满足各需求点服务需求的条件下，确定物流设施的最小数量以及合适的位置。

$$\min \sum_{j\in N} x_j \quad \text{（最小化设施数量）} \tag{5.13}$$

$$\text{s.t.} \quad \sum_{j\in B(i)} y_{ij}=1,\ i\in N \text{（保证每个需求点的需求得到完全满足）} \tag{5.14}$$

$$\sum_{j\in A(j)} \varpi_i y_{ij} \leqslant C_j x_j,\ i,j\in N \text{（限制每个设施的服务能力）} \tag{5.15}$$

$$x_j\in\{0,1\},\quad y_{ij}\in\{0,1\},\ i,j\in N \tag{5.16}$$

式中，N 为 n 个需求点的集合；ϖ_i 为第 i 个需求点的需求量；C_j 为设施节点 j 的容量；$A(j)$为设施节点 j 所覆盖的需求节点集合；$B(j)=\{j\mid i\in A(j)\}$，为可以覆盖需求节点 i 的设施节点的集合；需求点 j 被选中为物流节点时 $x_j=1$，否则 $x_j=0$；若需求点 i 由备选点 j 提供服务则 $y_{ij}=1$，否则 $y_{ij}=0$。

集合覆盖问题是 NP 难问题，虽然规模较小时，可用枚举法或隐枚举法求解模型的最优解，但是实际问题中，往往需求点数 n 和可供选择的候选点数 m 较大，一般仍需设计近似算法来对模型进行求解。下面将给出启发式算法，该算法是最常用也是最简单的一个近似算法，其主要步骤如下。

步骤 1 初始化。令所有的 $y_{ij}=0$，$x_j=0$，$y_i=\sum_{j\in M} y_{ij}=0$（已分配的需求），并确定集合 $A(j)$和集合 $B(i)$；

步骤 2 选择下一个设施点。在 M 中选择 $x_j=0$ 且 $A(j)$的模为最大的节点 j' 作为设施点，即$|A(j')|=\max\{A(j)\}$，令 $j'=1$，并且 $x_{j'}$ 在 M 集合中剔除节点 j'，即 $M=M\setminus\{j'\}$；

步骤 3 确定节点 j' 的覆盖范围。将 $A(j')$中的元素按 $B(i)$的模从小到大的顺序指派给 j'，直到 j' 的容量为 $D_j=0$ 或 $A(j')$为空。其中，对于 i 属于 $A(j')$且 $y_i<1$，将 i 指派给 j' 的方法为：若 $\varpi_i(1-x_j)\leqslant D_{j'}$，则令 $y_{ij}=1-x_j$，$D_j=D_j-\varpi_i(1-x_j)$，$x_j=1$，在 $A(j')$ 和 N 中剔除需求点 i；若 $\varpi_i(1-x_j)>D_{j'}$，则令 $y_{ij}=D_{j'}/\varpi_i$，$x_j=x_j+y_{ij}$，$D_{j'}=0$。

例题 5.3

某区域需规划建设若干个农贸市场为将来该区 9 个主要居民点提供服务，除第 6 居民点外，其他各点均有建设市场的条件，小区的位置分布如图 5.9 所示。已知市场的最大服务半径为 3 千米，为保护该区域的环境，希望尽可能地建造农贸市场。问应如何规划？

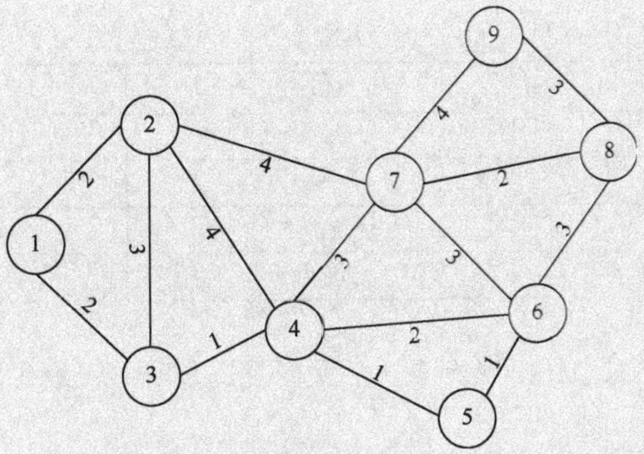

图 5.9 小区居民点位置分布图

$N=\{1, 2, 3, 4, 5, 6, 7, 8, 9\}$，$M=\{1, 2, 3, 4, 5, 7, 8, 9\}$，由图 5.9 求任意两点间的最短距离，根据最大服务半径为 3 千米的约束及第 6 居民点不适合建市场的要求，可确定集合 $A(j)$和 $B(i)$（表 5.4）。值得指出的是本问题没有需求量和容量，故无须考虑约束条件（5.15）。

表 5.4 候选点服务范围

居民点号	$A(j)$	$B(i)$
1	1, 2, 3, 4	1, 2, 3, 4
2	1, 2, 3	1, 2, 3
3	1, 2, 3, 4, 5	1, 2, 3, 4, 5
4	1, 3, 4, 5, 6, 7	1, 3, 4, 5, 7
5	3, 4, 5, 6	3, 4, 5
6		4, 5, 7, 8
7	4, 6, 7, 8	4, 7, 8
8	6, 7, 8, 9	7, 8, 9
9	8, 9	8, 9

因为 $A(4)=\{1, 3, 4, 5, 6, 7\}$，$|A(4)|=6$ 为最大，所以首先选取 $j'=4$。因为无容量约束，所以依次指派 5、7、1、6、3、4 点为归节点 4 服务。此时，$N=\{2, 8, 9\}$，$M=\{1, 2, 3, 5, 7, 8, 9\}$，更新集合 $A(j)$和 $B(i)$后如表 5.5 所示。

表 5.5 候选点服务范围

居民点号	$A(j)$	$B(i)$
1	2	
2	2	1, 2, 2
3	2	
4		
5		

续表

居民点号	$A(j)$	$B(i)$
6		
7	8	
8	8, 9	7, 8, 9
9	8, 9	8, 9

因为 $A(8)=\{8, 9\}$，$|A(8)|=2$ 为最大，故首先选取 $j'=8$，并且 8、9 两点为归节点 8 服务。

此时，$N=\{2\}$，$M=\{1, 2, 3, 5, 7, 9\}$，更新集合 $A(j)$和 $B(i)$后得结果如表 5.6 所示。

表 5.6　候选点服务范围

居民点号	$A(j)$	$B(i)$
1	2	
2	2	2
3	2	
4		
5		
6		
7	8	
8	9	
9	8	

因为 $A(2)=\{2\}$，$|A(2)|=1$ 为最大，故选取 $j'=2$，并且 2 点为归节点 2 服务。所以计算结果为（4, 8, 2）。

近似算法一般不能求得问题的最优解，本例的最优解为（3, 8）。

2. 最大覆盖模型

对于有限数量的设施选址，为尽可能多的对象提供服务，即在给定数量的设施情况下，覆盖尽可能多的需求点。

$$\max \sum_{j \in N} \sum_{i \in A(i)} \varpi_i y_{ij} \tag{5.17}$$

$$\text{s.t.} \quad \sum_{j \in B(i)} y_{ij} \leqslant 1, \quad i \in N \text{（服务不可能大于需求的总和）} \tag{5.18}$$

$$\sum_{j \in A(j)} \varpi_i y_{ij} \leqslant C_j x_j, \quad i, j \in N \text{（限制每个设施的服务能力）} \tag{5.19}$$

$$\sum_{j \in N} x_j = p \text{（限制了设施数目）} \tag{5.20}$$

$$x_j \in \{0,1\}, \quad y_{ij} \in \{0,1\}, \quad i,j \in N \tag{5.21}$$

式中，N 为 n 个需求点的集合；ϖ_i 为第 i 个需求点的需求量；C_j 为物流节点位于需求点 j 时的相应容量；$A(j)$为位于需求点 j 的物流节点所覆盖的所有需求节点的集合；$B(i)=\{i \mid i,j \in A(j)\}$，表示可以覆盖需求节点 i 的设施节点集合；p 表示可建立的物流节点总数；需求点 j 被选中为物流节点时 x_j=1，否则 x_j=0；若需求点 i 由备选点 j 提供服务则 y_{ij}=1，否则 y_{ij}=0。

最大覆盖模型也是 NP 难问题，同样可以设计近似算法对模型进行求解，最常用的算法是 Church 和 ReVelle 设计的贪婪算法。该算法首先求出可以作为候选点的集合，并以一个空集作为原始解的集合，然后在候选点集合中选择一个具有最大满足能力的候选点进入原始解作为第二次解，如此往复，直到设施数目满足要求。

5.3.4　混合整数规划模型

给定一个被选设施地址的集合，许多选址问题都可归为混合整数规划模型。这类离散的设施选址模型可粗略分为：①单阶段模型和多阶段模型；②无容量约束模型和有容量约束模型；③多源模型和单源模型；④单一产品模型和多品种产品模型；⑤静态模型和动态模型；⑥不考虑路径选址模型和路径选址模型。下面主要介绍几种常用的模型。

1. 无容量约束的选址模型

该类模型中最简单的就是，无容量设备选址问题（uncapacitated facility location problem，UFLP）模型，这类模型的设施没有容量限制。在 UFLP 模型中，Hakimi 指出对于网络选址问题，当设施位于网络的节点，而不是网络节点之间的边上时，存在一个最优解。以下的讨论都基于该性质。

给定一个设施集和一个客户集，客户的需求已知，客户的需求必须由一个或多个设施提供服务，每个设施点对应一个建设费用，在满足所有需求点的要求下，使总的设施成本最小。于是，得到如下整数线性规则问题。

$$\min \ \sum_{i=1}^{N}\sum_{j=1}^{M}\varpi_i d_{ij} y_{ij} + \sum_{j=1}^{M} f_j x_j \tag{5.22}$$

$$\text{s.t.} \quad \sum_{j=1}^{M} y_{ij} = 1, \quad i \in N \text{（保证每个需求点的需求得到完全满足）} \tag{5.23}$$

$$\sum_{j=1}^{M} x_j = p \text{（限制了设施数目）} \tag{5.24}$$

$$y_{ij} \leqslant x_j, \quad i,j \in N \text{（限制每个设施的服务能力）} \tag{5.25}$$

$$x_j \in \{0,1\}, \quad y_{ij} \in \{0,1\}, \quad i,j \in N \tag{5.26}$$

式中，N 为需求点的数量；M 为候选设施点的数量；ϖ_i 为第 i 个需求点的需求量；d_{ij} 为需求点 i 与最近设施 j 之间的距离；f_j 为建立候选设施 j 的固定费用；p 为可建立的设施点的总数；需求点 j 被选中为物流节点则 x_j=1，否则 x_j=0；若需求点 i 由备选点 j 提供服务则 y_{ij}=1，否则 y_{ij}=0。

2. 有容量约束的选址模型

在设施的容量有限制，而且需求点的地址和需求量以及设置设施的数目均已确定的情况下，可采用 CFLP 法，从设施的备选地点中选出多个设施组成一个系统，使得总费用最小。CFLP 法利用运筹学中的非线性规划求解选址问题。

这个方法的基本步骤如下。

步骤 1 初选设施地点。通过定性分析，根据设施的配送能力和用户需求分布情况适当确定设施的数量及其地点，并以此作为初始方案。这一步非常重要，因为它直接影响整个计算的收敛速度。

步骤 2 确定各暂定设施的供应范围。设暂定的设施有 k 个，分别为 $s_1,s_2,\cdots,s_k$；用户有 n 个；从设施 s_i 到用户 j 地的单位运输费用为 $h_{s_i j}$；以运输费用 U 最低为目标，则可构成如下运输问题模型。

$$\text{s.t.}\quad \sum_{i=1}^{k} X_{s_i j} \geqslant \omega_j,\quad j=1,2,\cdots,n$$

$$\sum_{j=1}^{n} X_{s_i j} \leqslant M_{s_i},\quad i=1,2,\cdots,k$$

$$X_{s_i j} \geqslant 0,\quad i=1,2,\cdots,k; j=1,2,\cdots,n$$

式中，$X_{s_i j}$ 为配送中心 s_i 到用户 j 的运输量；M_{s_i} 为配送中心 s_i 的容量；ω_j 为用户 j 的需求量。

解以上运输问题，就可求得各暂定设施的供应范围。这可表述为如下用户集合：

$$N_i = \{j\text{：}\ X^*_{s_i j} \neq 0\},\quad j=1,2,\cdots,n$$

步骤 3 在以上各配送范围内，移动设施到其他被选地点，寻求可能的改进方案。设原定设施 s_i 的配送范围 N_i，除了 s_i，可做候选设施点的还有 $L_i\ \min U=\sum_{i=1}^{k}\sum_{j=1}^{n} h_{s_i j} X_{s_i j}$ 个，在这些候选地点建设的固定费用分别为 F_i，其中 $t_l \in L_i$，则以 t_l 为新的设施时，N_i 内的总费用为

$$u_{t_l} = \sum_{j=1}^{N_i} h_{t_l j} X_{t_l j} + F_{t_l},\quad t_l \in L_i$$

则可求得

$$u_{t_l} = \min_{t_l \in L_i}\{u_{t_l}\}$$

若 $u_{t_l} \leqslant u_{s_i}$，说明步骤 3 求出的目标函数值是步骤 2 求出的第 i 个设施目标函数值的一部分，则令 $s_i' = t_l$；否则令 $s_i' = s_i$。对所有区域重复上述过程，得到新设施的集合 $\{s_i'\}_{i=1}^{k}$。

步骤 4 比较求得的新、旧设施集合的总费用。若新集合的费用大于旧集合的费用，说明已经得到了所要求的解，停止计算。否则，说明新得到的设施地点可使总费用下降，通过改善设施的供应范围，还有可能进一步降低总费用。为了进一步降低总费用，以新的设施代替原有设施，重复步骤 2～步骤 4，直到总费用不能下降。

按以上步骤得到的收敛解，虽然没有得到理论上的证明，但是因为费用总是下降的，所以在实际应用中，可以充分相信所得到的解。

例题 5.4

现有一个选址问题如图 5.10 所示，要求在该地域范围内 12 个需求点中选出 3 个作为配送中心的地址。同时假设各配送中心的固定费用均为 10 个单位，容量为 13 个单位，运输费率为一常数，即运输费用与运输距离成正比。

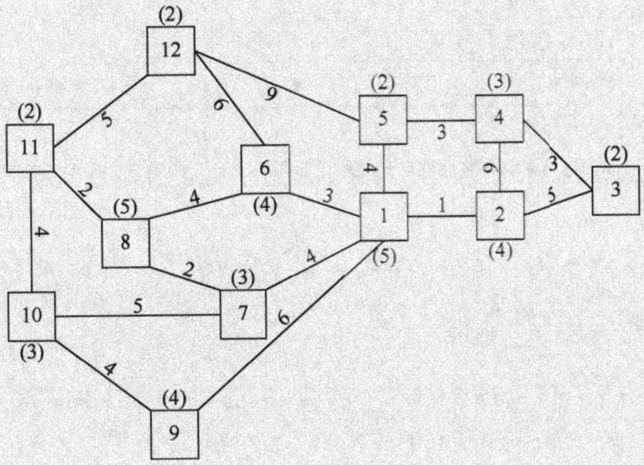

图 5.10　物流网络示意图

□内的数字为节点序号，( ) 内的数字为该节点的用户需求量，其他数字为连接相邻两节点之间的直线距离

找出各个节点之间的最短运输距离，如表 5.7 所示。

表 5.7　各需求点之间的最短运输距离

需求点 j \ 需求点 i	1	2	3	4	5	6	7	8	9	10	11	12
1	0	1	6	7	4	3	4	6	6	9	8	9
2	1	0	5	6	5	4	5	7	7	10	9	10
3	6	5	0	3	6	9	10	12	12	15	14	15
4	7	6	3	0	3	10	11	13	13	16	15	12
5	4	5	6	3	0	7	8	10	10	13	12	9
6	3	4	9	10	7	0	6	4	9	10	6	6
7	4	5	10	11	8	6	0	2	9	5	4	9
8	6	7	12	13	10	4	2	0	10	6	2	7
9	6	7	12	13	10	9	9	10	0	4	8	13
10	9	10	15	16	13	10	5	6	4	0	4	9
11	8	9	14	15	12	6	4	2	8	4	0	5
12	9	10	15	12	9	6	9	7	13	9	5	0

（1）根据需求量的分布情况，将配送中心的初始位置暂定在4、6、9三个节点上。

（2）这样，以点4、6、9为配送点，其他各节点为需求点，求运输问题的最优解见表5.8，于是得到初始方案，总费用为179个单位（具体求解过程略）。

表5.8 配送中心布局初始方案

配送中心＼需求点 i	1	2	3	4	5	6	7	8	9	10	11	12	供应量
4	2	4	2	3	2								13
6	2					4		5				2	13
9	1						3		4	3	2		13
需求量	5	4	2	3	2	4	3	5	4	3	2	2	39

（3）根据以上求得的初始解，可以看出配送中心4的配送范围是用户1、2、3、4、5的集合。

对于集合{1, 2, 3, 4, 5}，配送中心的位置设在4时配送费用为

$$u_{t_4}=u_4=\sum_{j=1}^{N_4}h_{4j}X_{4j}+F_4$$
$$=7\times2+6\times4+3\times2+0\times3+3\times2+10=50+10=60$$

如果配送中心的位置从4移到其他需求点，则配送费用如下。

如果移到1：

$$u_{t_1}=u_1=\sum_{j=1}^{N_1}h_{1j}X_{1j}+F_1$$
$$=0\times2+1\times4+6\times2+7\times3+4\times2+10=45+10=55$$

如果移到2：

$$u_{t_2}=u_2=\sum_{j=1}^{N_2}h_{2j}X_{2j}+F_2=40+10=50$$

如果移到3：

$$u_{t_3}=u_3=\sum_{j=1}^{N_3}h_{3j}X_{3j}+F_3=53+10=63$$

如果移到5：

$$u_{t_5}=u_5=\sum_{j=1}^{N_5}h_{5j}X_{5j}+F_5=49+10=59$$

所以配送中心移到2，配送费用最小。

同理通过计算，可知对于用户集合{1, 6, 8, 12}，配送中心移到6时配送费用最小。对于用户集合{1, 7, 9, 10, 11}，配送中心改设在10时配送费用最小。于是新的配送系统应由2，6，10组成。

（4）对新配送系统{2, 6, 10}，重复步骤2～步骤4计算。经再次计算所得配送中

心方案与前一次结果相同，说明方案已达到最优，所以最终解决方案就是配送中心选择在{2, 6, 10}，供应方案如表 5.9 所示，总费用为 152 个单位。

表 5.9　配送中心布局最终方案

配送中心 \ 需求点 i	1	2	3	4	5	6	7	8	9	10	11	12	供应量
2	2	4	2	3	2								13
6	3					4		4				2	13
10							3	1	4	3	2		13
需求量	5	4	2	3	2	4	3	5	4	3	2	2	39

CFLP 法的前半部分属于线性规划运输问题的解法，但其又在后半部分对线性规划法进行了进一步的完善。缺点是此方法实际意义明显，但缺乏理论上的证明。

3. 考虑路径问题的选址模型

这一类选址是将进出入配送中心的运输路径也考虑在内。

模型的主要思想是：给定一组节点，作为提供需求的设施建设的候选点。网络中的每一个路线都由一个固定的建设成本和一个单位变动成本组成。每个设施点有一个固定的建设成本，设施点无容量限制。所有需求都由最近的节点提供，找出使总成本最小的网络线路建立位置和设施点的位置。

模型的具体假设如下：所有节点均提供需求；设施可能只建立在节点位置；每个节点只建立一个设施点；网络是一个 C/S（client-server，客户机-服务器）系统，所有的需求都由内部的设施点来提供；设施点无容量限制；需求是单一的产品或服务。

该问题的目标函数为

$$\min U = \sum_{(i,j)\in\Phi} t_{ij}(Y_{ij}+Y_{ji}) + \sum_{i\in N} f_i Z_i + \sum_{(i,j)\in\Phi} c_{ij} X_{ij} \tag{5.27}$$

约束条件：

$$\sum_{j\in N} Y_{ji} + d_i = \sum_{j\in N} Y_{ji} + W_i, \quad \forall i \in N \tag{5.28}$$

$$W_j \leqslant MZ_i, \quad \forall i \in N \tag{5.29}$$

$$Y_{ij} \leqslant MX_{ij}, \quad \forall (i,j)\in\Phi \tag{5.30}$$

$$Y_{ji} \leqslant MX_{ij}, \quad \forall (i,j)\in\Phi \tag{5.31}$$

$$Y_{ij}, Y_{ji} \geqslant 0, \quad X_{ij}\in\{0,1\}, \quad \forall (i,j)\in\Phi \tag{5.32}$$

$$W_i \geqslant 0, \quad Z_i\in\{0,1\}, \quad \forall i \in N \tag{5.33}$$

式中，N 为所有节点集合；Φ 为网络中的所有路线集合；d_i 为节点 i 的需求量；M 为总需求；t_{ij} 为从 i 到 j 的单位运输成本；f_i 为在 i 点建立设施的固定成本；c_{ij} 为建立路线（i,j）的固定成本；W_i 为需求点 i 由一个设施提供的需求量；$Z_i=\begin{cases}1, & 在i点建立设施\\0, & 否则\end{cases}$；$X_{ij}=\begin{cases}1, & 建立线路(i,j),i<j\\0, & 否则\end{cases}$。

目标函数是最小化运输、设施定位和线路建立的总成本，约束条件（5.28）是流量守恒约束，保证流入和流出节点的总流量相等，约束条件（5.29）表示每个设施点均提供一定的需求量，约束条件（5.30）和约束条件（5.31）保证只要线路存在就是双向的，约束条件（5.32）和约束条件（5.33）是非负和整数约束。

4. Baumol-Wolfe 模型

Baumol-Wolfe 模型是由 Baumol 和 Wolfe 在 1958 年提出的，主要思想是在生产、消费区域既定的情况下，在若干个备选地址中，寻找物流节点的数量和位置，使得通过物流节点所运送的产品的固定成本和可变成本在下列约束下最低：①不能超过每个工厂的供货能力；②所有产品的需求必须得到满足；③每个物流节点的总进货量等于总出货量。

设有 k 个工厂的产品，经过配送中心发送给 n 个地区的用户。其中，这些工厂的生产能力已知，每个地区的需求已知。现拟建立若干个配送中心，而候选地点有 S 个，问题是如何从 S 个候选地点中选择若干个来修建配送中心，使物流总成本达到最小（图 5.11）。

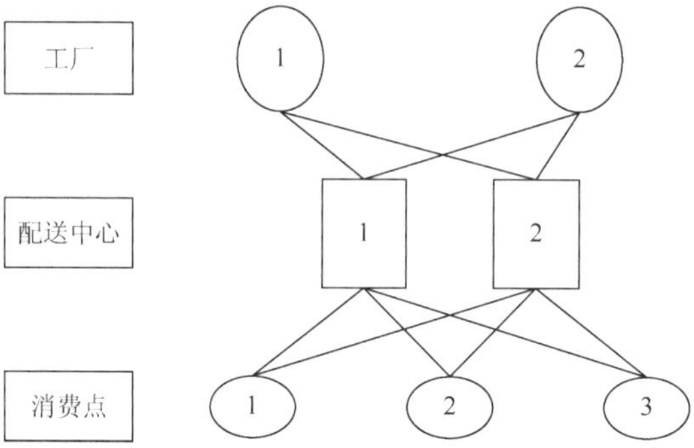

图 5.11　物流网络示意图

总费用函数，即目标函数为

$$f(X_{ijk})=\sum_{i,j,k}(C_{ki}+h_{ij})X_{ijk}+\sum_i u_i(W_i)^\theta+\sum_i F_i r_i(W_i)$$

规划总费用函数为

$$f(x_{ijk})=\sum(C_{ij}+x_{jk})x_{ijk}+\sum v_j(W_j)^\theta+\sum F_j r(W_j)$$

式中，C_{ki} 为从工厂 k 到配送中心 i 的运价；h_{ij} 为从配送中心 i 向用户 j 的运价；C_{ijk} 为从工厂 k 通过配送中心 i 向用户 j 的运价，即 $C_{ijk}=C_{ki}+h_{ij}$；X_{ijk} 为从工厂 k 通过配送中心 i 向用户 j 运送的运量；W_i 为通过配送中心 i 的运量，即 $W_i=\sum_{j,k}X_{ijk}$；u_i 为配送中心的单位运量的可变运费；F_i 为配送中心的固定运费（与规模无关）；θ 为权重系数，$0<\theta<1$；r_i 为固定费用系数，当 W_i=0 时，$r_i(W_i)$=0，否则 $r_i(W_i)$=1。

规划总费用函数 $f(x_{ijk})$ 的第一项是运输费和发送费，第二项是配送中心的可变作业成本，第三项是配送中心的固定成本。显然，如果配送中心的货物通过量 W_j 等于 0，那么表明该配送中心不必建设。

现在给出 Baumol-Wolfe 模型的求解步骤。先给出费用的初始值，求初始解；然后进行迭代计算，使其逐步接近最小费用。

步骤 1 求初始解。要求最初的工厂到用户间（k，j）的运费相对最小，也就是要求工厂到配送中心间的运费 C_{ki} 和配送中心到用户间的发送费 h_{ij} 之和为最小，即 $C_{kj}^0=\min\limits_i(C_{ki}+h_{ij})=C_{ki}^0+h_{ij}^0$。

设所有的（k，j）取最小费率 C_{kj}^0，配送中心序号是 I_{kj}^0，这个结果决定了所有工厂到用户间的费用。如果工厂的生产能力和需要量已知，那么把其作为约束条件求解运输型问题，使费用函数 $\sum C_{kj}^0X_{kj}$ 为最小时，$\{X_{kj}^0\}$就为初始解。

步骤 2 根据初始解，配送中心的通过量可按 $W_i^0=\sum\{所有的k,j，如I_{kj}^0=i\}X_{kj}^0$ 计算。从通过量反过来计算配送中心的可变费用。

$C_{kj}^0=\min\limits_i(C_{ki}+h_{ij}+\mu_i(W_i^{n-1})^{\theta-1})$。这是费用函数式关于 X_{ijk} 的偏微分。在这个阶段对所有的（k，j）取式：$C_{kj}^2=\min\limits_i(C_{ki}+h_{ij}+\mu_i(W_i^0)^{\theta-1})$，其中，$C_{kj}^2$ 的配送中心序列号为 I_{kj}^2。再以这一成本为基础，求解运输问题，使费用函数 $\sum C_{kj}^2X_{kj}$ 为最小时，$\{X_{kj}^2\}$ 就为二次解。

步骤 3 n 次解。设（n–1）次解为 $\{X_{kj}^{n-1}\}$，则配送中心的通过量为 $W_i^{n-1}=\sum\{所有的k,j,如I_{kj}^{n-1}=i\}X_{kj}^{n-1}$，其中，$I_{kj}^{n-1}$ 是由（n–1）次解得到的所使用配送中心的序列号。

步骤 4 最优解。把（n–1）次解的配送中心的通过量 W_i^{n-1} 和 n 次解的通过量 W_i^n 进行比较，如果完全相等，就停止计算；如果不等，再反复计算，直到两者相等时，就是最优解。

例题 5.5

某厂商在国内有 2 个生产基地 F_1 和 F_2，经统计和预测分析，其用户大致分布在 8 个区域，现为了提高物流效益而实行商流物流分离，需在全国建立配送中心，初步规划有 5 处配送候选地 W_1、W_2、W_3、W_4、W_5。已知配送中心的单位可变费用 μ_k 依次为 75 元、80 元、75 元、80 元、70 元；各生产基地的生产能力和各区域用户的需求量、生产基地到配送中心和配送中心到用户的单位运费的具体数据见表 5.10 与表 5.11。建立配送中心的算法具体步骤如下（运费单位为元/吨）。

表 5.10 生产基地到配送中心的单位运费及工厂生产能力

候选点	配送中心					
	W_1	W_2	W_3	W_4	W_5	生产能力
F_1	7	7	8	12	11	40
F_2	14	12	9	6	8	50

表 5.11 配送中心到用户的单位运费及用户的需求量

需求点	候选点							
	C_1	C_2	C_3	C_4	C_5	C_6	C_7	C_8
W_1	5	11	3	8	5	10	11	11
W_2	14	16	8	9	4	7	4	4
W_3	10	11	3	5	2	5	9	5
W_4	15	13	9	6	7	2	10	2
W_5	9	7	3	2	6	5	12	8
需求量 t	10	10	10	15	5	15	10	15

（1）求初始解。取 $C_k^0=0,k=1,2,\cdots,q$，根据 $C_{ij}^0=\min(C_{ik}^0+C_{kj}^0+C_k^0)$，可求出从生产基地 i 经配送中心 k 到需求点 j 的最小运费及各配送中心的通过量 (d_k^0)，得到表 5.12。

表 5.12 生产基地到用户最小运费

需求点	候选点							
	C_1	C_2	C_3	C_4	C_5	C_6	C_7	C_8
F_1	（W_1） 12[10]	（W_1） 18[5]	（W_1） 10[10]	（W_5） 10[5]	（W_3） 10[5]	（W_3） 13	（W_2） 11[10]	（W_2） 11
F_2	（W_5） 17	（W_5） 15[5]	（W_5） 11	（W_5） 10[15]	（W_3） 11	（W_4） 8[15]	（W_4） 16	（W_4） 8[15]

注：() 内的字母 W_j 为所使用的配送中心；[ ]内的数字为用最小元素法，即表上作业法求解运输问题所得的初始解。

由表 5.12 可以得出各配送中心的通过量 (d_k^0)：$W_1 \sim W_5$ 分别为 25 吨、10 吨、5 吨、30 吨、20 吨，则运输费用为

$$F^0=\sum_{i=1}^{m}\sum_{j=1}^{n}C_{ij}^0X_{ij}^0=12\times10+18\times5+10\times10+10\times5+10\times5$$
$$+11\times10+15\times5+10\times15+8\times15+8\times15=985(\text{元})$$

配送中心的可变费用为

$$S^0=\sum_{k=1}^{5}S_k^0=75\times\sqrt{25}+80\times\sqrt{10}+75\times\sqrt{5}+80\times\sqrt{30}+70\times\sqrt{20}=1546.91\text{（元）}$$

总费用为

$$F^0+S^0=2531.91\text{ 元}$$

（2）求第二次解。由公式 $C_k^1=\mu_k\sqrt{d_k^0}\Big/2d_k^0$，以及第一次求解结果可得各配送中心的单位可变费用 $W_1\sim W_5$ 分别为 7.50 元、12.65 元、16.77 元、7.30 元、7.83 元。

在初始解的基础上结合第一次求得的各配送中心的单位可变费用，利用表上作业法求解运输问题得表 5.13 和表 5.14。

表 5.13 考虑了可变费用的生产基地到配送中心的单位运费

候选点	配送中心				
	W_1	W_2	W_3	W_4	W_5
F_1	14.50	19.65	24.77	19.30	18.83
F_2	21.50	24.65	25.77	13.30	15.83

表 5.14 考虑了可变费用的生产基地到用户的单位运费

需求点	候选点							
	C_1	C_2	C_3	C_4	C_5	C_6	C_7	C_8
F_1	（W_1）19.50[10]	（W_1）25.50[5]	（W_1）17.50[10]	（W_5）20.83	（W_1）19.50[5]	（W_4）21.30	（W_2）23.65[10]	（W_4）21.30
F_2	（W_5）24.83	（W_5）22.83[5]	（W_5）18.83	（W_5）17.83[15]	（W_4）20.30	（W_4）15.30[15]	（W_4）23.30	（W_4）15.30[15]

由表 5.13 可以得出各配送中心的通过量 (d_k^1)：$W_1\sim W_5$ 分别为 30 吨、10 吨、5 吨、30 吨、20 吨。因为表 5.13 和表 5.14 包含了可变费用，所以其总费用为

$$F^1=19.50\times10+25.50\times5+17.50\times10+19.50\times5+23.65\times10+22.83\times5$$
$$+17.83\times15+15.30\times15+15.10\times15=1669.10\text{（元）}$$

从计算结果可以看出，此解较初始解有所改善，继续求解。

（3）求第三次解。同理按第二次求解步骤继续，得到各配送中心的通过量 (d_k^2)：$W_1\sim W_5$ 分别为 30 吨、10 吨、5 吨、30 吨、20 吨。可以看出：$d_k^1=d_k^2$，所以这个结果是最优或近似最优解。

根据计算结果可以得出结论：配送中心 W_3 没有必要建设。

Baumol-Wolfe 模型较好地解决了存储成本非线性的问题，而且每次迭代都是沿着使存储成本不断下降的方向选择最小方案，所以可以相信最终解是所要求得到的解。Baumol-Wolfe 模型的主要缺点是不能保证最终解是最优解，而且该解法没有涉及配送中心新建固定投资成本。

与 Baumol-Wolfe 模型类似的还有 Kuehn-Hamburger 模型和 Blson 模型，只是 Kuehn-Hamburger 模型的目标是使运费、发送费、仓库管理费、可变费、损失费等之和最小；而 Blson 模型的目标是使运费、发送费、可变仓库费、建设费、扩建费总和与关闭仓库节省费之差最小。

5.4 商店选址

5.4.1 商圈简介

1. 商圈的概念及特性

商圈是指零售商店（或集聚的商店群）吸引顾客的地理区域范围，一般和零售市场的空间范围（经济学观点）、中心地的腹地或势力圈（地理学观点）或涉及商业势力的商势圈概念同时使用。商圈是以零售商店为中心，沿着一定的方向和距离扩展，构成一定的辐射范围所形成的，对周围地区的消费者起主导作用，对较远处消费者也有吸引力。现实的商圈多由单体零售店或者各种规模的商业中心所形成，商圈具有以下特性。

（1）层次性。位于同一零售店（或商业中心，下同）商圈内的顾客到店购物的可能性并不相同，这种可能性随着顾客到零售店购物所受到的阻碍因素的增加而减少，因此商圈表现出明显的层次性。通常，商圈包括核心商圈、次级商圈和边缘商圈，其中大部分顾客来自核心商圈。

（2）重叠性。零售店之间的商圈没有清晰的界限，往往在两个商圈的第二层和第三层处发生重叠，重叠区域内的顾客存在着到任何一家零售店购物的可能性，但这种购物可能性的大小取决于零售店之间的相对竞争力，或者说，取决于零售店的吸引因素与阻碍因素之间的比值。

（3）不规则性。诸多因素的影响使零售店商圈的实际形状并非如其概念所暗含的圆形，而是呈现出不规则形状。促使商圈不规则的原因一方面是阻碍顾客来店购物的客观因素的存在，使在某个方位上与零售店垂直距离很近但实际到店的距离很远，甚至不能为其商圈所覆盖。这些阻碍因素具体包括道路隔离栏、宽阔或车速较高的道路、竞争店、交通不便等。另一方面则是某些客观吸引力因素的存在，使位于商圈某一方位的顾客来店购物甚为便利。这些吸引力因素主要包括公交车站的设立等。客观的阻碍因素和吸引力因素的同时存在促成了商圈的不规则形状，同时也会使商圈规模扩大或缩小。

（4）动态性。商圈的大小或者说规模并非随着零售店在选址上的确定而保持一成不变的态势。商圈具有动态性。首先，商圈的大小与零售店的业态有关。一般来说，那些规模大、商品品种齐全、商品选择性强的零售业态相对较大，因此不难理解，“麦德龙”的商圈可以覆盖几十甚至上百千米，而便利店的商圈只有二三百米。其次，对于特定业态的零售店来说，如果能加强经营管理，增加“集客力”因素，其商圈一方面会在覆盖范围上有所扩大，另一方面表现为商圈内顾客来店购物的可能性将有所提高。最后，商圈的动态性与竞争因素有关。零售店之间的过度竞争会使彼此的商圈相应缩小。对商业中心来说，若其业态互补能够满足顾客多层次、多角度的购物需要，则会使商圈规模扩大；若其业态单一、竞争激烈，则会使商圈规模缩小。

2. 商圈的构成及分类

商圈一般可以分为三个层次：主要商圈、次要商圈和边缘商圈（图 5.12）。主要商圈可以容纳整个商圈 55%～75%的顾客。它是离商店最近、顾客密度最大、平均销售额最高的区域。它与其他商店（无论隶属自己的公司还是其他公司）的商圈一般不会重叠。次要商圈包含另外 15%～25%的顾客，它位于主要商圈之外，顾客分布较分散。边缘商圈包括剩下的所有顾客，分布更加分散。例如，一家商店的主要商圈为 4 千米以内，次要商圈为 5 千米以内，而边缘商圈则为 8 千米以内。边缘商圈主要是愿意走远路而忠实于到某家商店采购的顾客。

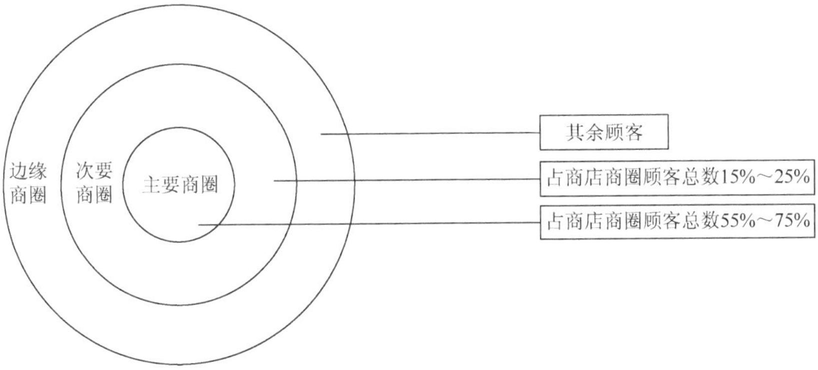

图 5.12　超市商圈的划分

如果从商业区域间相互关系的角度来看，商圈可以分为：互补性商圈、竞争性商圈、独立性商圈。

3. 商圈的影响因素

商圈的范围和形状受许多因素的影响，如商店类型、商店规模、竞争对手的位置、居民居住模式、行程所需时间和交通状况以及媒体接收状况等。

（1）商店类型。即便位于同一商业区或购物中心内，由于商店类型不同，商圈的范围也会有所不同。如果商店品种齐全，进行广泛促销，并注意树立良好形象，那么其商圈将比一般商店的商圈大得多。例如，特色突出的高级服装专卖连锁店能够吸引 30 千米以外的顾客，而一般的鞋店只能吸引 10 千米以内的顾客。另一类商店是附着式商店。这类商店自身并不创造客户群，也没有自己的商圈，但顾客可能被吸引到商店所在区域。如酒店里的书报亭、购物中心内的美食广场均属于附着式商店。

（2）商店规模。随着商店规模不断扩大，其商圈的范围通常也不断扩大。两者之所以存在一定的正相关关系，主要是因为商店规模的扩大通常表现为商品和服务种类的增加，但商圈并不随商店规模同比例地增加。例如，超市的商圈比便利店的商圈要大得多，主要原因就在于规模不同。超级市场经营的产品种类较多，而便利店则主要满足顾客零星应急性的需求。在区域性购物中心内，百货商店的商圈最大，其次是服装店，相比之下礼品店的商圈辐射范围则较小。

（3）竞争对手的位置。只要潜在客户处于两家商店，那么每家商店商圈的范围都会比预期的小。通常，商店彼此距离越远（目标市场重叠越少），其商圈的范围就越大。相反，如果商店彼此距离很近，那么每家商店商圈的范围却并不一定会由于竞争而缩小，相反可能会扩大。这是因为这一区域商品和服务种类齐全，所以能够吸引更多的顾客。

在此情形下，每家商店的市场渗透率（即在商圈内的销售份额）很可能会降低。

（4）居民居住模式。在许多城区，人们都集中居住在商业区附近的住宅楼里。由于人口密度大，在顾客居住区附近开设商店成本较低，因此形成了若干个相距不远的商业小区。于是每家商店的商圈都比较小。而在郊区，人们各自分散居住在单独的房屋里。因此，零售企业为保证其销售额，必须吸引远处的顾客。

（5）行程所需时间和交通状况。如果仅从人口地理分布的角度进行考察，这一点很容易被忽略。交通障碍、经济障碍通常会使商圈缩小或变形。一些顾客为节省开支，会专门前往物价水平低的城市消费。

（6）媒体接收状况。当借助报纸等各种形式的媒体进行广告宣传时，对于媒体能辐射到的地区，零售企业能够很容易地收回投资，扩大商圈。如果存在当地媒体辐射不到的地区，零售企业则应将成本和在全城大做广告可能产生的额外广告支出与扩大商圈的可能性进行权衡。

4. 商圈形态

（1）商业区，都市大多数人主要购物、休闲、娱乐的地方，适合经营专业店、专卖店、百货公司、剧院、速食店等。

（2）住宅区，零售业以服务该社区住宅需求为主，适合经营便利商店、家庭小吃、超市、面包店、药店等。

（3）文教区，顾客多为学生或教职员，寒暑假生意较差，适合经营饮食店、标准超市、书店、文具店、面包店等。

（4）办公区，零售业以服务该区上班族为主，白天生意比晚上好，适合经营银行、邮局、快餐、广告文印、咖啡店、商务旅馆、文具用品等。

（5）中转区，因交通工具转运而造成人潮流动，适合经营书报杂志、咖啡店、快餐店、特产店等。

（6）游乐区，顾客多为游客，生意不稳定，有季节性及气候性，适合经营饰品店、土特产店、礼品店、工艺品店、照相摄影用品店等。

5.4.2 商圈分析

商圈分析，就是有关人员对影响商圈的人口结构、生活习惯、产业结构、交通状况、商业氛围等因素进行实地调查和分析，为选择店址、制订和调整经营策略提供依据。商圈分析主要是为了达到三个目的：第一，确定目标零售商店所在区域的市场潜力；第二，更准确地进行市场细分和定位，制订科学的市场开拓策略；第三，在研究竞争对手和目标消费群的基础上，确定有挑战的竞争策略和其他市场营销策略。

1. 宏观分析

1）人口统计分析

零售企业通过对一个地区的人口规模和收入情况进行分析，可以大致判断出这一地区的购买力状况，从而估计出这一地区的大致需求。但零售企业仅依靠人口规模和他们的收入做分析是不够的，还必须根据本企业目标市场的要求，集中注意特定的人口组成。

2）购买力和需求分析

商品和服务的需求程度直接影响零售企业的经营业绩。消费者当然有主观购买需求，但还要有足够的购买力。购买力指数被用来测量市场的购买能力，国家统计部门经常发布有关全国主要城市的购买力统计资料，零售企业可以借助这些资料了解市场的需求。

3）竞争状况与市场饱和度分析

零售企业只有在分析竞争状况之后才能正确评估某区域的市场机会。虽然某些区域的消费者特点与目标市场很接近，经济状况良好，但是如果竞争过于激烈，仍然不是最佳选择。同样，一个地区即便人口少，经济状况一般，如果竞争较缓和，也可能成为较好的选址。

零售企业常用以下一些比例来衡量商圈的市场饱和度。饱和指数可以测量在特定地区同一业态零售店每平方米的潜在需求。饱和指数是通过需求和供给的对比，测量这一地区零售商店的饱和程度。零售饱和指数越小，饱和度越高。主要指标有：总人口数/商店总数、商店的平均零售额、某类商店的平均零售额、零售额/人口数或家庭数、单位营业面积（平方米）的零售额、零售额/零售业从业人数。

可以用如下公式计算零售店饱和指数：

$$\mathrm{IRS}=C\times \mathrm{RE}/\mathrm{RF}$$

式中，IRS 为某地区某类商品零售饱和指数；C 为某地区购买某类商品的潜在顾客；RE 为某地区每一顾客该类商品平均购买额；RF 为某地区经营同类商品商店营业总面积。

4）基础设施状况分析

商圈所处区域内的基础设施为零售企业的正常运作提供了基本保障。例如，零售企业的连锁经营需要相应的配送系统，这与区域内的交通和通信状况密切相关，有效的配送需要良好的道路和顺畅的通信系统。此外，还与区域内软性基础设施有关，包括相关法律、法规的完善程度以及执法力度等，都需要认真分析。

2. 微观分析

1）交通条件分析

从企业经营的角度看，对交通条件的评估主要有两个方面：①在商店或其附近是否有足够的停车场可以利用。绝大多数购物中心设计的停车场所与售货场所的一般比例为 4∶1，如果不是购物中心地点，那么对停车场所的要求可以有所降低，零售店可根据需要做出调整。②商品运至商店是否容易。这就要考虑可供商店利用的运输动脉能否适应货运量的要求并便于装卸，否则在运货费用明显上升的情况下，会直接影响经济效益的发挥。

2）客流规律分析

客流量是零售商店成功与否的关键因素，客流包括现有客流和潜在客流，商店选择的开设地点总是力图处在潜在客流最多、最集中的地点，以使多数人就近购买商品，但客流规模大，并不总是会带来相应的优势，应做具体分析。

（1）客流类型。一般零售商店的客流分为三种类型：自身客流，是指专门为购买某商品的来店顾客所形成的客流；分享客流，是指一家商店从邻近商店形成的客流中获得的客流；派生客流，是指顺路进店的顾客所形成的客流，这些顾客并非专门来店购物。

（2）客流目的、速度和滞留时间。不同地区客流规模虽可能相同，但其目的、速度、滞留时间各不相同，要做具体分析。

（3）街道两侧的客流规模。同样一条街道，两侧的客流规模在很多情况下，由于交通条件、光照条件、公共场所设施等影响，会有所差异。另外，人们骑车、步行或驾驶汽车都是靠右行，往往习惯光顾行驶方向右侧的商店。或者人们即使想去对面的商店购物，但常常由于道路较宽、有栅栏阻碍等因素而作罢。

（4）街道特点。选择商店商圈还要分析街道特点与客流规模的关系。交叉路口客流集中、能见度高，是最佳开设地点；有些街道两端的交通条件不同或通向地区不同，客流主要来自街道一端，表现为一端客流集中，纵深处逐渐减少的特征，这时候店址宜设在客流集中的一端；还有些街道，中间地段客流规模大于两端，相应地，店址选在中间地段就能更好地招揽潜在顾客。

3）竞争对手分析

商店周围的竞争情况对零售商店经营的成败会产生巨大影响，因此在选择零售商店开设地点时必须要分析竞争对手。一般来说，在开设地点附近如果竞争对手众多，商店经营独具特色，将吸引大量的客流，促进销售增长；如果与竞争对手相邻而设，将难以获得发展。当然，作为零售商店的地点还是尽量选择在商店相对集中且有发展前景的地方，对于经营选购性商品的商店来说尤其如此。

另外，如果店址周围的商店类型和谐并存，能够形成相关商店群，那么往往会对经营产生积极影响，例如，经营相互补充类商品的商店相邻而设，在方便顾客的基础上，扩大了各自的销售。

4）商店的和谐性分析

大多零售商都会将店铺设在购买力集中的区域。在评估潜在的零售位置时，必须研究这个区域的商店构成，以确定商店之间的和谐程度。相互邻近的商店之间是否和谐有赖于它们之间的互补关系，小型专业商店通常位于靠近大型百货商店的位置，能够分享大型商店的购买力。而一家服装店与一家五金店之间几乎没有什么亲和关系。具有和谐性的商店相互毗邻而设，有利于促进消费者综合购买，使消费者光顾几家商店，增加各个商店的销售。有些商店是竞争性的，也能有高度的亲和力。竞争性商店群集一处，比单个商店独处有更大的利益，它增加协同作用，增加这个地域的顾客流量。为了获得竞争优势，群集一处的每一个商店，要努力创造不同的商品、价格、服务。

例题 5.6

某一零售商计划开设一家连锁店，经过初步调查分析，拟选了 3 个地区，决定从 3 个地区中选择一个适合建 5000 平方米的连锁店的地区。根据预测，它所建的连锁店每平方米必须带来 20 元的销售额，以实现盈利。在这样的条件下，它对 3 个地区的零售饱和指数进行了测算，见表 5.15。

表 5.15　三个地区的零售饱和指数测算表

项目	地区		
	A	B	C
需要该商品的顾客购买人数/人	30 000	15 000	5 000
顾客平均购买额/元	20	24	30
经营该商品的营业面积/平方米	15 000	10 000	2 500
零售饱和指数	40	36	60

零售饱和指数越高，表明市场未饱和程度越高，从计算结果看，C 地区的零售潜力高于 A、B 两地区，是零售商开设连锁店较为理想的地区。

5.4.3　商圈测定方法

1. 零售引力理论

美国学者威廉·雷利（Reilly）提出了“零售引力理论”。雷利以牛顿的万有引力定律为核心，提出：一个城市从其周围某个城镇吸引到的零售顾客数量与该城市的人口规模成正比，与两地间的距离平方成反比。

空间引力模型的基本思想为：散布在城市中的各区域的顾客与各个销售点有一定的空间距离，假设各零售店的商品种类大致相同，则顾客购物是因为这家零售店对他的吸引力较大。

模型的表述如下：

$$B_a / B_b = (P_a / P_b) \times (D_b / D_a)^2$$

式中，B_a 为城市 A 对 A、B 城市中间某地 C 处顾客的吸引力；B_b 为城市 B 对 C 处顾客的吸引力；P_a 为城市 A 的人口；P_b 为城市 B 的人口；D_a 为城市 A 到 C 处的距离；D_b 为城市 B 到 C 处的距离。

该模型证实：城市人口越多、规模越大，它从周围的城镇吸引到的顾客数量就越多；就距离而言，一个城市从附近城镇吸引到的顾客数量比从较远的城镇吸引到的顾客数量多。利用零售引力理论划定商圈的优点是计算简便，但它的使用也有一定局限性。

（1）不适合某个具体商店的商圈估算；

（2）只考虑到两地商店的里程距离；

（3）只考虑一地的主干道而不考虑支路；

（4）广告、顾客忠诚度以及某些商店的特殊吸引力，会影响雷利法则的有效性。

2. 康弗斯断裂点模型

美国伊利诺伊大学教授康弗斯发展了雷利的理论，确定了城市交易区域，即在 A、B 城市间顾客可能到达任何一个城市购物的分界点。该理论将相邻两个城市间的吸引力达到平衡的点定义为断裂点，其计算公式为

$$d_A = D_{AB} / (1 + \sqrt{P_B / P_A}) \text{ 或 } d_B = D_{AB} / (1 + \sqrt{P_A / P_B})$$

式中，d_A、d_B 分别为断裂点到两城的距离；D_{AB} 为两城的直线距离；P_B、P_A 分别为两城的人口。

3. 哈夫模型

美国加利福尼亚大学的经济学者戴维·哈夫（Huff）于 1963 年提出了关于预测城市区域内商圈规模的模型，即哈夫概率模型。

哈夫概率模型基本法则依然是引用万有引力定律。它提出购物场所各种条件对消费者的引力和消费者去购物场所感觉到的各种阻力决定了商圈规模的规律。哈夫模型与其他模型的不同在于模型中考虑到了各种条件产生的概率情况。

哈夫从消费者的立场出发，认为消费者前往某一商业设施发生消费的概率，取决于该商业设施的营业面积、规模实力和时间三个主要因素。商业设施的营业面积反映了该商店商品的丰富性，商业设施的规模实力反映了该商店的品牌质量、促销活动和信誉等，从居住地到该商业设施的时间反映了顾客到目的地的方便性。同时，哈夫模型中还考虑到不同地区商业设备、不同性质商品的利用概率，这个模型的公式表现如下：

$$E_{ij}=p_{ij}C_i=\frac{S_j/T_{ij}^a}{\sum\limits_j S_j/T_{ij}^a}C_i,\quad i=1,2,\cdots,n$$

式中，E_{ij} 为区域 i 的顾客对零售店 j 的购买量期望值；p_{ij} 为区域 i 的顾客对零售店 j 购买商品的概率；C_i 为区域 i 的顾客的需求总量；S_j 为零售店 j 的规模；a 为消费者对时间距离或空间距离的敏感度；T_{ij} 为 i 地区的消费者到 j 商店的行程。

哈夫模型是一个很实用的模型，对预测新设商店的销售非常有意义，零售商在进行新店址策划时，可以借助哈夫模型的数学模型评估新店址的潜在商圈，预测顾客人数。哈夫模型的缺点是只考虑商业区和商店的规模（营业面积），没有考虑企业的竞争力、声誉、销售能力等。

4. 中心地理论

中心地理论是由德国城市地理学家瓦尔特·克里斯塔勒（Christaller）与德国经济学家奥古斯特·廖什（Losch）分别于 1933 年和 1940 年提出的，于 20 世纪 50 年代起开始流行于英语国家，之后传播到其他国家，被认为是 20 世纪人文地理学最重要的贡献之一。克里斯塔勒认为，有三个条件或原则支配中心地体系的形成，分别是市场原则、交通原则和行政原则。在不同的原则支配下，中心地网络呈现不同的结构，而且中心地和市场区大小的等级顺序有着严格的规定，即按照所谓 K 值排列成有规则的、严密的系列。

中心地理论主要是把城市作为零售中心和服务中心来探讨其在职能、规模和分布上的规律性，中心地理论认为决定各级中心地商品和服务供给范围的重要因子是经济距离，由费用、时间、劳动力三个要素决定，而消费者的行为也影响经济距离。

中心地理论揭示的只是区域商业中心空间结构理论模式中基本的和起主导作用的因素的一般规律性。因此，在具体的实际区域中心地研究中，实际的服务范围只是理想范围的变形。

观察 5.2 大润发超市的选址

大润发是我国台湾的一家大型连锁量贩店，成立于 1996 年，由润泰集团总裁尹衍梁所创设。伴随着中国改革开放的脚步，大润发开始进入我国大陆市场。

从大区域选址来看，大润发门店集中于东部发达地区，东部沿海的二三线城市是布局的重点城市。从门店分布来看，华东区仍然是目前外资超市最重要的发展区域。大润发在华东区的门店数量更是占据其在我国大陆门店总数的 61.5%。发达地区商业发展成熟，无论是客流量还是居民消费能力，都能够支撑大卖场的运营。

另外，大润发的选址一般避开核心商圈，但必须靠近居民区，核心范围内居民多寡成为选址关键。以大润发上海大宁广场店为例，此店紧邻地铁一号线马戏城站，与大宁国际商业广场互为依托，周边 3 千米范围内有效消费人口超过 20 万人。而该商圈距市中心超过 6 千米，远离上海中心城区任何一个中心、次中心商圈。此举既保证了门店租金能控制在合理范围内，也保证了客流量，大卖场对购物中心人流量的贡献使大润发在与发展商合作中能够得到极为有利的条件。

5.4.4 商店选址步骤

零售商店店址选择是零售企业一项重大的、长期性的投资，是确定目标顾客和经营策略的重要依据，同时也是影响零售企业经济效益的一个重要因素，还是零售企业市场形象的体现。在选择过程中应该遵循几项原则：①方便消费者购物；②方便货物运送；③有利于竞争；④有利于网店扩充。

在不同位置，商店有不同的类型，如孤立商店、城市中央商业区、辅助商业区、城市居民区的商业街和商业区、购物中心、城市交通要道与交通枢纽的商业街。

商店具体位置的选择除了考虑以上内容，还要进行市场实际购买力以及新店营业额的测算。

关于市场实际购买力的测算一般有两种方法。一种是测量当地消费者到其他地区或较远距离的商店购物的比例。这种方法可以以一个地区的常住人口花费在其他地区的货币量计算，随着本地消费者到其他地区的购物量增加，本地区的市场范围就会缩小，而其他地区零售商的市场范围就由此扩大。另一种是运用质量指数测量，质量指数表示一个市场质量的程度是高于平均购买力水平还是低于平均购买力水平。低于平均购买力水平，意味着大量消费者到其他地区购物，本地区的市场质量降低。高于平均购买力水平，意味着其他地区消费者到本地区购物，本地区的市场质量提高。

关于新店营业额的测算，有以下四个步骤。

（1）主要商圈购买力为主要商圈居民支出总额乘以该店在主要商圈市场占有率；

（2）次要商圈购买力为次要商圈居民支出总额乘以该店在次要商圈市场占有率；

（3）边缘商圈购买力为边缘商圈居民支出总额乘以该店在边缘商圈市场占有率；

（4）新开商店月营业额为上述三个商圈相加的购买力。

5.5 本章小结

对绝大多数企业而言，网络中的设施选址可以认为是最重要的物流战略规划问题。它为后续运营过程中的运输、库存的恰当选择和良好管理奠定了基础。因为影响设施选址的因素很多，且行业不同，因素呈现较大的差异，所以通常设施选址问题较为复杂。

本章的目的是在阐述设施选址类型、步骤及影响因素的基础上，介绍一些较为典型的定量研究方法，并通过诸多算例对单设施、多设施选址问题进行一一列举。最后讨论了商圈的特点与选址方法。

第6章

供应链伙伴选择及关系治理

➢本章引导案例[①]

2014 年 8 月 2 日，在江苏昆山市中荣金属制品有限公司（以下简称为“昆山中荣”）发生的爆炸惨剧，事故导致 69 人不幸遇难，上百人身受重伤。

昆川中荣无视国家法律，违法违规组织项目建设生产，是事故发生的主要原因。这家在自己官网上号称是“美国通用汽车指定供应商”的企业，却和通用汽车并没有直接的关联。

对于汽车零部件供应链管理而言，如美国通用作为主机厂，对一级供应商以及二级供应商的关键部件会有直接的严格管控，其余则依靠其认证的供应商代为管理下游供应商。而昆山中荣这样的过程工艺供应商，一般不在主机厂的直接管控范围内。昆山中荣属于汽车铝轮毂产业链条上专门从事电镀工艺的小企业，电镀工艺的效果能直接被消费者看到，其技术要求较高，但也仅是铝轮毂生产过程中的一个工艺环节，它并非核心供应商。

在事故发生后的第一时间，通用汽车美国总部有份简短声明称，“中荣是通用汽车的全球供应商戴卡的供应商”（Zhongrong is a supplier to GM’s global supplier Dicastal）。也就是说，戴卡是通用汽车的直接供应商，而昆山中荣则向戴卡提供相应产品。尽管通用汽车与昆山中荣没有直接的合同关系，但戴卡也必须提供符合国内环境、安全和质量标准的二级供应商。

作为一家全球性汽车大型生产厂商，通用汽车的供应商遍布全球，一部整车的各个零配件，大到发动机，小到轮毂、座椅，可能来自不同的供应商。作为日常经营生产的重要环节，供应链采购对于通用汽车来说无疑起着至关重要的作用。通用汽车集团下属成立有专门的全球采购和供应链部门，该部门下设全球采购、客户维护、供应商质量、供应运营和物流等具体业务部门。除了上述职能，通用汽车供应链采购部门的职责还包括解决供应商质量的问题，并与跨职能的合作伙伴（采购、制造、工程）进行对接合作，以实现公司产品质量目标。

在供应商质量环节，该部门主要职责在于“培育供应商质量的责任意识，保证供应

① 资料来源：http://finance.qq.com/zt2014/focus/kszrbz.htm。

商通过严格执行‘产品质量先期策划’（advanced product quality planning，APQP）来及时提供配件”。产品质量先期策划是一套用于控制产品质量的业务执行流程框架，该框架多用于汽车制造行业，目前这一标准被通用、福特、克莱斯勒和其主要供应商采用，根据“汽车工业行动组织”（automotive industry action group，AIAG）的要求，该标准的目的是“制订产品质量的计划以支持产品或服务最终满足客户”。

供求双方地位的高低，或许使得汽车厂商在部分零配件供应链环节的话语权不大，还为供应商的产品质量和安全等问题埋下了一定的隐患。在铝合金汽车轮毂生产这一细分行业，目前市场上能够满足大规模生产的供应商数量有限，戴卡公司从 2008 年起便蝉联铝车轮产品销量世界第一，所供应客户几乎涵盖所有主要汽车厂商。然而，通用汽车在 2010 年谋求再度上市的招股说明书中也曾强调，部分零件只能从数量有限的供应商处获得，因此存在无法获得最佳协议和维持供应商良好关系的风险。

美国财经网站（Business Insider）在 2011 年的一则报道称，通用汽车有超过 400 家供应商，供应链环节对于通用汽车的业绩影响巨大。通用汽车在逃过 2008 年金融危机后，于 2010 年谋求再度上市时，便表达了对于供应链环节的风险，尤其是对于部分零配件供应商数量有限的担忧。在其招股说明书中，通用指出，“部分抗腐蚀金属制成品，只能从数量有限的供应商处获得，我们无法保证能够维持对我们有利的协议以及和供应商的良好关系”。

戴卡是中国第一家铝合金车轮制造企业。在戴卡公司的一长串客户名单中，除了通用，奔驰、宝马、奥迪、大众、福特、克莱斯勒、丰田、本田、现代等都在其列，几乎囊括了全球主要汽车生产厂商。

仅从铝合金轮毂这一具体汽车零件来看，供求双方的地位似乎并不对等，供应商明显更为强势，而汽车制造厂商在面对数量有限的供应商时，似乎显得话语权明显不足，或许这样的现状为产品的质量和安全生产等具体环节埋下了隐患。

6.1 供应链伙伴关系

6.1.1 供应链伙伴关系的含义

供应链伙伴关系（supply chain partnership，SCP）目前尚无统一的定义，通常可以理解为供需双方为了实现某个特定的目标，在一定时期内共享信息、共担风险、共同获利的协议关系。也有学者将供应链伙伴关系简称为供应商-制造商（supplier-manufacturer）关系或者卖主/供应商-买主（vendor/supplier-buyer）关系。本书将这些关系简称为伙伴关系。

道格拉斯 • M. 兰伯特认为，伙伴关系一词用来表示紧密整合了的、能够增强供应链业绩并互惠互利的商业关系。它是一种量裁的商业关系，该关系建立在互相信任、公开、共担风险和共享利益的基础之上，并能够取得比不存在伙伴关系时更好的商业业绩。该定义中的一个关键是这个关系是定制的，这不是一种标准化的“情形”，也不是那种能为任何一个具有一定规模的客户都能够提供的事情。另一个关键是增加了的收益必须通过定制的努力来得到，该定制过程将消耗管理层的时间和才智，因此必须产生可以测量的收益。

供应链伙伴关系是随着集成化供应链管理思想的出现而形成的，其主要特征就是从过去的以产品、物流业务交往为核心转向以资源集成、合作为核心。在集成、合作逻辑思想指导下，核心企业利用其他节点企业的资源和技术优势为自己服务，进而达到多赢的目的。这种战略合作关系是供应链中的企业为了达到特定的目标和利益而形成的一种不同于简单交易关系的新型合作方式，其目的是降低供应链交易的总成本，提高对最终客户需求的响应速度，降低供应链上的库存水平，增强信息共享，改善互相之间的交流，保持战略伙伴相互之间操作的一贯性，从而产生更大的竞争优势，以实现供应链各个企业的财务状况、质量、产量、交货期、客户满意度和业绩水平的改善与提高。显然，这种伙伴关系非常强调企业之间的合作与信任。并且，在伙伴关系环境下，合作企业间的交换不仅是物质上的交换，还包括一系列可见和不可见的服务，如研发、设计、信息、物流等。

6.1.2　建立伙伴关系的意义

供应链伙伴关系的价值已受到了业界人士和专家学者的一致认可。研究表明，伙伴关系能够使参与方节约成本，减少重复性的工作。对供应商来说，与行业领袖建立伙伴关系能够增强运作能力和提高威信，并能在不稳定的市场中赢得稳定的业务。对制造商来说，伙伴关系能够改善盈利能力、降低采购成本，并增加技术方面的合作。具体而言，通过建立供应商与制造商之间的伙伴关系，通常可以达成以下目标。

1）对于制造商（买主）

（1）降低成本（降低合同成本）；

（2）实现数量折扣、稳定而有竞争力的价格；

（3）提高产品质量和降低库存水平；

（4）改善时间管理；

（5）缩短交货提前期和提高可靠性；

（6）改善面向工艺的企业规划；

（7）实现更好的产品设计和更快的对产品变化的反应速度；

（8）强化数据信息的获取和管理控制。

2）对于供应商（卖主）

（1）保证有稳定的市场需求；

（2）更好地了解或理解用户需求；

（3）提高运作质量；

（4）提高零部件生产质量；

（5）降低生产成本；

（6）提高对买主交货期改变的反应速度和柔性；

（7）获得更高的利润（相比非合作伙伴关系的供应商）。

3）对于双方

（1）改善相互之间的交流；

（2）实现共同的期望和目标；

（3）共担风险和共享利益；

（4）共同参与产品和工艺开发，实现相互之间的工艺集成、技术与物理集成；

（5）减少外在因素的影响及其造成的风险；

（6）降低投机思想和投机的可能性；

（7）增强矛盾冲突的解决能力；

（8）在订单、生产、运输商方面实现规模效益，以降低成本；

（9）减少管理成本；

（10）提高资产利用率。

总之，通过建立供应链伙伴关系，企业能实现内外资源的集成与优化应用，缩短产品周期，柔性和敏捷性显著增强。然而，虽然存在以上所列众多效益，但仍有许多潜在风险会影响供应链伙伴关系的参与者。过分依赖于一个合作伙伴，可能会在合作伙伴不能满足期望要求时造成惨重损失。同时，企业可能因为对战略合作关系的失控、过于自信、合作伙伴的过于专业化等而使自身的竞争力受到影响。此外，企业可能过高估计建立合作伙伴关系的利益而忽视了潜在的缺陷。所以，企业必须综合考虑各种因素，依据合理的伙伴选择标准和选择方法，做出最后的决策。

6.1.3 供应链伙伴关系的类别

两个企业之间的关系可以归结为从“臂长”关系（由一次性的交易或多次交易组成）到两家企业“纵向整合”之间众多关系中的一种（图 6.1）。绝大多数公司之间的关系都是有一定距离的，两家企业经历了一段时间的多次贸易往来，并不意味着两家企业的管理团队之间存在共同的努力和共同的操作。

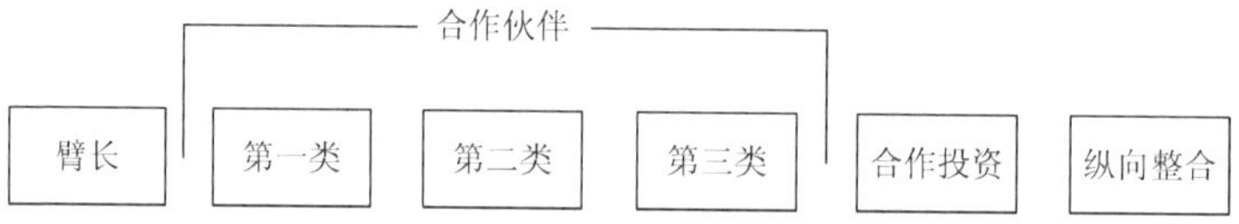

图 6.1 企业间商业关系类别

在臂长关系中，卖方通常会为很多客户提供标准的产品或服务，这些客户将收到标准的合同条款，当交易结束时，关系也就结束了。尽管臂长关系在很多情形下都是一个恰当的选择，但在某些情形下，还是需要一种更密切的、整合了的伙伴关系来为双方提供更显著的收益。

伙伴关系既不同于合作投资，也不同于纵向整合。通常，合作投资体现了两个公司在某种程度上对某种事物共同享有所有权。然而，一个妥善管理的伙伴关系能够带来只有在合作投资或纵向整合中才能实现的好处，不必牵扯到与所有权相关的各种麻烦之中。

尽管许多伙伴关系都有一些共同的内容和特性，但是不存在一个理想的或“标准”的关系，能被运用于所有的情况之中。这是因为每种关系都有它自己的一套驱使该关系发展的动机，并要求独特的操作环境。伙伴关系经历的时间、涉及的范围、关系的强度和密切程度等，都会因情况和时间的不同而不同。根据合作程度不同，伙伴关系可分为三类。

（1）第一类，参与双方互相都认识到对方是合作伙伴，并在有限的范围内协调活动和计划。这类伙伴关系通常有一个短期的工作重心，而且通常只包括各个公司中的一个或少数几个部门。

（2）第二类，双方关系的密切程度超越了只是对活动进行协调的地步，已经进化到对活动进行整合的程度。尽管双方并不指望关系能永久地持续下去，但该类伙伴关系通常都会有很长的生命周期，并且企业内部的多个分公司和部门都将参与到伙伴关系当中。

（3）第三类，公司之间共享着大量经过整合的运营活动，双方都认为对方是他们自己公司的一个延伸。一般来说，这类伙伴关系的存在是没有终止日期的。

通常，一家企业会拥有整个关系家谱中多种类型的关系，其中大多数关系不是伙伴关系，而是臂长关系。占比例最大的伙伴关系类型应该是第一类，而第三类伙伴关系所占的比例有限。事实上，第三类伙伴关系应该只留给 2%～3%的供应商和客户，但他们对公司的长期成功至关重要。

6.1.4　供应链伙伴的选择标准

合作伙伴关系尽管能带来很多好处，但成功地实施这种关系所付出的时间和努力也是昂贵的。因此，一个企业不能够，也不应该与每个供应商、客户和第三方提供商都建立伙伴关系。重要的是，要确保将有限的资源只分配给能从真正的伙伴关系中受益的商业关系。

1. 动因（主观）标准

强有力的动因存在，是成功的伙伴关系所需的必要条件。欲建立伙伴关系的双方，都必须确信他们将在一个或多个地方取得明显的收益，而且这些收益是无法在非伙伴关系的情况下得到的。驱动建立伙伴关系的潜在收益包括以下几个方面。

（1）资产/成本效益。对供应链上的各项活动进行更紧密的整合，会降低运输成本、搬运成本、信息成本或产品成本，提高管理效率。一个伙伴关系也许还会有助于在伙伴之间开发和使用特殊的设备与过程，而不必担心知识会传到竞争者手中。麦当劳发现，通过与区域性分销商建立伙伴关系，交货和订货成本都降低了。

（2）客户服务。在供应链上，通过合作伙伴关系对各项活动进行整合，通常能够降低库存、缩短周期时间，并能够提供更及时、准确的信息来提高客户服务水平。惠而浦发现，他们对经销商的交货比竞争对手要慢很多，而且有较多的破损，因此与一家第三方物流公司建立了合作伙伴关系。惠而浦的总裁表示：“我们最初的目的是在第一年内达到 95%的按时交货率，但到第四个月我们就已经达到了 99%。”

（3）营销优势。进入一个伙伴关系的第三个原因是获得营销优势，两个公司之间强有力的整合能够：①巩固和强化一个公司的营销组合。②轻松地进入一个新的市场。③提供更好的途径来接触技术和创新。例如，塔吉特选择与 3M 公司建立伙伴关系，寻找途径去获得较为特殊的包装材料，并探讨有创造性的促销和产品战略。

（4）利润稳定性/增长性。使利润具有稳定的潜力，也是大多数伙伴关系背后一个强有力的动因。关系的加强，通常会带来业务量的长期承诺，降低销售的多变性，共有一些资产，以及减少利润的波动。

动因本身并不能保证伙伴关系一定会成功，动因带来的收益必须能够持续相当长的一段时间。如果伙伴关系带来的营销优势或成本效益很容易被竞争者赶上，那么很难说这种长期合作的伙伴关系是成功的。

2. 促因（客观）标准

促因是在商业环境中巩固和发展伙伴关系的重要因素，它们为一个好的伙伴关系奠定了良好的基础。即便两个企业有很强烈的动机去建立一个伙伴关系，但如果双方的环境都不支持这种关系，那么成功的可能性就会大大降低。一个能增强双方整合的支持性环境，将会有助于伙伴关系的成功。

促因不是在短时间内能够形成的，它们或者存在，或者不存在，它们存在的程度往往决定了一个伙伴关系的成与败。促因通常包括以下几个方面。

（1）企业的兼容性。为了使一个整合的关系取得成功，合作伙伴必须共享一些价值观。两个公司的文化和经营目标必须交织在一起，它们并不一定要相同，但一定不能相互抵触。文化和目标越相似，伙伴们相处得越融洽，伙伴关系成功的机会就越高。

（2）管理思想和管理技巧。管理思想和管理技巧的兼容性是一个重要的促因，如组织结构、对雇员授权的态度、团队合作的相对重要性和持续改进的力度等。在可口可乐和麦当劳之间，基本价值观和运作手法上极度相似，为一个高度整合的伙伴关系提供了坚实的基础。

（3）相互依存性。管理小组能够把自己摆在对方合作伙伴位置上的能力，是建立伙伴关系的关键。该能力通常表述成制订共同目标、共享敏感信息以及采取长期观点的愿望。一个伙伴关系必须对双方有利，它不应该是单边收益的关系，因为如果削弱其中一方，最终将导致整个供应链的削弱。

（4）对称性。当合作伙伴的背景相似时，成功的可能性会增加。也就是说，当一个公司与另一个公司在成功的重要性、相对规模、市场份额、财务情况、生产能力、品牌形象、公司信誉及技术复杂程度等各方面具有对称性时，就会形成一个很强的伙伴关系。当双方相对对称时，就不存在较弱小的合作伙伴，也就不存在那些在不平等关系中常见的特征，如缺少安全感、自我保护意识强和恐惧等。

（5）附加促因。除了上述四个通用的促因，可能还存在一些视情况而定的促因。尽管这些促因的存在很可能会增加成功的可能性，但不存在这类促因也并不意味着会导致失败。附加促因可能包括独家代理、共享竞争对手、距离邻近、有合作历史、共享最终用户等。

6.2 供应链伙伴关系的管理

6.2.1 伙伴关系的实施

一旦双方企业都选择了对方作为自己的供应链伙伴，那么便可以开始实施建立伙伴关系了。虽然每个伙伴关系都是量裁定制的，具有各自不同的特征，但每个伙伴关系都共享一些相同的基本组元，管理层通过对这些组元的程度控制，建立和维持双方的伙伴关系。这些组元包括以下内容。

（1）计划。共同计划是有效的伙伴关系中一个关键的组元，范围涵盖了从分享现有计划到共同制订战略目标。有效的共同计划为一个关系增添了灵活性和力度。在麦当劳和可口可乐的关系中，共同计划是在多个层次上完成的，而且是在定期的、连续的基础之上。

（2）联合运营控制。在一个伙伴关系中，只要对该伙伴关系有好处，双方都应该能够改变对方的操作，做出这些改变的能力可以从被隔离提出建议，到被授权去运作一个改变而不需要合作伙伴预先的批准或通知。在惠而浦的“高质量快递”伙伴关系中，合作的物流公司能够改变给客户的交货计划而不需要事先得到批准，甚至事后也不必通知惠而浦。

（3）沟通。有效的沟通，不论是日常的还是非日常的，都是成功的伙伴关系中一个重要的组成部分。一体化的电子邮件系统、定期安排的例会和电话、共享好坏消息的意向，加上通信系统如电子数据交换，都有助于伙伴关系的成功。沟通方式越宽、越深，伙伴关系就越强。沟通应该存在于企业的各个层次上。

（4）风险或回报共享。伙伴关系的核心部分是“命运共享”的概念。应该存在某些机制，确保共享伙伴关系的收益和回报与共享成本及风险一样。当任何一方愿意忍受短期疼痛来帮助另一方，并从长期的角度加强该伙伴关系时，对分担风险的承诺就得到了充分的体现。

（5）信任和承诺。没有信任和承诺，伙伴关系是不能存在下去的。对对方的忠诚以及对长期关系的重视，都是信任和承诺的表现。真正的合作伙伴不需要经常担心自己会被替换掉。尽管绝大多数参与伙伴关系的高层主管发现精确地定义信任非常困难，但当信任存在时，他们都能凭直觉感觉出来。

（6）合同类型。左右一个伙伴关系的合同类型表明了该关系的密切程度。最强的伙伴关系通常有非常短的和不具体的协议，或者根本就没有协议。两个公司真正合作时，一两页概括了该伙伴关系的基本思想和前景的文件，是所需要的全部东西。“质量快递”项目中的伙伴关系，合同只有三页，而且绝大多数是在这个合同指挥下工作的经理都没有见过它，甚至不知道它的存在。麦当劳和可口可乐的合同不是书面的，它是一份基于信任的合同，“握手就算盖章”。

（7）合作范围。一个伙伴关系中包括各家公司的经济活动越多，伙伴关系就会变得越强。伙伴关系的关键因素，包括所涵盖的增值步骤的数量、每步的复杂程度和涉及的业务量。在施乐和莱德之间的伙伴关系中，莱德完成简单的组装和测试，莱德的卡车驾驶员交付新机器、完成调试、向客户展示如何使用，以及搬走旧的设备。

（8）财务投资。伙伴关系能通过分享财务资源而得到加强。分享资产、技术上的共同投资、关键人员互换，以及合作研发，都反映了高度的财务依赖性。这种相互依赖会产生较强的伙伴关系。

在每个伙伴关系中，都能发现以上八个组元中的每个组元。然而，每个组元从低到高的实施程度，以及该组元被管理的方式都不尽相同。例如，尽管每种伙伴关系都会有某种程度上的共同计划，但该计划却能够分成从不经常的、临时分享单个计划，到系统的、多层次的、共同制订战略计划。

6.2.2 客户关系管理

1. 客户关系管理的起源

1999年，Gartner Group Inc提出了客户关系管理（customer relationship management，CRM）概念。Gartner Group Inc最初提出的企业资源计划概念中，强调对供应链进行整体管理。而客户作为供应链中的一环，为什么要针对它单独提出一个客户关系管理概念呢？

一方面，在企业资源计划的实际应用中人们发现，由于企业资源计划系统本身功能方面的局限性，也由于信息技术发展阶段的局限性，企业资源计划系统并没有很好地实现对供应链下游（客户端）的管理，针对3C因素中的客户多样性，企业资源计划并没有给出良好的解决办法。另一方面，到20世纪90年代末，互联网的应用越来越普及，计算机电话集成、客户信息处理技术（如数据仓库、商业智能、知识发现等技术）得到了长足的发展。结合新经济的需求和新技术的发展，Gartner Group Inc提出了客户关系管理概念。从20世纪90年代末开始，客户关系管理市场一直处于一种爆炸性增长的状态。

客户关系管理是一个获取、保持和增加可获利客户的方法与过程。客户关系管理既是一种崭新的、国际领先的、以客户为中心的企业管理理论、商业理念和商业运作模式，也是一种以信息技术为手段，有效提高企业收益、客户满意度、雇员生产力的具体软件和实现方法。

客户关系管理有三层含义：①是新态企业管理的指导思想和理念；②是创新的企业管理模式和运营机制；③是企业管理中信息技术、软硬件系统集成的管理方法与应用解决方案的总和。

2. 客户关系管理的主要内容

客户关系管理就是要通过对企业与客户间发生的各种关系进行全面管理，以赢得新客户，巩固、保留既有客户，并增进客户利润贡献度，其主要内容如下（图6.2）。

（1）客户管理。整合记录企业各部门、每个人所接触的客户资料并进行统一管理，这包括对客户类型的划分、客户基本信息、客户联系人信息、企业销售人员的跟踪记录、客户状态、合同信息等。另外，客户管理包括产品安装档案、服务请求、服务内容、服务网点、服务收费等管理，详细记录服务全程的进行情况。支持现场服务与自助服务，辅助支持实现客户关怀。客户关系管理可以集成呼叫中心（call center）技术，以快速响应客户需求。

（2）价值分析。价值分析（value analysis，VA）是对商品的价值、功能与成本进一步做思考与探索，以小组活动方式，集思广益朝各方向寻求最佳方案，再运用体系分工的方式达成价值提升或降低成本的目标。客户关系管理中的价值分析是分析企业自身活动的价值，以及目标客户对该活动的影响或作用大小。

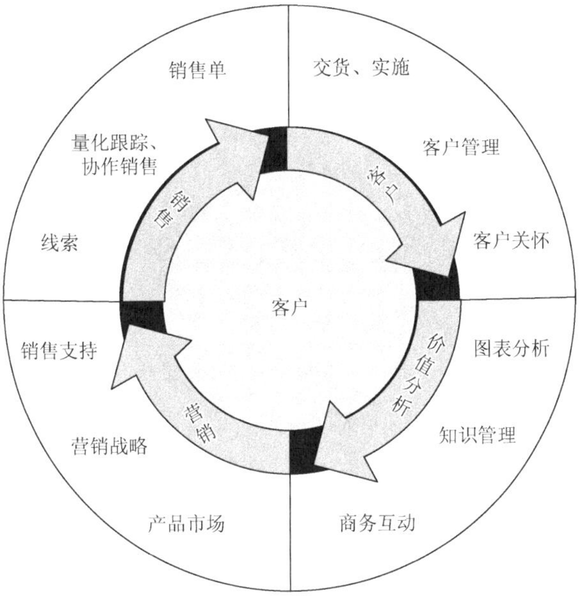

图 6.2 客户关系管理的主要内容

（3）市场营销管理。制订市场推广计划，并对各种渠道（包括传统营销、电话营销、网络营销）接触的客户进行记录、分类和辨识，提供对潜在客户的管理，并对各种市场活动的成效进行评价。客户关系管理的营销管理最重要的是实现“一对一营销”和从“宏营销”到“微营销”的转变。通过应用数据仓库和数据挖掘技术进行数据收集、分类、分析，可以实现营销智能。

（4）销售管理。销售管理包括对销售人员电话销售、现场销售、销售佣金等进行管理，支持现场销售人员的移动通信设备或掌上电脑设备接入。进一步扩展的功能还包括帮助企业建立网上商店、支持网上结算管理及与物流软件系统的接口。

观察 6.1 固安捷公司的客户服务网络

固安捷公司建立于 1927 年，是一个在互联网方面成功的范例。固安捷为给快速一致地满足电动摩托车的需求提供一个有效的途径，将原来的“摩托车手册”（motor book）作为今天“固安捷目录”（grainger catalog）的基础，将产品线扩大到超过 22 万种设备维护、修理、运作（maintenance，repair and operations，MRO）供应品和零部件。

固安捷为了达到以下目标，开始建立网站。

（1）提供给顾客有效的通道，使他们可以获得固安捷的所有产品（超过 22 万种，而不只是纸质目录上提供的 86 500 种）。

（2）为顾客提供更好的工具，方便他们查询、定位和选择最适合他们需要的产品。

（3）从距离顾客下订单最近的分公司当天运送产品或从固安捷五个地区分销中心之一运送产品，保证产品隔天送达。

同时，固安捷面临各种挑战。

（1）固安捷提供6500万种不同的价格，因此“没有一个价格适合所有的顾客”，互联网需要赋予每个商业客户独特的价格结构。

（2）服务商业客户需要检查信用，建立支付向导。

（3）库存的实时可获得性，即许多顾客寻找零部件，他们不能等待，需要立即服务。

（4）为销售人员支付报酬，即固安捷决定为互联网订单支付佣金，这样顾客可以从他们的销售代表处购买，因为这些销售代表与顾客保持联系，能够鼓励顾客使用网络，这一渠道比其他渠道能够更有效地节约成本。

这一改革给固安捷公司带来了巨大的利益。1999年，固安捷为grainger.com的开发、市场营销和顾客服务花费了2000万美元，而同年它即获得了1亿美元的订单。2000年上半年，固安捷的收入为1.2亿美元，网络上每笔订单的金额平均为250美元，而分店或电话订单的每笔平均金额只有140美元。

6.2.3 供应商关系管理

1. 供应商关系管理产生的时代背景

在20世纪80年代末的西方国家，其服装与食品配销业在供应链运作模式上共谋合作，运用快速反应（quick response）和有效客户反应（efficient consumer response，ECR）技术改造了产品运送质量与响应能力。今天，就像与客户之间的伙伴关系一样，与其他供应商之间的伙伴关系已成为一种关键的商业关系，这是由竞争压力造成的。为了具有成本竞争优势而必须取得的成本效益，需要与一部分供应商建立密切关系，因为这些供应商能够为开发创新产品并将其成功地投放到市场提供必要的专业知识。例如，当微软与英特尔集合力量共同开发微计算机芯片与操作系统时，它们一起改写了个人计算机行业的版图；许多零售商和分销商，以及制造商高效率地运用高科技的伙伴关系，使得如从剪羊毛到成衣挂到衣架上这样的业务过程只需很少的步骤和时间。

有关机构对《财富》前1000家公司的大量研究表明，在新产品推介过程中，越早让供应商参与其中，整个项目所节省的资金也就越多。因此，一些公司积极寻求机会，与其供应商建立合作关系，共享计划、产品设计和规范信息，并进行运作方式上的改进；只要有利，就采取外包的方式。这样的公司已经取得了明显的竞争优势。随着产品生命周期的缩短，从一开始就做好设计、货源组织、计划制订和产品生产，已变得至关重要。通过开拓更广泛、更灵活、响应更积极的供应商关系，主导公司获得了新的增长点，同时也建立起了能够增加盈利的新商业模式。这些在全世界居于主导地位的公司，将优秀的采购管理能力视为持续性竞争优势的一种原动力。

供应商关系管理（supplier relationship management，SRM）是客户关系管理的一个镜像反映，是以企业获取资源为导向的一种管理理念和方式，即如何与供应链的上游企业实现业务往来之间的紧密联系和协同运作，如何既经济又准确地获得最好的战略资源，使供应商及其资源能够更有效地参与到自己的产品设计和生产制造中，甚至是在投放市场的过程中降低成本，减少库存，缩短产品开发、生产和订单交付的周期。

观察 6.2　零售商凯马特和供应商 WR 在伙伴关系中共同受益

Whiteball Robbins（WR）和 Advil 一样是个非处方药生产厂商，与凯马特建立了零售商-供应商伙伴关系。一开始，WR 和凯马特在预测上并不能达成一致。在这个案例中，我们最终发现 WR 的预测更为准确，因为对自己的产品，它比凯马特有更深入的了解。例如，凯马特在预测对龟裂膏的需求时，没有考虑到该产品的季节性需求。此外，在制订配送计划时，WR 的计划人员可以将产品相关事宜，如计划的停工时间考虑进去。

过去，凯马特在销售季节到来之前，通常订购大量的季节性产品，并且会采取促销活动，这样一来，退货就时有发生，因为凯马特很难准确预测它的销售量。现在，WR 按照“每天低成本”来供应一周的需求，凯马特就能取消大量订货和季前促销，这反过来大大降低了退货量。季节性商品的库存周转次数从 3 次上升至 10 次以上，而非季节性商品的库存周转次数从 12～15 次上升为 17～20 次。

2. 供应商关系管理的重点

对许多企业而言，与其他供应商之间的伙伴关系已成为物品与服务传送的主要模式。供应商为制造商的生产和经营供应各种生产要素（原材料、能源、机器设备、零部件、工具、技术、劳务服务等）。供应商所提供要素的数量、价格直接影响到制造商生产成本的高低和产品质量的优劣。因此，制造商与供应商的合作伙伴关系应着眼于以下几个方面。

（1）让供应商了解企业的生产过程和生产能力，使供应商能够清楚地知道企业所需要产品或原材料的期限、质量、数量。

（2）向供应商提供本企业的经营计划和经营策略的必要信息，使供应商明确企业自身的希望与要求。

（3）企业与供应商要明确双方的责任，并各自向对方负责，使双方明确共同的利益所在，并为此而团结一致，以达到双赢的目的。

研究表明，至少有两个重要的理由支持这种模式。

（1）效率与规模经济。人们发现，供应商可以通过与客户建立起来的伙伴关系，运用科技的力量合力削减成本与改善效率。这在零售业中尤其盛行，例如，Penny 把其存货控制和产品补充系统与其他供应商整合在一起，这样供应链上的企业可以利用各自的能力与资源，减少重叠的成本。

（2）新市场价值。在某些产业中，供应链上的企业之间的伙伴关系进入了一个更高的层次，即集合力量创造更多的市场价值。也就是说，企业之间结合彼此的核心能力，研发新的产品或推出新的方案，在最高的层次中，这种核心能力的结合甚至会扭转整合产业的方向。如苹果、IBM 公司与摩托罗拉之间合作共同创造 Power PC 以及其他产品。

在当今增长停滞甚至萎缩的市场中，与其销售收入增加 10%，不如供应链成本降低 10%，因为这样做不仅投入更少，而且回报更高。企业要想获得采购成本下降带来的好处，只需要遵循一条简单的原则：倾听供应商的声音，并将它们纳入自己的战略。为此，企业需要转变自己的观念。从下面案例的核心思想可以看出注重供应商关系管理的重要性。

观察 6.3 供应商管理库存模式的成功案例

Ace Hardware，一家五金器具零售商，成功地实施了木材与建筑材料的供应商管理库存寄售方式。在该方案中，Ace Hardware 公司保留零售商处的货物所有权，但零售商负有看管责任，并对物品的损坏或毁坏负责。这一计划看来十分成功，因为实施供应商管理库存计划的产品，其服务水平从 92%提高到 96%。最终，Ace Hardware 公司会将这种做法扩展到其他产品线。

西部出版公司（Western Publishing）在几个零售商那里采用供应商管理库存计划，应用于公司的黄金产品线，即儿童图书，其中包括超过 2000 个沃尔玛门店。在该计划中，当库存低于订货点时，销售点数据自动引发订货，库存被发送至配送中心，或者在许多情况下直接发送至商店。按照上述条件，一旦发货，图书的所有权就转移至零售商。在玩具反斗城公司中，西部出版公司甚至为零售商管理整个图书业务，包括来自该公司以外的供应商的库存。在以上两种方式中，该公司的销售收入都有明显增长，尽管该计划也明显增加了成本，包括与增加库存管理责任有关的成本，以及直接向商店运输产生的超额运输成本。但无论如何，该公司管理层认为，供应商管理库存为公司带来了净收益。

在沃尔玛将供应商米德·约翰逊（Mead-Johnson）纳入其供应商管理库存体系之后，效果非常显著。米德·约翰逊获得完整的销售点信息，并对其做出反应，而不是像以前那样对订单做出反应。自该计划实施以来，沃尔玛的库存周转率从低于 10 次提高到超过 100 次，而米德·约翰逊的库存周转率则从 12 次提高到 52 次。

同样，斯特纸业（Scott Paper）一直管理着其 25 家客户配送中心的库存。通过这种努力，客户的库存周转率从 19 次上升到 35~55 次，库存水平降低，服务水平得到提高。

VF（Vanity Fair）公司的市场响应系统也提供了一个供应商管理库存的成功案例。这家公司拥有许多知名品牌（如 Wrangler、Lee、the North Face、Nautica），这项计划开始于 1989 年。如今，公司大约 40%的产品是通过某种类型的自动补货方案进行处理的。这非常了不起，因为该计划包括 350 个不同零售商、40 000 个商店位置，以及超过 1500 万的库存补充水平。每个部门都使用软件来管理巨大的数据流，而且 VF 公司开发了特殊的技术，对这些数据进行分类，以便更容易管理。VF 公司的计划被视为服装行业中最成功的案例之一。

3. 供应商关系建立的步骤

供应商关系建立的第一步是供应关系开发，一种是现有供应商的关系开发，通过和现有供应商的合作，对彼此关系进行重新评估、维护、促进等一系列的活动，使双方关系越来越稳定、紧密。另一种是新的潜在供应商关系的开发，即新供应商的开发、选择、详细的考察、分析、商务谈判、评估等活动将潜在供应商转变为正式供应商的过程。流程包括如下几个方面。

（1）寻找供应商。通过各种途径寻找供应商，如网站等媒体、同行介绍、行业刊物、公开招标等；也可以从现有的供应商预选库中寻找潜在供应商，对供应商进行初步评价和筛选。

（2）初选供应商。如通过行业评价、向有意向的供应商发放调查问卷、第三方评价机构以及与供应商相关人员的交谈等途径尽可能地获得供应商的信息。

（3）实地考察供应商。对于重要物资的供应商，可以派遣采购人员先行考察，对供应商的现场、管理状况、设备状况、常规产品等有个初步的了解。

（4）评估供应商。组成评估团对有意向的供应商进行评估，包括对质量体系、技术要求的符合能力、生产管理、售后服务等方面进行资料和现场的评估。

（5）商务谈判。与评估合格的供应商进行商务谈判，过程包括：①询价，向供应商发出图纸和技术规格、交付要求，以及月度、年度用量等文件资料和样品；②供应商报价，要求供应商提供书面的报价，并列出报价的明细表；③价格分析，通过对供应商提出的材料成本、加工费用、人工费、管理费、利润等进行分析，并通过货比三家的方法，判断供应商报价的合理性；④谈判，在价格、交期、合作方式等方面进一步地与供应商谈判，签订试用协议。

（6）试订单。对评估合格的供应商进行半年左右的小批量试单，进一步评估核实质量、价格、交期、服务等状况。

（7）正式建立供应关系。谈判成功，试单合格之后，发出供应邀请函正式接受供应商，建立合作关系。

4. 供应商选择评估

供应商的选择评估是整个采购体系的核心，供应商的选择标准因不同的伙伴关系战略地位而不同，着眼于短期导向的企业，关心现在的选择及成果，追求单次市场交换的效率和单次获得的利润最大化，以“QCDS”即质量（quality）、成本（cost）、交付（delivery）与服务（service）并重为原则。而需要长期合作的供应商，是以后续一系列交易所带来的双方总利润最大化，包括削减交易成本和经营成本，以共同提高顾客价值，提高营收为导向的，因此需要对其内部管理、财务状况、技术能力等综合状况进行评估。

除了以上的必要因素需要考虑，选择长期合作的供应商还需要考虑如下的因素。

（1）供应商的内部管理。供应商的内部管理水平日后将影响供货的效率和服务质量，如果管理混乱，产品质量和服务质量也必将受到影响，可以从管理者对产品质量的重视程度、对生产工艺管理的严谨态度、设备的维护保养状况、内部员工的评价、同行的评价等判断供应商的管理是否良好有序。

（2）财务状况。财务状况将直接影响日后交货履约的能力，进而影响采购方的生产，可通过供应商的财务报表，如资产负债表、损益表来考察其拥有的资产和负债情况，以及一段时间内的销售业绩及成本费用情况。

（3）技术能力。企业要发展，离不开产品的更新换代，因此也会要求供应商不断地研制新产品。作为供应商，想要在市场上有竞争力，想要与采购方长期合作、共同发展，就不能局限于单一的生产功能上，应有自主研发能力、对新技术的应对适应能力、对新产品的制造能力以及对新生产工艺流程的适应能力等。

（4）供应商的选择方法。供应商的选择方法有很多，采购方可以根据实际情况选择合适的方法对供应商进行甄选，如招标法、比质比价法、层次分析法、直观判断法等。

6.2.4 外包关系管理

外包（outsourcing）是指企业为维持组织核心竞争力，或因组织人力不足，将组织业务委托给外部的专业公司，是以降低运营成本、提高产品质量、集中人力资源、提高顾客满意度为目的的商业行为。通过外包，企业可以动态地配置自身和其他企业的功能和服务，并利用企业外部的资源为企业内部的生产和经营服务。

1. 外包产生的时代背景

在讲究专业分工的 20 世纪末，外包是许多制造企业讨论的焦点，他们认为包括采购、生产、加工和物流在内的任何事情都可以外包。管理者将重点放在了股票价值上，企业面临着巨大的提高利润的压力，当然一个“简单”的获取利润增加的办法就是通过外包降低成本。1998～2000 年，电子行业所有部件的外包率从 15%上升到 40%。

观察 6.4 耐克和苹果的外包生产模式

运动鞋制造业是一个需要在技术上不断投资的时尚行业。耐克是一家几乎把所有的生产活动都外包出去的公司，该行业没有一家公司像耐克那样外包，且做得那么成功。

根据奎因（Quinn）和希尔默（Hilmer）的观察结果，耐克，这家全球最大的运动鞋生产商将主要的精力一方面放在了产品的研发上，另一方面放在了营销、销售和分销上，这个战略使得耐克在 20 世纪 90 年代的年增长率达到了 20%。

苹果计算机也将它的大部分生产活动外包了出去。事实上，该公司差不多外包了它 70%的部件，包括打印机在内的主要产品。就像奎因和希尔默指出的：“苹果公司把它的主要资源都放在了开发自己的桌面操作系统和使苹果公司的软件用起来不一样的支持性宏软件上。”

近年来，美国和欧洲的公司不仅外包它们的制造活动，还逐渐将产品设计外包。中国台湾的公司目前设计并制造世界范围内销售的大部分笔记本电脑。很多著名的公司，比如，惠普公司与 PalmOne 公司，和亚洲的供应商在设计个人数字助理方面进行合作。

2. 外包的收益和风险

外包的主要动力如下。

（1）规模经济。进行外包的一个重要目标是，通过将许多不同的购买者的订单集合起来以获得规模效益，从而降低生产成本。确实，这种集合使供应商在采购和生产过程中充分利用了规模经济的优势。

（2）风险分担。外包可能将需求的不确定性转嫁给合同生产商，而合同生产商的优势是它们能将来自不同外包者的需求进行集成，从而通过风险分担的机制来降低需求的不确定性。这样合同生产商就能够在保证甚至提高服务水平的同时降低部件库存。

（3）降低资本投入。进行外包的另一个重要原因是，能将除了需求不确定性的资本投入也转嫁给合同生产商。当然，合同生产商会进行这个投资的原因是，它能在几家客户之间分摊这部分费用。

（4）专注于核心竞争力。通过认真地选择外包内容，企业能够专注于它的核心竞争力的提高，即它区别于竞争对手并能被用户识别的特殊才干、技能和知识结构，如耐克和苹果。

（5）提高灵活性。这主要体现在三个方面：能更好地应对消费者需求变化的能力；利用供应商技术特长缩短产品开发周期的能力；获得新技术和创新的能力。这三个方面对技术更新非常频繁的行业而言是成功的关键，例如，高科技行业，或者生命周期短的产品，如时尚产品。

观察 6.5　思科公司外包模式的收益与损失

思科公司的成功很令人惊奇。

根据思科公司的首席信息官彼得·索尔维克的说法，思科公司的网络销售模式帮助它在 1994～1998 年规模扩大了 5 倍（从 13 亿美元上升到 80 亿美元）。随着生产能力的增长，它每个季度差不多都要雇佣 1000 名新员工，并且实现了每年 5.6 亿美元的业务费用节约。

擅长使用企业网络解决方案的思科公司使用的是一个被首席执行官约翰·钱伯斯称为“全球虚拟制造”的战略。他们解释说，“首先，我们在世界各地都建了工厂，同时和当地的主要供应商发展了良好的关系，所以当我们与供应商合作并且我们的工作完成得足够好时，顾客根本看不出我们在台湾或其他地方的供应商制造的产品和我们自己工厂生产的有什么不同”。

能实现这个目标的重要工具是思科公司的企业系统，它是公司所有活动运行的中枢，不但能将客户和雇员联系在一起，还能将芯片制造商、部件分销商、合同生产厂家、物流公司和系统集成联系在一起。这样所有参与的成员就能像在一个公司运作一样，因为它们都使用相同的网络数据资源。所有它的供应商都能看到相同的需求，而不像以前那样需要自己根据从供应链的多个节点上收集到的信息做出预测。思科公司还建立了一个动态捕获系统来帮助供应商降低库存。

思科公司在 1999 年的平均周转率是 10 次，而它的几个竞争对手的平均水平只有 4 次。一般产品的库存周转率还要高，能达到每年 25～35 次。

然而，2000 年，思科公司被迫宣布对其过期库存计提 22 亿美元的减值准备，8500 名员工被解雇，原因是思科公司无法对电信基础设施市场需求的显著下降采取有效的应对措施。但有趣的是，其他小公司却发现了将要到来的需求的下滑，并在几个月前就调低了销售预期，同时减少了库存。思科公司的问题来自它的全球制造网络，这个网络导致了重要的零部件很长的供货提前期。于是思科公司决定保存这些零部件库存，而这些库存是在很久之前订货的，这导致了思科公司巨额的存货贬值。

思科公司的例子，让我们认识到外包行为中存在着一定的风险。

（1）失去竞争知识。将关键部件外包出去可能会给竞争对手可乘之机，如IBM公司。同样，外包也就意味着公司将失去根据自己而不是供应商的时间表引入新技术的能力。最后，将不同部件的生产外包给不同的供应商也许会阻碍新的想法、创新和需要跨职能团队实现的解决方案的开发。

（2）冲突的目标。外包服务商和外包者之间往往具有不同并且冲突的目标，例如，当外包者将不同部件的生产外包出去的时候，希望达到提高灵活性的目标，这要求具备能根据需要调整产品结构以更好地达到供需平衡的能力；遗憾的是，这个目标恰恰与外包服务商所希望达到的长期、稳定的目标相矛盾。在情况较好的情况下，双方可以通过达成契约来协调解决，但大多数情况下外包者都会承担巨大的风险。

（3）失去控制。外包某项特定职能的同时，可能会失去控制。例如，当第三方物流公司的雇员跟企业的客户打交道时，这一缺点尤为突出。

事实上，外包关系是供应商关系的一种特殊形式，外包商向外包企业供应产品或服务。实际中，企业仍可按照本章中介绍的伙伴选择方法和供应商关系管理流程对外包关系进行管理。

6.3 供应链关系治理

6.3.1 供应链中的权利争斗

事实上，并不是所有供应链的合作都能取得成功，主要原因是供应链中成员的地位并不总是对等的，在一个供应链中总会出现强势成员。一般情况下，链中成员如果拥有稳固的市场地位、充足的资金、能够获取重要或关键的信息、在链中无法被别人取代，那么这个成员在供应链中就是强势的。强势公司，如沃尔玛、通用、宝洁等，使用强势策略甚至会滥用权利来达到它们的目标而不用考虑供应链整体的利益。

在供应链中，所有的成员都试图在五个方面行使权利：价格控制、库存控制和准时生产方式、运作控制、渠道结构控制和信息控制。权利的斗争，其实也是为了获取更多的利益，常常使得供应链成员处于竞争状态。

正在竞争的公司，加入了公司战争，通常使用三种基本策略：发展、防卫和进攻。发展策略包括生成公司内部、外部的网络关系，可以通过消除、组织和控制资源提高效率；防卫策略的目标是通过使用特定的技术保护资源和信息，如纵向集成、战略联盟和合资信息；进攻策略是使用中断、拒绝、破坏或其他方法损害竞争对手和供应链伙伴。为了有效地使用前述的运作策略，公司必须评估四个主要资源，即产品、信息、财政资本和人力资本。进攻供应链或供应链封锁主要有三步：①开发竞争者业务模式的价值网络，分析对于竞争者来说哪些活动是内部的，哪些活动是外部的。分析人员必须确定竞争者的供应商、顾客、竞争者和跟随者，之后是给出产品或信息流的链接可以构成什么样的价值网络或供应链。②分析、评价网络和关键的资源流，然后评估连接到这些流的资源是否提供有价值的目标。③制订计划和执行所选择的运作策略。

面对压力，链中弱小的成员或者顺从或者报复。采取报复的方式有：①弱小的成员联合抵制强势公司，但可能由于失去业务而导致较高的成本；②以法律诉讼的方式寻求帮助，但可能导致供应链瓦解；③在交往过程中逐渐使强势成员增加对其依赖，比如，由于实施了准时生产方式策略，链中较小的供应商无法被取代，交货过程中的任何差错或中断或许会对制造商乃至整个供应链都是灾害，这种情况下供应链中的权利显然是移向了供应商，类似的还有供应商库存管理策略。

显然，权利的滥用、报复以及对供应链进攻或封锁均难以达到预期的目的，必须对供应链进行治理，链中成员之间的协调、合作是供应链长久存在和成功的关键。

6.3.2　治理结构

一般地，治理结构有三种基本形式（表 6.1）：市场、科层和混合的组织安排。科层和市场看作沿着连续统的两个对立面，代表着治理的不同模式。在市场模式中，交易是通过古典和新古典契约来调控的，公司内（或以等级模式）的交易是通过内部契约调控的，在混合模式中关系契约非常重要。

表 6.1　治理结构形式的比较

主要特征	形式		
	市场	科层	混合
规范基础	契约、财产权	雇佣关系	力量互补
沟通方式	价格	常规	关系
冲突解决方法	讨价还价、法院强制	行政命令、监督	互益规范、尊重
弹性	高	低	中等
成员间承诺的数量	少	至多中等	至多中等
风气或气氛	精确或怀疑	正式的、科层的	开放、互益
行动者意愿和选择	独立	依附	互相依赖

1. 市场

在供应链中，与供应商和顾客的协调发生主要基于市场压力。通过市场的治理是指在市场中购买生产投入或服务的过程而不是内部采购。由于供应商之间的市场压力，通过市场采购经常产生有竞争力的价格。供应链中市场治理这种不受欢迎的特征主要与市场环境中人们的行为有关，究其原因是他们的有限理性和机会主义造成的，这是交易成本分析方法的两个基本假设。

所谓有限理性，就是环境和行为的不确定性是不可避免的，个人和企业是不可能有完美交易（perfect contract）的。事后环境的不确定性具有无法确定发生在未来交易的确切的条件，潜在的交易伙伴和交易的谈判不可能覆盖所有的未来可能发生的意外；而行为的不确定性提高了交易的事前和事后成本，所谓事前成本是指交易前对交易伙伴的真实情况的调查，事后成本则是在签订交易后对控制和确定伙伴的业绩过程中发生的费用。所谓机会主义就是在一定条件下，决策者只要有机会，就会不惜损人利己。机会主义的存在使交易成本增加，并导致资产专用性的问题。快速而又廉价地传递信息的新能力可以降低公司之间的协调成本，这可能导致更多的市场交易，如外购，也可能导致跨越公司边界更密切的协调。

选择适当的治理结构是个战略问题，它依赖于产品结构、产品战略价值、市场可用性和供应基地能力等。

2. 科层（hierarchy）

最低成本的有效率产品和缴付需要公司确定如何纵向协调供应链。交易成本分析提供审查供应链治理的一个基础框架，即纵向集成、市场和市场交易。科层是指生产投入的拥有权，意味着对生产能力的拥有权和后来的控制。

供应链中的纵向集成的程度或作为治理选择的科层主要依赖于资产专用性。资产专用性分成四种类型：厂址的专用性、物质资产的专用性、人力资产的专用性和专项资产（dedicated assets）。人力资产是在与合作伙伴长期持续的交易中所蓄积的特定交易的知识、经验和诀窍，建立在双方默然、默示的契约基础上，而且易产生路径依赖，不仅使其他竞争者难以模仿、参与，而且企业难以控制，因而易形成持续性的关系性租金，也就是说，随着资产专用性的提高，机会主义行为的可能性也变大。

低度的资产专用性，机会主义威胁最小，有最高的市场交易效率，随着资产专用性的提高，机会主义成本增加，混合体制与市场相比，减少了机会主义行为，但保持了某些市场规则。因此，在中度的资产专用性条件下，作为最有效的交易混合体制出现。高度的资产专用性导致机会主义行为的高成本。在减少机会主义威胁上，科层是最优的。因此，在高度的资产专用性条件下，最有效的交易方式——科层出现了。关系的持久力量在于实行适度的资产专用性活动，如长期的供应关系，而缺乏资产专用性的，将通过基于市场的交易实现。

3. 混合治理

在两个治理科层和市场之间依赖于中间的选择，常常称作混合集成，也称作“可信赖的承诺”。这些协议本质上包括互惠的契约协定，即对于长期的采购承诺，供应商对较高的价格担保产品的可用性，或者对较低的价格以交易的方式提供产品。

“可信赖的承诺”是软弱无力的，但可以通过下列的方法来保护：①一旦环境变化，不仅可以灵活修改契约，而且在条款中应有详细的、惩罚性的内容；②需要技术改进达到某种水准；③使用联合降低成本计划与供应商分享节约。

当高度资产专用性和高度信息应用存在时，杂货行业中的有效客户反应关系最好通过混合结构来管理。混合治理的其他形式包括战略联盟、联合投资与合作。

根据定义，科层意味着当供应链的治理是科层时，不会存在供应链合作伙伴的协调。

所以，供应链成员之间的协调发生或者通过市场或者通过混合治理结构。因为存在多种可能选择的混合空间，所以关键问题是组织之间的实体和过程允许供应链的适当协调。

6.3.3　供应链集成

集成是指“不同活动和过程之间相互响应和协作”，供应链集成是指成员内部业务的集成，包括内部集成和成员之间业务的集成与外部集成。

由于在实际运作时供应链的无缝集成是很难实现的，可以将供应链集成分成几个等级，这个等级用集成强度（intensity of integration）的概念来表示。可用合作、协调与协作（cooperation，coordination and collaboration）来区分供应链集成的三个“强度水平”，其中协作是集成强度的最高水平，需要横跨供应链高水平的信任、承诺和信息共享，而合作是链中成员相互影响或干扰时的供应链管理，并且有最低的强度水平，在两个极端之间，协调则为强度的中间水平，是当业务伙伴“交换指定的工作流和信息”以得到“他们之间的无缝联结”时发生的。

当然，有人提出供应链集成的另一个模型：信息集成、计划同步、工作流协调与新业务模式。信息集成是指需求信息、库存状态、产能计划、运货时间表等共享的程度；计划同步是对于产品引入、预测和补充订货授权共同设计与执行计划；工作流协调是指跨越供应链中不同成员流线型的工作流活动，并从不断增加的订货精确度和及时出货中获得效率；新业务模式是指整个供应网络如何创造新产品、从事大规模定制和渗透新市场。

综合上述的两个模型，可以得到一个新的模型：信息集成、关系集成和过程集成（图 6.3）。从这三个方面就能够保证供应链有较高的集成强度。关系集成的关键因素就是承诺、合作与信任。

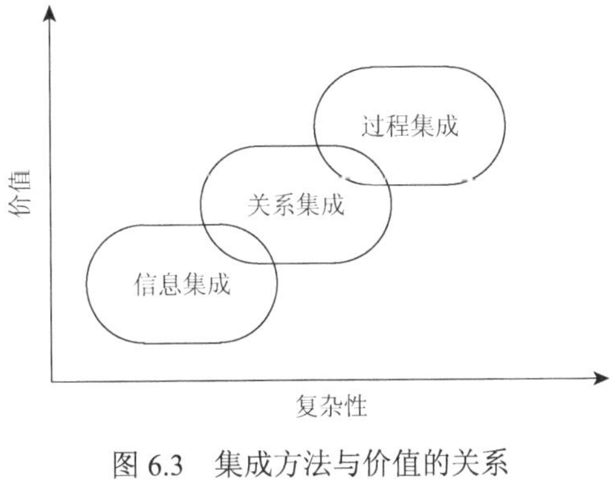

图 6.3　集成方法与价值的关系

根据图 6.3，可以看出随着集成力度的不断加大，集成的复杂度也越来越大，但集成以后所带来的利益也逐渐增大。因为链中成员所提供的信息有可能是虚假的，只有通过各方的合作、承诺以及相互信任，共享的信息才有可能是真实的信息，但是链中成员如果共同设计计划、工作流程并同步实施，这样的集成才能产生巨大的效益。

信息集成是供应链集成的基础，链中成员为了协调其产品、资金和信息流，必须获取准确、实时且能反映供应链状态的信息，信息流的流畅与否在供应链管理中处于非常重要的地位，也就是一些学者所认为的信息流管理应处于供应链管理框架中的最高位置，并且信息通信和协调结构的再设计应当作为供应链管理的主要工作。

因此，供应链中的信息集成成为供应链集成的最重要因素之一，而信息集成就是组织之间的信息共享，它包含两方面的内容：①允许链中成员访问系统中共享的信息；②链中成员传送共享的信息到其他成员。因此，供应链的信息集成比信息共享的要求高出许多，信息共享可能只是成员相互之间的事情，如甲、乙方的信息共享和乙、丙方的信息共享，但甲、丙方的某些信息可能没有共享。而信息集成可以使得链中成员经过信息中心访问系统中共享的信息（图 6.4）。在具体运作时，要将信息集成起来，就必须构建一个信息中心，这个信息中心可能是链中成员共同投资的一个独立实体，也可能是挂靠于某个成员的信息中心。

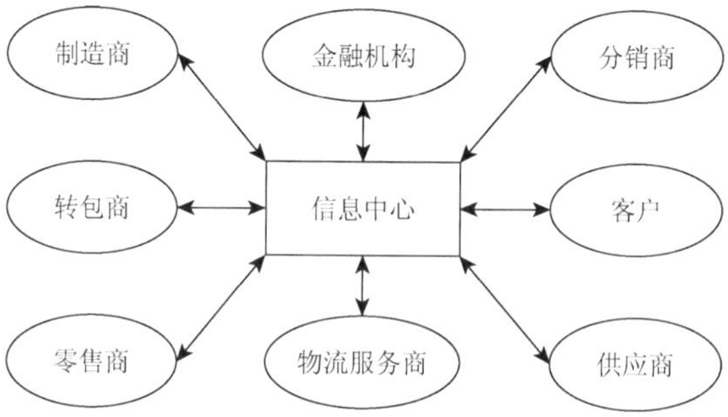

图 6.4　信息交换模型

信息集成或共享有助于增加契约的透明度；能有效地应对市场不确定性；促进供应链协调；减少链中成员的投机行为。

6.3.4　供应链契约

供应链契约是指通过合理设计契约，减少合作双方的机会主义行为，促进企业之间的紧密合作，确保有效完成双方的订单交付，保证产品质量，提高用户满意度，降低供应链成本，提高整条供应链的绩效及每一个成员企业的绩效。设置了相应的契约参数之后，供应链契约通过调整供应链成员之间的关系来协调供应链，使分散控制的供应链整体利润与集中系统下的利润尽量相等。即使达不到最好的协调，也要尽可能使各方的利润至少不比原来的差。

作为一种能够实现供应链协调的有效机制，供应契约得到了广泛的研究。刚开始有人使用单周期报童模型研究了回购契约，指出当供应商允许零售商以部分退款返回所有过剩产品时，可以在一定程度上实现渠道的协调。随着对供应链契约关注程度的日益增加，后来的学者以此为基础，希望在供应链上、下游之间通过协商达成最佳（或满意）的契约参数，设计合理的供应契约形式，实现供应链的协调，从而有效地解决“双重边际效应”和“牛鞭效应”等现象，在最大化供应链整体利润的同时，优化供应链绩效。

一般而言，判断一种契约是否有效，除了考虑它是否拥有良好的协调条款和利润分配条款，能否提高供应链的利润，还需要分析该契约是否易于管理和操作。如果契约的设计非常复杂，其执行的复杂性造成了管理费用的增加，甚至超过了利益的增加值，执行成本相当高，那么即使这种契约能够实现利益的最大化，也并不适用。与之相比，管理者宁愿选择一种简单的契约，尽管简单的契约并不能使供应链达到最优，但只要供应链的运作水平比较高，这种简单契约也是值得采用的。

1. 供应链契约的参数

随着对供应链契约的研究日益重视，人们不断建立起新的契约模型，深挖原有契约模型中的潜在意义，并致力于将供应链契约应用到实际管理中。究其本质，对供应链契约的研究离不开契约参数。通过设置不同的参数，可以构建出多种不同的供应链契约模型。例如，在契约中研究超储库存的退货问题，就形成了回购契约；在契约中研究供应链利润分配问题，就产生了利润共享契约。此外，契约参数的具体设计会影响到供应链契约的作用，如数量折扣契约中折扣百分比的设计、最低购买数量契约中最低购买数量限度的确定，以及利润共享契约中利润分配比例的设定等，都会影响供应链契约的效果。因此，供应链契约的参数设定必须对供应链节点企业起到激励和约束作用，以激励节点企业的合作潜力，促进企业之间建立更紧密的合作，使节点企业通过致力于增加整个供应链的利润来提高自身的收益。

一般而言，供应链契约的参数有以下几种。

（1）决策权的确定。在传统合作模式下，契约决策权的确定并不是一个非常重要的因素，几乎每个企业都有自己的一套契约模式，并按照该模式进行日常的交易活动。但是在供应链环境下，契约决策权的确定却发挥着相当重要的作用，因为在供应链契约模式下，合作双方要进行风险的共担以及利润的共享。

（2）价格。价格是契约双方最关心的内容之一，合理的价格使得双方都能获利。价格可以表现为线性的形式（按比例增长或者下降）或者非线性的形式，通常卖方在不同时期、不同阶段会有不同的价目表，一般都会随着订货量的增大与合作时间的延长而降低，以激励买方重复订货。

（3）订货承诺。买方一般根据卖方的生产能力和自身的需求量提出订货承诺，订货承诺大体有以下两种方式：一种是最小数量承诺，另一种是分期承诺。对于单个产品，最小数量承诺意味着买方承诺其累积购买量必须超过某个特定数量，即最低购买数量；对于多品种产品，进行最小数量承诺则要求购买金额要超过某最低量，即最低购买价值承诺。使用分期承诺时，买方会在每一个周期开始之前提出该期的需求量。两种承诺方式有着明显的区别。从一定意义上说，最小数量承诺给出总需求量，有利于卖方做好整个契约周期内的生产计划，然而一旦市场发生变化，绝大部分的市场风险便转移到卖方身上。分期承诺则要求买方在各个期初给出当期的预计订货量承诺，进行风险共担，使卖方的风险有所降低，同时也迫使买方加强市场决策的有效性。

（4）订货柔性。无论什么时候买方提出数量承诺，卖方一般都会提供一些柔性，以调整供应数量，契约会细化调整幅度和频率。这种柔性包括价格、数量以及期权等量化指标。这样，一方面卖方在完成初始承诺后，可以提供（或不提供）柔性所决定的服务补偿；另一方面买方能从中获得收益，当市场变动影响其销售时，就可以使用柔性机制来避免更大的损失。同时柔性也提供了强有力的约束，使合作双方在契约执行过程中更多地考虑自身利益，改善经营，从而使两者从长期角度都受益。

（5）利润分配原则。所有企业最根本的目的都是实现自身利润的最大化，因此，在设定契约参数的时候，利润的分配原则通常是企业协商的重点。那么，在高度合作的情况下，如何能够维护合作双方自身的经济利益不受侵害，同时又可以尽可能扩大利润渠道，就成了利润分配所要考虑的问题。供应链契约往往以企业的利润作为建模的基础，在合作双方之间划分供应链的整体渠道收益就是利润的分配问题。契约包括按什么原则进行分配，分配的形式是怎样的，以及如何设计利润分配的模型等。供应链利润的分配原则主要体现为利益共享和风险共担。在实际利润的分配过程中，供应链的核心企业具有决定性的影响，它在供应链成本、交易方式、利润激励等方面都有着举足轻重的作用。此外，主导企业对利润分配的态度还能影响其他企业对合作的积极性以及对供应链利润增值的贡献。

（6）退货方式。从传统意义上讲，退货似乎对卖方很不利，因为它要承担滞销产品带来的风险和成本。但事实上，实施退货政策能有效激励买方增加订货，从而扩大销售额，增加双方收入。从某种意义上讲，如果提高产品销售量带来的收益远大于滞销产品所带来的固定成本，或者买方有意扩大市场占有率，退货政策给双方带来的好处将远远大于其各自将要承担的风险。

（7）提前期。在质量、价格可比的情况下，提前期是买方关注的重要因素之一。同时，提前期导致需求信息的放大，产生“牛鞭效应”，这对卖方而言也很不利。有效地缩短提前期，不仅可以降低安全库存水平，节约库存投资，提高客户服务水平，很好地满足供应链时间竞争的要求，还可以减少“牛鞭效应”的影响。在传统的库存模型中，提前期或被设置为固定值，或用随机变量来表示。其实，将提前期作为变量来调整供应契约，能够为供应链带来利益。

（8）质量控制。在基于供应链的采购管理中，质量控制主要是由供应商完成的，企业只在必要时对质量进行抽查。因此，关于质量控制的条款不仅应明确质量职责，还应激励供应商提高其质量控制水平。对供应商实行免检，是对供应商质量控制水平的最高评价。契约中应指出实行免检的标准，并对免检供应商实行额外奖励，以激励供应商提高其质量控制水平。

质量问题是买卖双方谈判的矛盾所在。对卖方而言，提高原材料或零部件的质量，意味着成本的增加；而对买方而言，只有在价格不变的前提下，保障原材料或零部件的质量，提高成品的合格率，才能增加收益。为此，买方需要在契约的设计中，针对质量条款采取某些激励措施，如进行质量方面的奖励或惩罚等，以达到双赢的目的。

（9）激励方式。对节点企业的激励是能否使节点企业参与到供应链中的一个重要条件，为节点企业提供只有参与此供应链才能得到的利益是激励条款必须体现的。此外，激励条款应包含激励节点企业提高质量控制水平、供货准时水平和供货成本水平等内容，因为节点企业业务水平的提高意味着业务过程更加稳定可靠，同时费用也会随之降低。一般而言，有以下几种激励模式：价格激励、订单激励、商誉激励、信息激励、淘汰激励等。

（10）信息共享机制。供应链企业之间任何有意隐瞒信息的行为都是有害的，充分的信息交流是供应链的采购管理良好运作的保证。因此，契约应对信息交流提出保障措施，如规定双方互派通信员和规定每月举行信息交流会议等，防止信息交流出现问题。

综上所述，契约需要考虑的因素非常多。此外，在契约的签订过程中，还需要考虑众多复杂因素及一些动态的、不断重复的博弈过程。

2. 供应链契约的分类

1）按照企业间的合作程度，可以将供应链契约分为单方决策型和联合决策型

在单方决策型供应链契约中，买卖双方中其中一方处于主导地位，某一方在进行决策时可以不考虑或者较少考虑另一方的利益，双方之间还没有完全摆脱对立关系。在市场需求确定的情况下，没有完全实现信息共享时，买方的库存、促销策略等是形成卖方风险的主要原因。在市场需求不确定的情况下，卖方的风险一方面来自买方的库存、促销策略，另一方面来自变化莫测的市场，也就是说，取决于分销商如何把风险转移给供应商。单方决策型供应链契约问题在不同需求模式下采用的研究方法有本质的差别。

在联合决策型供应链契约中，某一方在进行决策的同时须考虑另一方的利益，双方抛开对立关系，强调提高供应链合作伙伴关系的整体运作绩效。在市场需求确定的情况下，联合决策可以减少买方的库存；在市场需求不确定的情况下，联合决策可以对来自市场需求的变化实现快速反应，减少供应链的风险损失。

2）按照需求的特点，可以将供应契约分为需求确定型和需求不确定型

（1）需求确定型供应链契约指的是在市场需求比较稳定的情况下制定的契约。在该环境下，制定供应契约时主要采取数量折扣、合理定价、货物分配、缩短提前期等协调手段。通常将买卖双方就新增利润的分配方式达成共识时的协调手段，称为有效的协调手段。

（2）需求不确定型供应链契约则是指当市场需求波动幅度较大时制订的契约。由于市场需求不稳定，这种形式的契约发生变化的频率比较快，契约的协商容易受到市场变化的影响。通常可以使用随机函数来描述不确定性需求，从而来研究“平均”意义下供应链的总体特性。当然，描述不确定性时往往选择正态分布、伯努利分布或泊松分布等相对容易处理的分布形式。随着市场需求的变化，供应链中的节点企业会重新进行协商，对契约参数作出相应调整，以降低需求变化带来的风险。

3. 几种常见的供应链契约

如前所述，供应链契约涉及许多参数，将这些参数单独或者经过组合，就可以形成多种不同类型的供应链契约。

为了说明不同类型的供应链契约对于供应链绩效的影响和重要性，考虑一个典型的由采购方和供应商组成的两阶段供应链。这样的供应链中事件的发生顺序是：采购方以预测开始，以最大化自身的利润为目标，决定从供应商那里订购多少单位产品，并且下

单给供应商；供应商根据买方下达的订单做出反应。因此，在这个供应链中，供应商是按订单生产，而买方则在知道客户需求之前根据预测作出购买决策。显然，这个事件发生顺序是依次决策的一个过程，因此，这个供应链称为序贯供应链。在这个序贯供应链中，每一方根据其他方决策的影响独立确定自己的行动。显然这不是一个有效的供应链伙伴关系，因为它没有考虑如何对整个供应链产生最优的结果。

为了描述序贯供应链面临的挑战及不同类型的供应合同对供应链绩效的重要性和影响，考虑用以下例子作实证分析。

例题 6.1

假定有两家公司涉及这个供应链：一个零售商面向顾客需求和一个制造商生产并向零售商销售泳装。市场管理部门使用过去5年的历史数据，结合当前的经济状况和其他的因素来建立泳装需求的概率预测模型。基于可能的天气状况和竞争者的行为，他们对即将到来的夏季估计了几种可能的销售状态，并为每种状态设定了发生的概率。例如，市场部门相信销售8000件的情景发生概率为11%；其他情景有不同的销售量，分别有不同的发生概率，如图6.5所示。这些预测的概率加权平均需求为13 000件，但是实际需求可能大于或小于平均需求。

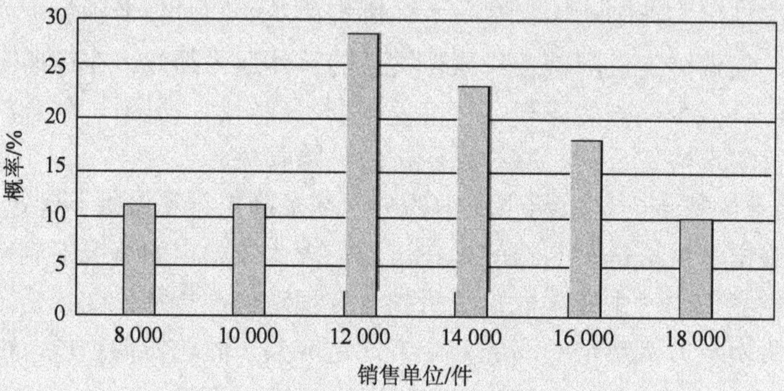

图 6.5 泳装需求概率预测

零售商销售价格和成本信息如下。

（1）在夏季，顾客购买每件泳装的零售价为125元。

（2）零售商向制造商支付的批发价是每件80元。

（3）夏季销售不掉的任何泳装，以每件20元的价格出售给折扣店。

对于制造商，信息如下。

（1）固定生产成本为10万元。

（2）可变生产成本为每件35元。

从这些数据可以看到，零售商的边际利润和制造商的边际利润相等，都为每件45元，而零售商在夏季销售一件的边际利润45元小于在季末出售给折扣店的边际损失60元。

零售商应该向制造商订购多少产品？图6.6中的实线代表了零售商的平均利润，

它意味着零售商的最优策略是订购 12 000 件，并获得 470 700 元的平均利润。如果零售商发出这个订单，制造商的利润就是：12 000×(80−35)−100 000=440 000（元）。

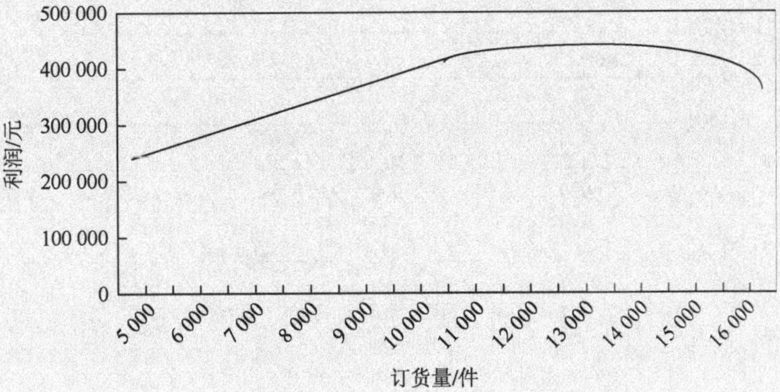

图 6.6　零售商的期望利润（关于订货量的函数）

在上述例子中，零售商要承担当库存量超过销售量时的所有风险，而制造商则不需要承担这种风险。实际上，由于制造商不承担风险，制造商希望销售商尽可能多订货，而零售商因为巨大的财务风险所以会控制订单数量。当然，因为零售商控制订单数量，所以缺货发生概率将会明显增加。如果制造商愿意并能够同零售商分担风险，对于零售商来说订购更多产品可能是有利可图的，因此减少了缺货概率并增加了制造商和零售商双方的利润。由此，产生了允许风险分担的各种供应链契约，以增加供应链实体双方的利润。

1）回购契约（buyback contract）

回购是一种在不确定需求系统协调中常见的契约，既能分担风险，又能起到激励订购的作用。契约规定，在销售季末，零售商可以以高于残值的协议价把未售出的产品全部退还给供应商。回购的最大特点在于，它能够较灵活地消除随机需求下系统的“双重边际效应”。通过缔结回购契约，供应商与零售商共同分担市场风险，从而激发零售商努力销售产品的积极性，提高其期望利润。回购契约往往应用于生产周期较长而销售季节较短的商品交易中，它在时令商品市场（如时装、书籍等）中得到了广泛应用。再次回到泳装的例子。

例题 6.2

假定制造商同意以 55 元的价格从零售商处购买销售不掉的泳装。在这种情况下，零售商的边际利润 45 元大于它的边际损失 25 元，因此能够激励零售商订购多于平均需求的产品。

在这个合同下，图 6.7 中的实线代表零售商的平均利润，虚线代表制造商的平均利润。该图显示零售商愿意增加订货量到 14 000 件，并获得 513 800 元的平均利润，而制造商的平均利润可增加到 471 900 元。因此，双方的总平均利润从序贯供应链的 910 700 元增加到了使用回购契约的 985 700 元。

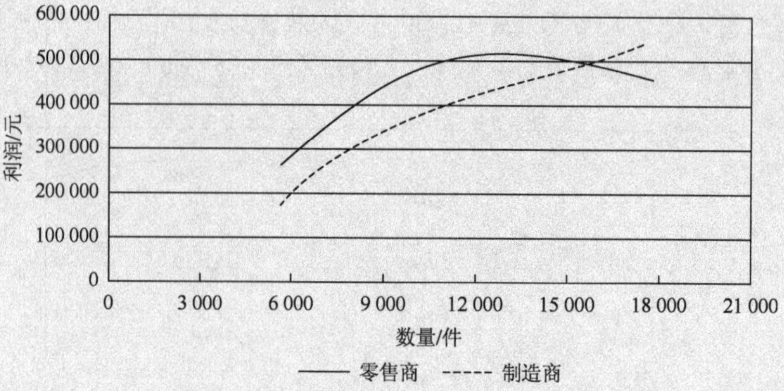

图 6.7 回购契约下零售商和制造商的利润

2）收入共享契约（revenue sharing contract）

在序贯供应链中，零售商只订购有限数量产品的一个重要原因是批发价太高。如果零售商可以说服制造商降低批发价，那么零售商会订购更多。当然，如果不能销售更多产品，批发价下降会减少制造商的利润。收入共享契约解决了这个问题。在收入共享契约里，买方将自己的一部分收入与卖方分享，以换来批发价的折扣。也就是说，在这个合同中，买方把销售给最终客户的每个产品的部分收入转移了。

既然这些供应链契约如此有效，那为什么看不到越来越多的公司在实际中应用它们？答案当然和许多执行上的问题有关。例如，回购契约需要供应商具备有效的逆向物流系统，但这样实际上会增加它的物流成本。此外，零售商销售竞争性的产品，它们中有些有回购契约而有些没有，零售商要采取一些激励措施去推动没有回购合同的产品的销售。确实，在这种情况下，对于没有回购合同的产品，零售商承担的风险很大。收入共享契约同样有一个极大的局限性，它们需要卖方监测买方的收入，从而增加了管理费用。收入共享契约的另一个重大局限是，买方有推动具有较高边际收益的竞争性产品的动机。也就是说，收入共享契约通常降低了买方的边际利润，因为部分收入将转移给卖方。因此，买方有动力去推动其他产品，尤其是从竞争供应商处推动没有与买方签订共享协议的类似产品。

目前所讨论的供应链契约中，一个关键假设是供应商拥有面向订单生产的供应链。这意味着，在早期分析的序贯供应链中，卖方不承担风险而买方承担了所有风险。前面讲述的合同表明了从买方转移部分风险给卖方的机理。因此，一个重要的问题是，当卖方面对的是库存生产的供应能力时，合适的合同应该是怎样的？

例题 6.3

分析时尚产品滑雪服的供应链。假设销售季节始于 9 月，并于 12 月结束。在这个供应链中事件的先后顺序如下：生产比销售季节提早 12 个月开始，也早于分销商向制造商下达任何订单。当生产开始之后 6 个月，分销商向生产商下达订单。这时候，制造商已经完成生产而分销商也已经收到零售商的确认订单。因此，生产商在收到分销商订单之前生产滑雪服。对滑雪服的需求模式满足前面设定的情景（例题 6.1），分销商的价格和成本信息如下。

（1）分销商以每件滑雪服 125 元的价格出售给零售商。

（2）分销商向制造商支付的批发价是每件 80 元。

制造商有关成本的信息如下。

（1）固定生产成本为 100 000 元。

（2）可变生产成本为每件 55 元。

（3）没有被分销商采购的任何一件滑雪服，制造商以每件 20 元的价格出售给折扣店。

从这些数据可以看到制造商的边际利润是 25 元，每一件没有被分销商购买的产品的边际损失是 60 元。由于边际损失大于边际利润，制造商应生产少于平均需求的产品，即少于 13 000 件。那么制造商应该生产多少产品？图 6.8 显示出制造商的平均利润是关于生产数量的函数，它意味着制造商的最优策略是制造 12 000 件，并获得 160 400 元的平均利润。分销商的平均利润是 510 300 元。

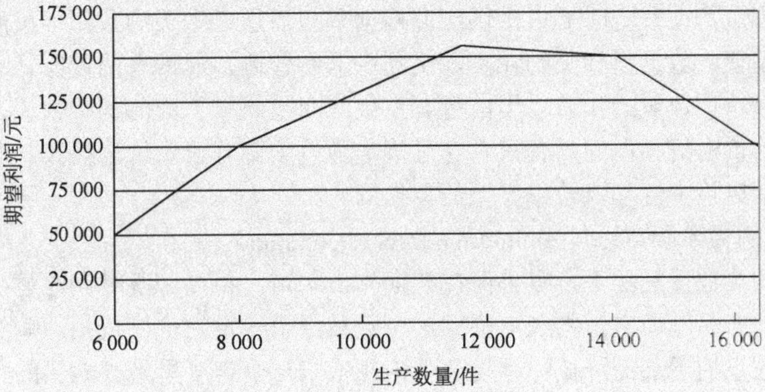

图 6.8　制造商的期望利润

可以看到，不像泳装的案例，这里制造商承担了超出销售需求的多余产能的全部风险，而分销商不承担任何风险。事实上，由于分销商不承担任何风险，所以它希望制造商生产尽可能多的产品，制造商则由于巨大的财务风险所以控制生产数量。同样的，有多种供应链契约可以使风险分担，从而减少制造商的风险并激励制造商增加产能，这将增加买方和卖方的利润。

3）补偿契约（payback contract）

在这个合同中，买方同意支付协议价来补偿卖方已生产的但买方未购买的产品。显然，这激励卖方生产更多产品，因为这种补偿契约可使闲置能力的风险降低。另外，买方的风险明显增加。因此，补偿合同的设计要使增加的生产数量足以弥补买方增加的风险。

4）成本分担契约（cost sharing contract）

在序贯供应链中，制造商不愿意生产足够产品的一个重要原因是高昂的生产成本。如果制造商可以说服分销商分担一些生产成本，那么制造商会生产更多产品。当然，分销商如果不能销售掉更多产品，支付部分生产成本将会减少其利润。成本分担合同解决了这个问题。在成本分担合同中，买方分担部分生产成本的同时，卖方给分销商提供批发价的折扣。

成本分担合同存在的一个问题是它需要制造商与它的分销商分享生产成本信息，而这是制造商不愿意做的。那这个合同在现实中如何操作？通常这个问题是通过一个协议来解决的，在这个协议中，分销商采购一种或多种制造商需要的元件。这些由分销商订购的元件直接运送到制造商的工厂，在工厂内完成产品的生产。

上述讨论的一个重要假设是买方和卖方共享同一需求预测。很容易看到，当卖方需要根据买方的预测安排产能时，买方倾向于增大预测。事实上，因为预测总是高于实际的需求存在着一个实证概率，所以卖方无法证实这一差别是否是预测增大引起的。因此，能否设计出确保有效信息共享的契约是个重要的问题。以下契约能确保有效的信息共享。

5）数量折扣契约（quantity discount contract）

按契约规定，在一定时期内，供应商根据零售商承诺购买的数量，按照一定的比例对价格进行调整。数量折扣契约在实际交易中非常普遍，通常有两种方式：全部单位数量折扣和边际单位数量折扣。使用前者时，供应商按照零售商的购买数量，对所有产品都给予一定的价格折扣；而后者只对超过规定数量的部分给予价格折扣。研究发现，数量折扣适用于风险中性和风险偏好型的零售商。

6）最小购买数量契约（minimum purchase contract）

在最小购买数量契约下，零售商在初期作出承诺，将在一段时期内至少向供应商购买一定数量的产品。通常，供应商根据这个数量给予一定的价格折扣，购买产品的单位价格将随着数量的增加而降低；零售商承诺在未来一个年度里最少购买的数量，供应商同意以折扣价格提供产品。这种契约在电子产品行业尤为普遍。最小购买数量契约与数量折扣契约有些类似，所不同的是，前者需要作出购买数量承诺，这种承诺并非是一次性的，而是一段时期或者一个年度内的购买数量总和。

7）数量柔性契约（quantity flexibility contract）

交易双方拟定契约，规定每一期内零售商的订货量的波动比率。使用这种契约，零售商承诺一个最小的购买数量，然后可以根据市场实际情况，在最低和最好订货范围内选择实际订货量。按照契约规定，供应商有义务提供低于最高采购上限的产品数量。这种方式能够有效地遏制零售商故意高估市场需求，而导致供应链库存增多的不利现象。

8）带有期权的数量柔性契约（quantity flexibility contract with option）

在这种契约模式下，零售商承诺在未来各期购买一定数量的产品，同时还向供应商购买一个期权。这种期权允许零售商在未来以规定的价格购买一定数量的产品，从而获得调整未来订单数量的权利。

此外，还有许多其他的契约能有效分担风险，维系供应链伙伴关系。

9）削价契约（markdown contract）

这是一种经过改进后的回购契约，供应商为了避免零售商将未售出的产品返还给自己，采取一定的价格补贴措施，激励零售商继续保留未售出的产品。价格补贴虽然对供应商来说实施起来比较方便，但可能会给零售商套利的机会，因此必须建立在买卖双方充分信任的基础之上。目前，价格补贴已经广泛应用于信息技术产品的销售中。

价格补贴实际上是一种价格保护策略，是一种供应商分担零售商过剩库存风险的方式。它通过对期末未售出商品进行价格补差来实现，并经常应用于价格递减、生命周期短的产品。研究表明，价格补贴与回购有很大的相似性，也可以实现供应链系统的协调；但针对多个零售商时，也会出现不能确保各零售商均参与契约的情况，主要原因在于：价格补贴实现协调的条件与客户需求信息无关，仅与买卖双方的成本结构有关。

10）备货契约（backup contract）

零售商和供应商通过谈判后，双方拟定契约为零售商提供一定的采购灵活性。备货契约的流程为：零售商承诺在销售旺季采购一定数量的产品，供应商按零售商承诺数量的某一比例为其保留产品存货，并在销售旺季到来之前发出所预存的产品。在备货契约中，零售商可以按原始的采购价格购买供应商为其保留的产品，并及时得到货物，但要为没有购买的部分支付罚金。

11）质量担保契约（quality contract）

质量问题构成了零售商和供应商的谈判矛盾。供应商知道自己的生产质量水平，拥有信息优势，而零售商却处于信息劣势。由于信息不对称，会产生两个问题：第一，供应商由于不具备提供某种质量水平的能力，可能会做出错误的质量承诺，零售商不能正确辨认供应商的能力而产生了错误选择的问题；第二，供应商可能存在恶意的欺骗行为，导致了严重的道德问题。为了保证零售商和供应商自身的利益不受侵犯，并保证供应链绩效最优，签订契约的谈判双方必须在一定程度上实现信息共享，运用合作激励机制，设计质量惩罚措施，当供应商提供不合格产品时对其进行惩罚。

需要指出的是，以上列举的只是部分常见基础供应链契约，实际中的供应链契约都是根据实际需求量制定的，可能是上述契约的改进形式，或者是其中多个契约的结合。

6.4　本章小结

本章首先介绍了供应链伙伴关系的形成、相关概念，以及建立供应链伙伴关系的意义；其次给出了企业建立伙伴关系的一套方法，包括伙伴选择标准、评价指标、筛选方法，以及伙伴关系的具体实施过程；再次站在“卖”和“买”的立场介绍了伙伴关系的管理模式，即客户关系管理和供应商关系管理；最后指出供应链上一些常见的协调问题，并总结了缓解方法。供应链伙伴关系的建立和管理，是当今企业在新兴的全球复杂竞争环境中生存和发展的重要因素。而不同企业所面临的情形和所处境况不尽相同，本章只是提供了一个可参考的范式，在实际管理过程中应针对不同情形为企业制订伙伴关系和管理模式。

第7章

供应链绩效评价和激励

➢本章引导案例[①]

Daimler Chrysler公司的Mopar零件集团销售额为40亿美元，在美国和加拿大地区经营汽车零配件的分销。Mopar零件集团有一个极为复杂的供应链，有3000家供应商、30个分销中心和每天来自4400个北美经销商的225 000个经销商订单。然而，售后零配件销售极难预测，因为它不是直接为生产所驱使，相反是为如天气、车辆地点、车辆磨损和破坏，以及顾客对经销商促销的反应等不可预测因素所决定。顾客不愿意为替换零件而花费等待的时间，因此零售商不得不寻求可替代的零配件资源，以避免顾客不满和失去市场份额。为了保证经销商不使用非原始设备制造商（original equipment manufacturer，OEM）零件，Mopar零件集团一般都因订货管理、库存平衡、供应奖励收费等产生高昂的补货成本。面对这种困境，Daimler Chrysler公司意识到了他们未来的竞争力在于他们甄别、理解、采取解决行动并防止昂贵的服务供应链问题的能力。因此，他们开始投入到供应链绩效管理（supply chain performance management，SCPM）系统的实施之中。

Mopar零件集团的供应链绩效管理系统通过监测未来需求、库存和与预先确定的目标相关的供应链绩效关键指标来甄别出绩效例外。然后，用户利用该系统探究问题，找到个别的或相互关联的可选方案。导致问题的潜在根本原因包括非季节性天气（或者更好或者更坏）、竞争性促销、对预测模型的不准备假设。理解问题和可选方案后，系统用户就采取解决问题的行动了。Mopar零件集团通过削减安全库存和不必要的“过期”（不可能被接受）运输每年节约数百万美元的成本。仅仅在第一年，Daimler Chrysler公司就将他们的决策周期从几个月缩短到几天，减少了超额运输成本，将补货率增加了一个百分点，还节约了1500万存货。看来，Daimler Chrysler公司从供应链绩效管理中获得了竞争力的巨大提升。

---

① 资料来源：http://www.0536px.cn/news/news-show.php？id=10967。

7.1 概述

7.1.1 绩效及其管理

1. 绩效的定义

绩效，从管理学的角度看，包括个人绩效和组织绩效两个方面。从字面意思分析，绩效是绩与效的组合。绩就是业绩，体现企业的利润目标。效就是效率、效果、态度、品行、行为、方法、方式。目前，人们对绩效没有一个统一的定义，对绩效的认识主要有三种观点。

（1）绩效就是结果。有学者认为，"绩效应该定义为工作的结果，因为这些工作结果与组织的战略目标、顾客满意感及所投资金的关系最为密切"。在实际工作中，工作的产出并非个体可以控制的，同时对产出的过分关注，也容易忽视更重要的程序和人际关系因素，并可能造成对组织成员要求的误导，这也体现在现实工作中常见的高销售额与低报酬共存的矛盾。因此，一些学者倾向于从行为的角度来理解绩效。

（2）绩效就是行为。因为人们对绩效是工作成绩、目标实现、结果、生产量的观点提出了质疑，所以普遍接受绩效的行为观点，即绩效是行为。这并不是说绩效的行为定义中不能包容目标，而是说绩效行为应该是与组织或组织单元的目标有关的一组行为。绩效是行为，应该与结果区分开，因为结果会受系统因素的影响，它是人们实际的并能观察到的行为表现。

（3）绩效是行为和结果的统一。在实际管理中，这种对绩效的理解更具有价值。它要求管理者进行绩效考评时，既要考虑投入（行为），也要考虑产出（结果），这是一个更宽泛、更全面的理解。

2. 绩效管理的定义

所谓绩效管理，是指各级管理者和员工为了达到组织目标而共同参与的绩效计划制订、绩效辅导沟通、绩效考核评价、绩效结果应用、绩效目标提升的持续循环过程，绩效管理的目的是持续提升个人、部门和组织的绩效（图 7.1）。绩效管理的三个环节为：制订绩效计划及其衡量标准；进行日常和定期的绩效指导；最终评估、考核绩效并以此为基础确定组织或个人的回报。

今天的企业环境日益复杂与竞争白热化，迫使企业去建立一套良好的绩效评价体系来评估自己的经营绩效，以便及时掌握经营上的问题，迅速提出应对策略。绩效评价并没有统一标准的、可供所有企业采用的量度指标，企业需依其自身特性，按照科学、合理的构建方法和程序来建立最适合其使用的绩效评价体系。另外，企业在建立物流与供应链绩效评价系统时常面对以下阻碍。

（1）评价工作十分艰巨；

（2）评价与战略间的联结经常不够清晰；

（3）功能与程序十分复杂，且经常不能调和一致；

（4）受评价的对象（人或单位）常会抗拒，不愿提供必要的信息；

（5）对于评价项目的定义和范围，可能会严重地缺少共识。

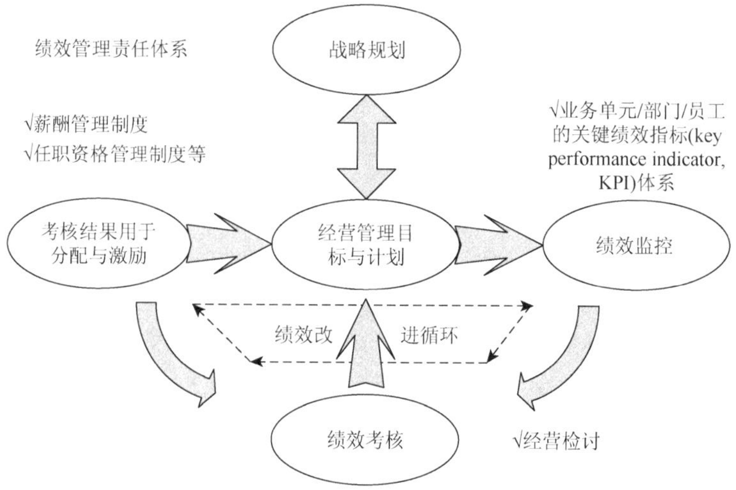

图 7.1 绩效管理体系结构

7.1.2 供应链绩效管理和评价的特点

供应链绩效管理就是指从供应链整体出发，综合运用各种先进的技术与方法，开发供应链系统的各种潜能，依次完成绩效计划、绩效监控、绩效评价和绩效改进等过程，以提高供应链整体及其成员绩效而进行的管理。通过供应链绩效管理，确定各项工作或活动的基准，对供应链运作的质量、成本、柔性、效率和效益等方面进行计划、监控与管理，以达到或超过基准水平。

供应链绩效管理也有其自身的特点。

（1）整体性。供应链绩效管理不是针对链中的某一个企业或某一个环节的活动，而是面向整个供应链，是对供应链运作进行综合性的、整体性的规划、监控、评价、反馈和改进的过程。

（2）复杂性。与单个企业相比，供应链有非常复杂的结构，涉及许多不同的企业和不同的业务，其运作过程和环境处于不断地变化之中，因而管理更具复杂性。

（3）动态性。供应链本身及其所处的环境都处于不断地变化状态，因此，供应链的运作过程也是不断变化的，供应链绩效管理也必然是动态的。只有不断变化的管理方法和管理手段，才能适应变化着的供应链及其运营环境，才能真正实现绩效管理的目标。

绩效评价是绩效管理的一部分，是组织依照预先确定的标准和一定的评价程序，运用科学的评价方法，按照评价的内容和标准对评价对象的工作能力、工作业绩进行定期与不定期的考核和评价。

现行的企业绩效评价指标主要是基于功能的绩效评价指标，不适用于对供应链运营绩效的评价，而供应链绩效指标是基于业务流程的绩效评价指标（图 7.2）。

因此，与传统的绩效评价相比，供应链绩效评价的特点如下。

（1）较之传统的绩效评价，供应链评价指标更为集成化。这种方法使企业能更好地从整个供应链的角度分析问题，不是单一衡量某一部门或某一节点企业的运作状况，而是评价链上群体企业的整体运作状况。

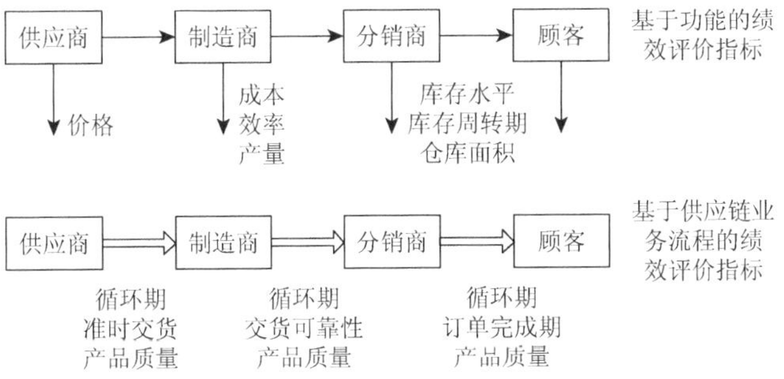

图 7.2　基于业务流程的供应链绩效评价指标

（2）供应链绩效注重组织的未来发展性，加强绩效管理的前馈性。

（3）绩效评价除了进行企业内部运作的基本评价，还要把注意力放在外部链的测控上，以保证内外在绩效上达到一致。

（4）既考虑财务指标，又注重反映实时运作情况的指标，关注供应链的长期发展和短期利润的有效组合，实现两个目标之间的有效传递。

（5）供应链绩效评价系统注重指标之间的平衡。

7.1.3　供应链绩效管理和评价的目的

供应链管理带来了整体效益，同时也带来了如何在新环境下制订分配方案的问题。供应链绩效管理对提升供应链整体价值具有重要的意义，主要表现在以下几个方面。

（1）激励组织行为。科学的绩效管理可以为供应链和企业带来良好的绩效，所以它可以激励供应链和企业的组织行为。例如，绩效评价可以为企业指明如何提高绩效水平的方向，同时使企业管理者明确评价方法的不足或绩效管理其他方面的缺陷，以便采取正确的策略与行动。

（2）支持组织正确决策。良好的绩效评价体系是策略选择和优化决策的基础，它能够帮助供应链管理者进行有效的决策。完善的供应链绩效指标体系可以避免企业以成本和短期目标为导向，促使企业在有关整个供应链发展的指标方面做出正确的选择，并使供应链整体绩效达到最优。

（3）增强供应链及其成员的竞争力。通过实施绩效管理，供应链及其成员可以有效地提高管理水平，提高运作的效率与效益，从而增强市场竞争实力。

根据供应链管理运行机制的基本特征和目标，供应链绩效评价指标应该能够恰当地反映供应链整体运营状况以及上下节点企业之间的运营关系，而不是孤立地评价某一供应商的运营情况。评价供应链运行绩效的指标，不仅要评价该节点企业的运营绩效，还要考虑该节点企业的运营绩效对其上层节点企业或整个供应链的影响；不仅要进行事前评价，还要进行事中评价和事后评价。

例如，对于供应链上的某一供应商来说，该供应商所提供的某种原材料价格很低，如果孤立地对这一供应商进行评价，就会认为该供应商的运行绩效较好。若其下游节点企业仅考虑原材料价格这一指标，而不考虑原材料的加工性能，就会选择该供应商所提供的原材料，而该供应商提供的这种价格较低的原材料，加工性能不能满足该节点企业生产工艺要求，势必增加生产成本，从而使这种价格较低的原材料所节约的成本被增加的生产成本所抵消。所以，评价供应链运行绩效的指标，不仅要评价该节点企业（或供应商）的运营绩效，还要考虑该节点企业（或供应商）的运营绩效对其上层节点企业或整个供应链的影响。

供应链绩效评价的主要目的如下。

（1）对整个供应链的运行效果作出评价；

（2）对供应链上各个成员企业作出评价；

（3）对供应链内企业与企业之间的合作关系作出评价；

（4）除了对供应链企业运作绩效作出评价，还对企业未来行为作出激励。

观察 7.1　Flextronics 公司如何利用供应链绩效管理提高采购灵活性

利用供应链绩效管理方法，Flextronics 公司能够甄别出生产运营的例外情况，理解导致这些例外情况的根本原因和潜在的替代性方法，并采取改变供应商的行动，修正超额成本和调节谈判力量。该方法包括用网络软件实施系统装备供应链绩效管理循环。Flextronics 公司在八个月内节约了几百万美元，在第一年就产生了显著的投资回报。这都是供应链绩效管理带来的好处。

为了甄别出绩效例外，Flextronics 公司的系统可以不断地比较合同条款内容和经许可的供应商名单。如果供应商并非是战略性的，或者订货价格高于约定价，该系统将对采购方提出警告。另外，如果生产运营价格低于约定价格，那么该系统将提醒管理者这个可能的节约成本的机会。

Flextronics 公司的管理者还利用该系统理解问题和找到可选方案。他们评价例外条件、决定是否重新谈判采购价格、考虑可选方案，或者证明基于业务需要的不一致性是必要的（如及时满足客户订货的需要）。同样，采购经理分析市场条件、综合费用，然后区分节约成本费用的机会。

然后，系统用户对有高度影响力的问题和机会采取行动。供应链绩效管理循环之前和之中，Flextronics 公司都会确认数据、流程和行动。当实施绩效系统之时，Flextronics 公司不仅要建立关键指标和必要的门槛高度，还要确保数据质量和时间性要求。在日常使用中，他们还需确认行动的结果，加速整体的例外解决循环。

7.2　供应链绩效评价的一般方法

7.2.1　改善供应链绩效的核心要素

1. 周转时间

虽然“时间”并不是财务报表所要反映的内容，但是它却能给其他的财务指标带来直接的影响；虽然“库存”不会记入月度的损益，但它也是资产负债表不可缺少的组成元素。

有很多关于“时间”的财务绩效参数和非财务性绩效参数，如客户订单履行率、现金周转、库存持有天数等。对于企业来说，这些周转时间能反映出企业当前的经营状况。它们的改进必然有助于提高供应链的整体竞争力。

就拿"库存持有天数"来说，这是现金周转指标的重要组成部分。降低库存水平、缩减库存持有天数有助于增长利润、提高股东权益、释放更多的资金（可用于其他方面的投资）。这些都是首席执行官、首席财务官和股东所愿意看到的经营成果。

众所周知，通过"库存持有天数=持有库存量÷日均消耗量"这个公式便能计算出现有的库存持有天数。然而，这种计算方法往往会误导或低估供应链上的实际总库存量。因为这个"库存持有天数"未包含在途库存以及委托供应商生产的订货。显然，这个"库存持有天数"不能真实地反映出企业当前的现金周转状况。

总而言之，周转时间应该反映出供应链上总的库存持有天数，而不仅局限于储存在仓库或者配送中心的存货。因此，企业要想获得真实的、准确的、全面的库存持有天数，就不能忽略在途库存、委托生产等未完成入库的货品。

2. 库存周转率和收益管理

库存受到时间因素的直接影响。时间的延长必然会增加不确定性，从而需要更加有效的需求管理。此外，这点在收益管理（yield management）中也有体现。

收益管理通常在航空和酒店行业中的应用较为广泛。因为这两个行业有着共同的特点：有固定数量的服务或产品，追求利润的最大化。收益管理会涉及线性规划、模拟技术等许多运营分析工具，它从微观层面上确定最优的产品或服务定价模型，从而确保利润的最大化。

当企业追求最大化的库存收益时，收益管理在供应链管理中的作用就非常突出。无论是零售商、制造商、批发商，还是经销商，库存都是他们提高经营业绩的关键因素。库存水平过高不仅意味着库存投资成本的增加，还意味着要承担更多的库存持有成本，最终不得不降价处理剩余的存货，从而导致总利润下降；相反，虽然降低库存水平有助于缩减库存投资成本和库存持有成本，但是企业面临的缺货风险却增加，这也有可能导致总利润下降。

虽然运营分析工具能帮助企业确定最优的降价方案，但是这种做法也是无奈之举。毕竟它并没有解决需求规划和市场不确定性的潜在问题。全球采购使供应链的跨度更长。供应链越长就意味着需要花费更长的时间来完成生产和产品交付。然而，收益管理却让我们意识到库存周转率的重要性。它帮助企业更好地将存货转化为现金流。

3. 缩短供应链周转时间，改善库存的总体收益

缩短供应链周转时间意味着减少库存持有天数和加快现金周转速度，它能在库存投资和库存持有成本方面为企业带来上万元甚至百万元的成本节约，从而为其他项目筹集更多的资金。此外，周转时间的改善还有助于提高零售商的库存收益，加快库存周转速度。

1）缩短周转时间的因素识别

（1）供应链的复杂性：供应链的设计、引导和管理必须基于流程的思想，而不能将供应链当作一系列的订货和发货交易。

（2）产品和信息的流动性：运营的效果取决于贯穿企业内部和外部（供应商、客户）的流程、技术与人。

（3）流程评估：评估每项供应链活动所需要的时间和执行理由。对阻碍供应链活动正常进行、导致前置时间（lead time）加长的冗余职能或流程进行监控。

（4）库存的缓冲作用：不确定性会随着时间的延长而成倍增加，因此前置时间越长，供应链上所需要的缓冲库存就越多。

（5）时间（或库存）与成本的权衡（trade-off）：全球采购使前置时间延长和缓冲库存增加，但是减少供应链成本也是企业需要解决的难题。

（6）影响前置时间的外部因素：进口商所在国家的安全问题、供货地区的物流基础设施等因素都可能影响供应链活动的正常进行。

除了产品供应链，财务供应链也是需要关注的因素之一。它同样会影响产品流。

2）缩短周转时间的主要途径

管理供应商作业是缩减供应链周转时间所必需的步骤。作为供应链源头，供应商对供应链的时间、库存和成本等绩效参数有更深远的影响，而不只是降低采购定价和提高采购效率这么简单。

供应链上下游的整合也是行之有效的途径之一。整合的内容包括需求预测、库存规划、采购订货、运输规划、信息与系统或平台以及生产流程。

在供应链上传递数据是远远不够的，毕竟数据并不能代表信息。首先，需要一定的时间来完成数据的收集、分析、传递工作。紧接着，供应商和服务提供商将这些数据添加到他们的系统中。完成这一步骤后，供应商和服务提供商再向他们的供应商传递数据。如此一来，数据的收集、分析、传递工作就会耗费大量的时间。相反，如果信息与信息系统能实现一体化，那么必将缩短周转时间，改善信息的准确性。

有选择性地实施一体化战略。选择与供应链上关键的供应商和服务提供商共同实施一体化战略。

分析库存的流动形式和仓储地点，以加快库存的周转速度。具体方法包括：优化仓库和配送网络；采用多层级的入库物流；绕过繁杂的配送网络，实现客户直接交付。

加快周转速度、改善库存收益始于供应商管理。有效的供应商管理必须以技术、流程和人作为基础。技术不仅解决如何应用互联网、电子数据交换等技术来下达采购订单等供应链作业问题，还为用户提供事件管理和突发事件管理的功能，其中包括修改订单，调整订货优先级别、订单组合、订单排期和数量等。流程不仅能实现供应链所有节点的连接，还能实现企业内部以及供应链合作伙伴的一体化。流程能帮助企业对产品流和库存定位进行动态监控，达到最佳的库存水平（既能降低库存成本，又有助于提高客户服务水平），从而获得更高的库存收益。

7.2.2 供应链绩效的内外驱动分析

供应链在不断变化的环境中运作，内部不断的改进和提高就是为了应对外部环境对集成供应链管理的消极作用，提高整体适应能力，增强竞争力。一个可行的框架分析包括外部驱动与内部驱动的影响（图 7.3）。这个框架反映了环境和供应链运作本身的变化，需要通过优化成本，提高服务，加快对市场需求和机遇的响应，以及技术优势的不断提高来支持供应链所拥有的竞争优势。外部两个同心圆表示影响供应链绩效的驱动首先来自供应链外部，其次来自供应链内部。供应链战略的产出是这些驱动力综合作用的结果。

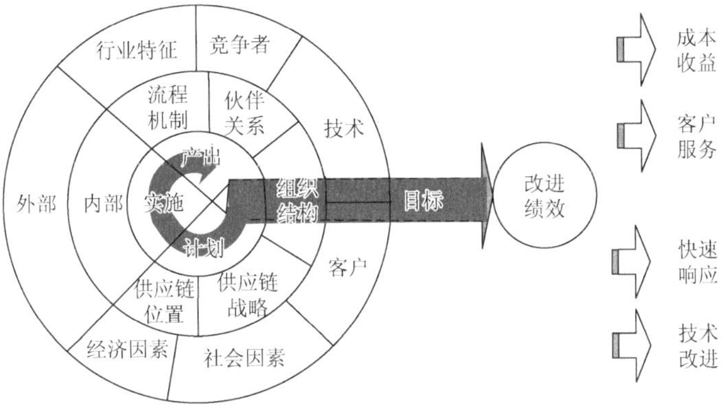

图 7.3　供应链绩效的内外驱动因素

1. 影响供应链绩效的外部驱动力

（1）行业特征。供应链管理所涉及的行业特征使得供应链管理在绩效的考虑角度差异很大。比如，制造业的供应链管理侧重于将采购及物料管理作为一个基本战略，其管理的逻辑是扩展传统内部行为至外部，达到和战略合作伙伴的共同优化。仓储零售业的供应链管理则偏重于运输和物流管理，它将供应链物流部门的狭隘定义扩展为从供应商到客户的物流价值链，有效的实物分销和运动是其业务流程的主要组成部分。这些行业的绩效要求显然是不一样的。

（2）竞争者。供应链的核心竞争力确保供应链在竞争过程中保持独有的竞争优势。竞争者的技术优势、产品以及流程的革新、人力资源的整合都成为影响供应链绩效的长期驱动力。很难从模拟或分析中得出竞争者的优势所在，但是作为竞争单元的集成供应链的确需要从客户角度分析起，利用标杆法，对供应链中的非增值行为进行分析，找出竞争者在可能的领域对供应链的潜在威胁和机遇。

（3）技术。技术的作用在产品或服务以及信息流通上发生着绩效的影响力。不断涌现的先进设计技术对于产品的设计快捷的影响不再赘述。先进的管理技术的不断推进使得供应链管理的适应性得以提高，供应链伙伴之间的信息集成也将信息的滞后和夸大的问题降低到最小。技术的不断推进也使得以往实践中难以实施的绩效测评变得可行。

（4）客户。客户作为供应链市场导向和利润来源，成为供应链绩效的主要驱动。客户不断变化的、加强的客户化要求，以及不断降价的要求和消费的偏好增加了供应链在运作成本和提前期上的压力。同时产品的质量、计划的柔性不能有丝毫的下降。客户越来越注重产品为自身带来的价值增值或成本节约，这使得供应链要在链中的每一环节加强客户理念的作用。

（5）经济因素以及社会因素。关键因素包括世界范围的普遍的经济前景。经济压力通常会迫使供应链国内成本降低以面对世界范围的竞争，而良好的供应链管理可以帮助降低成本。社会的变化对形成与供应商之间的伙伴关系也会产生重要的影响。

2. 影响供应链绩效的内部驱动力

（1）流程机制。在设计供应链运作流程时，要考虑产品、服务、市场和绩效。不同的产品，其流程是不同的，分散采购、集中制造的供应链流程与集中采购、分散制造的供应链流程也不一样，市场层面的不同也会使业务流程在设置上有相当的差异，供应链绩效所关注的侧重点不同也会使得供应链流程有所差异。

（2）伙伴关系。历史上供应链内部的关系视为“臂长”或“敌对的”关系。在这种情况下，用户有许多供应商可以选择，供应商也有许多用户。任何特定的供应链关系都视为临时的而不是永久的关系，注重短期的个体的利益而忽视了战略利益。供应链的长期方面也未予以考虑。交易双方即使在同意交易或交换的商品价格协商上也会有抵触的目标。合作伙伴关系的长期稳定在降低价格、准时制生产方式供货、库存管理绩效上作出巨大贡献。传统的交易对象之间的关系视为“零和博弈”。一个零和博弈是一方的收益与另一方的损失相当，两方面所得相加为零。供应链管理必须将这种零和博弈转变为所有部分之间“双赢”的战略，从而使整个供应链获利更大并且处于供应链核心的游戏者之间的利润分配更均匀。

（3）组织结构。供应链在组织结构上有四种分类，可分为供应（S）、制造（M）、分销（D）三个步骤，按照产品的模块化水平和流程的延迟原则分为四类（图 7.4）：刚性型（rigid）的结构是典型的纵向集成的供应链，目标是大量产品库存基础上的规模经济；柔性型的结构，通过大量的外包、外协运作制造差别化组件，同时装配完工产品，满足纷繁的客户需求；模块化类型的结构则有大量的组件或部件的供应商，最终分销少量完工产品，这是最典型的供应链结构；延迟型的结构供应链经营客户化完工产品，满足客户需求，追求范围经济。理解了四种不同的供应链结构在产品和流程上差异，绩效要求上的差异则不言自明。

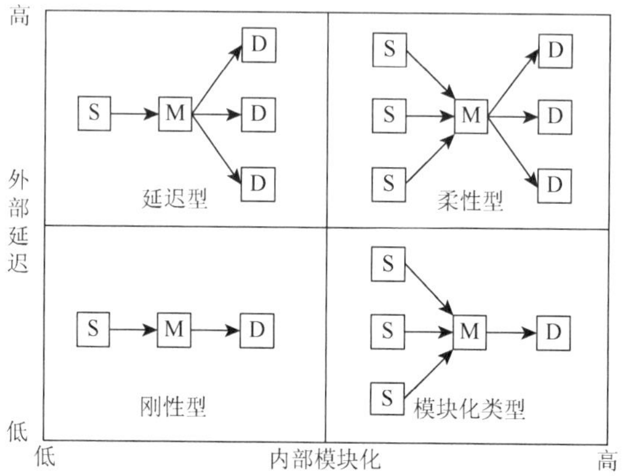

图 7.4 供应链组织结构分类模型

（4）供应链战略。供应链绩效是战略执行的结果，绩效评价要求与战略相一致，反馈战略的执行。供应链战略因为供应链发展集成的层次阶段以及供应链经营方式不同对绩效提出了不同的要求。Stevens（1989）将供应链集成归结为四个阶段：基础建设阶段、功能型阶段、内部集成阶段、外部集成阶段。这使得供应链战略从单一组织向多组织协调集成，运作从市场反应型发展为市场导向型。绩效也从内部单一评测扩展到了多方共同决定。供应链运作方式的不同导致战略管理的重心不同。高度集成的供应链在绩效上与上游或下游紧密地联系达成捆绑的联合体，以计算机制造业为例，IBM 公司注重整个设计、制造、分销和市场的全过程；戴尔则在装配和市场、服务上下大力气；康柏注重于装配和市场。这种不同的选择与其对外部供应链战略是相关的，绩效要求供应链运营必须有所差异。

（5）企业在供应链中所处的上下游位置。公司在整个供应链中运作的不同层次阶段上对各种运作绩效的要求也是不一样的，供应链伙伴中供应商可能更注重质量，地区分销商更注重产品种类和价格；当地分销商注重产品送货和服务水平。增值活动发生的层阶结构阶段性为供应链改进绩效体系提供了难度（图 7.5）。

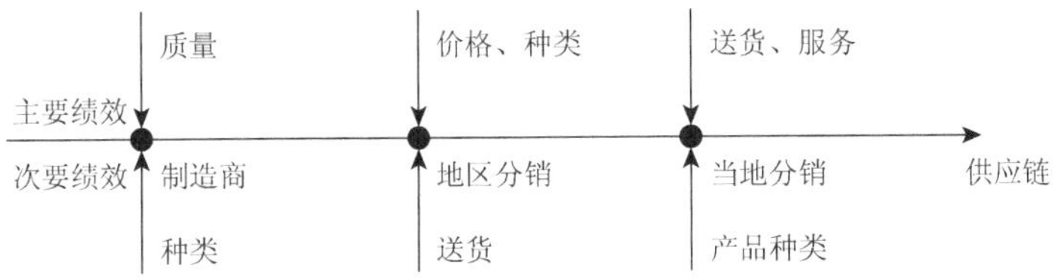

图 7.5　供应链不同环节对运作绩效的要求

7.2.3　供应链绩效评价指标的设计

1. 设计原则

在供应链管理的环境下，任何一个供应链节点企业的运营绩效好坏，不仅关系到该企业自身的生存和发展，还关系到供应链其他企业的利益和供应链整体竞争力。而制订供应链绩效评价考核标准、进行认真考核及形成相应的供应链激励机制，有利于供应链发现问题、解决问题，进而激励供应链上各个企业争创一流绩效，从而达到提高整个供应链竞争能力和经济效益的目的。

合适的绩效评价为信息充分地决策提供基础，如果选择错误的绩效指标，会降低供应链的绩效，有些指标看似有意义，事实上反而可能是供应链绩效评价的障碍，不恰当的绩效评价则可能导致组织瘫痪、隐藏关键问题。因此，一个良好的评价指标体系应该有如下特点。

（1）应与组织的战略相吻合；

（2）应突出重点，对关键绩效指标进行重点分析；

（3）应采用能反映供应链业务流程的绩效指标体系；

（4）是可量化的，且客观的；

（5）是易于了解的和容易接受的；

（6）有适当的关键绩效指标；

（7）有助于激励成员的合作积极性；
（8）有可视的评价效果；
（9）有较低的评价成本；
（10）有助于促进成员间的相互信赖。

2. 设计步骤

建立和实施一个完整的绩效评价体系，应包含以下四个步骤。
（1）第一步，绩效评价指标的设计，包括判别关键目标和涉及评价指标；
（2）第二步，评价指标的选取，可分为初选、校对、分类或分析和分配四个步骤；
（3）第三步，评价体系的应用，包括评价、反馈和纠偏行动；
（4）第四步，战略假设的见证，即反馈。

或者用比较熟知的物流记分卡，该体系框架包括四步。
（1）第一步，明确表达物流和供应链战略；
（2）第二步，决定表示成功的可评价的结果；
（3）第三步，决定影响这些结果的流程；
（4）第四步，找出这些流程中的绩效驱动源。

物流和供应链应该明确表达这些运作对公司总体目标的实现作出了哪些贡献。Christopher 提出：这一战略成功的结果应纳入更好、更快、更便宜的组合中。图 7.6 显示了从这些结果到更加有意义的运作结果，以及这些结果的翻译过程。

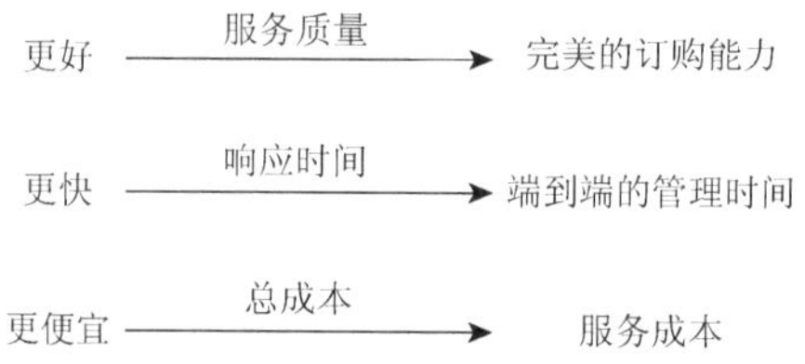

图 7.6　创建物流记分卡

这三个合一的目标整合了基于顾客的外部绩效（服务质量）和内部绩效（资源和资产利用）。

在第四步，找出了每一流程中促进绩效的特定活动，这些活动都是在运作水平上得到关键绩效指标的基础。

物流记分卡的独特价值在于，既在目标输出水平上，又在运作决定因素水平上形成评价的过程。这一过程的主要优点在于它的逻辑性、灵活性和使用方便性。在不受预定结构的约束下，找出关键绩效评价和支持运作的评价，它能提供有价值的指导。

有研究机构也提出了一个包含七个步骤的绩效评价指标体系设计的总体框架模型（图 7.7）。供应链绩效评价指标体系的建立步骤大致如下。首先是挖掘和培养核心能力。因为每一个供应链的核心竞争力是不同的，所以确定核心竞争力的过程，也就是确定供应链属性和资源配置的过程。供应链运作流程的设计是供应链绩效评价的基础。其次是对客户需求和预期的确定，这个步骤的目的是求证目标和绩效优劣产生的根源，所以将目标分解，使之与相应的流程对应。由于需要优化活动顺序或范围，应该对这些进行管理，即管理改进的范畴。再次是评价指标的确定、选择以及分类。这一阶段是和供应链中其他成员共同协商的、与上一步骤相一致的评价指标。然后是建立评价指标的取值范围，确立各节点企业的实际利益和责任。最后是供应链绩效评价指标体系的建立。

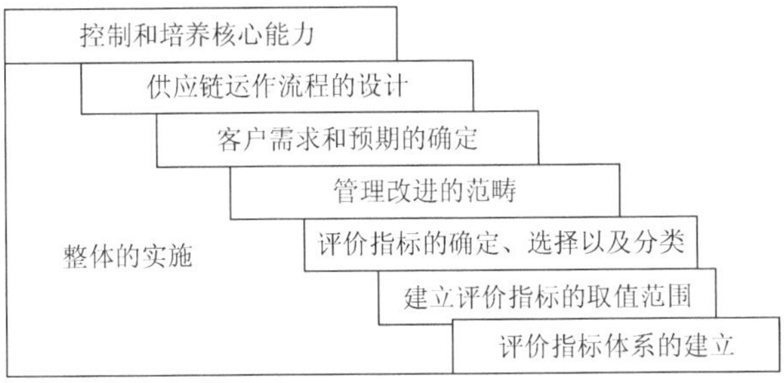

图 7.7 供应链绩效评价指标体系设计的步骤

3. 常用指标

1998 年，Tyndall 等提出了仪表板概念，原本是“定义和评价运作绩效的几个关键衡量标准”，其框架中包含了四类衡量标准：运作成本、时间和响应、盈利和利润、客户服务。表 7.1 展示了一个仪表板衡量标准的例子。

表 7.1 仪表板衡量标准

运作成本	时间和响应	盈利和利润	客户服务
产品或顾客的总分销成本 日常销售或库存和水平 多余与废弃的库存 积压与短缺 日常支付	总的供应链循环时间 订购（分销循环时间） 响应顾客需求和订单的时间 制造循环时间	产品或渠道的运作利润 税后净营运利润 供应链总资产回报率 现金流衡量标准	细分渠道的客户服务水平 完美的订单 订单履行率 及时分割 顾客需求交付

仪表板衡量标准概念的创建者重点关注了三类信息。

（1）过多复杂的衡量标准不会导致成功；

（2）建议使用 5～7 个衡量标准，便于对照；

（3）对这 5～7 个衡量标准，尽可能实施监控。

Tyndall 和其他学者没有提出寻找评价方法的指导，对于运作决定因素的评价，也没有表述目标输出评价的问题。

然而，基于运作成本、时间和响应、盈利和利润以及客户服务的四类标准合并了供应链管理中的所有关键方面。

Agarwal 和 Shankar（2002）考虑了三个维度。

（1）市场敏感性；

（2）信息驱动；

（3）过程整合。

市场敏感性意味着对真实需求的快速响应，它有六个指标：交付速度、交付可靠性、新产品引入、新产品开发时间、生产提前期、客户响应。较高的交付速度、交付可靠性、新产品引入、客户响应，以及较低的新产品开发时间、生产提前期使供应链更为贴近市场。信息驱动包括信息技术和供求双方的信息共享。在供应链中，过程整合是买卖双方的协同或同步工作，这包括产品开发、公用系统设计和信息共享。

也有学者从以下五个一级指标，以及相应的二级指标衡量供应链绩效。

1）客户服务

（1）用户满意度；

（2）产品柔性；

（3）交货速度。

2）成本管理

（1）物流成本；

（2）生产成本；

（3）供应链总成本。

3）运作质量

（1）交货可靠性；

（2）响应性；

（3）订单柔性；

（4）交货柔性。

4）生产率

（1）完成订单的能力；

（2）信息系统支持；

（3）先进的发运通知系统。

5）资产管理

（1）库存周转率；

（2）资产回报率。

观察 7.2　一个杂货食品连锁店的绩效指标

一个杂货食品连锁店发现了一个个别的、创新性的“关键指标修补”方法，这个方法关系到分销中心（distribution center，DC）的超级市场铺货率。该杂货食品连锁店有多家分销中心，它们都服务于各自的超级市场。这些分销中心的绩效衡量指标是铺货率，即在同一天各个分销中心向超市铺货的订单数。为了突出铺货率这个关键指标，会安排一个单独的分销中心监测它们产品的供应情况。当潜在的缺货情况即将来临的时候，它就提醒超市存在潜在的缺货问题，并要求超市最近不要订购那些商品种类。通过这种方法，铺货率指标看上去就显得非常激动人心，因为很少有订单没有得到满足。这个方法扭曲了实际的绩效水平，但它确实具有一些优点。被告知缺货情况的超市当然可以重新对缺货情况作出反应，它可以重新组织自己的货架空间，避免为分销中心缺货的商品花费不必要的订货成本。但同时，分销中心丧失了真实可见的供应绩效和订单的可获得性。

供应链绩效指标值应根据各企业的实际水平及供应链其他企业的要求确定，正常情况下应比上年的水平有所提高，根据多年的统计数据进行分析得出的指标值较能服众。还可采用目前在日本和欧美等国家和地区的许多企业已实行的标杆法，即通过对企业市场战略和其竞争对手市场战略进行比较与对行业领先企业已经达到的指标进行综合分析后，同时，分析优秀企业的绩效达到优秀水平的原因，在此基础上改进供应链及其企业的策略，进而确定供应链期望达到的指标。但应注意的是在确定目标时，应注意企业与标杆企业之间的差异。例如，经营规模差异产生的经济效益差异；管理理念上的不同产生的管理集权程度、资源分享程度、内部控制程度的不同；产品特性和生产过程的不同所产生的管理控制方式上的差异；经营环境中的地位、风俗、制度不同而形成的管理理念不同进而影响管理措施产生的效果不同。

7.3 ROF 参考体系

7.3.1 一个测度框架

正如前面所提到的，一个只有单一绩效指标的供应链绩效测定系统一般是不够的，因为它不具有包容性，并且也忽略了供应链重要特性之间的相互作用和组织战略目标的关键环节。战略目标涉及的关键要素包括资源、产出和灵活性方面的测定。资源指标（一般成本）和产出指标（一般客户的响应）已广泛应用于供应链模型当中。在实际的供应链中，虽然灵活性指标受到限制，但对于一个灵活的供应链来说，灵活性存在诸多优势。

资源的利用、所需产出和灵活性（系统如何应对不确定性）已经被认为是一个供应链成功的重要组成部分。因此，供应链绩效测定系统必须强调三种不同类型的绩效指标：资源指标（R）、产出指标（O）和灵活性指标（F）。这三种类型的绩效指标都有不同的目标（表 7.2）。供应链绩效测定系统三种类型（R，O，F）都必须进行测定，因为每种类型对整体的供应链的绩效成功都是至关重要的。这三种类型的指标都各具重要的特点并且相互之间都有影响（图 7.8）。因此，供应链绩效测度系统必须包含已确定的三种类型指标中的至少一个单独指标，并且这个单独指标的选择必须与组织的战略目标相一致。这种测度系统可以进行指标之间相互作用的研究，或者能够至少确保在不同领域绩效的最小水平。接下来将分别讨论这三种绩效指标。

表 7.2 ROF 供应链绩效评估体系

绩效指标类型	目标	目的
资源	效率的高水平	有效的资源管理对利润是重要的
产出	客户服务的高水平	如果没有可接受的服务，顾客将转到其他供应链
灵活性	快速响应环境的变化	在不确定环境下，供应链必须响应环境的变化

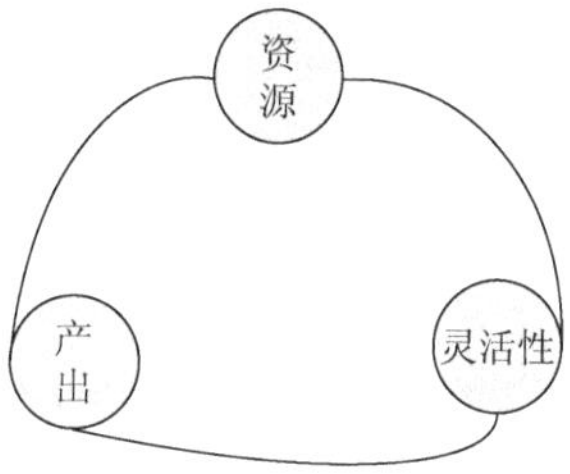

图 7.8 供应链绩效系统

7.3.2 资源

资源指标测度包括库存水平、人员的要求、设备利用率、能源使用和成本。资源通常是根据最小需求（数量）或复合效率的指标来衡量的。效率是衡量系统中用以满足系统的目标所使用的资源的利用率。资源测定是绩效测定系统的一个重要组成部分。很少有资源会对系统产出和系统的灵活性产生负面影响，然而大量资源的调度，人为地增加了系统的需求。

供应链分析的一个总体目标是资源最小化。虽然产出的最低水平是经常确定的，但减少资源对供应链灵活性的影响也通常不被考虑在内。尽管目前的需求被满足时，供应链可能会重新配置减少的资源，但是这样的短期分析并没有考虑到需求的动态性。从这方面看，资源是直接关系到系统的产出和灵活性的绩效。

以下列出的是供应链资源绩效指标。

（1）总成本，即所用资源的总成本；

（2）配送成本，即配送的总成本，包括运输和处理成本；

（3）制造成本，即制造业的总成本，包括劳动、维修和再制造成本；

（4）库存与持有库存相关的成本包括：①库存投资，即持有库存的投资价值；②库存报废，即过时的库存相关成本，有时包括腐败；③在制品，即与在制品库存相关的成本；④制成品，即持有成品存货的成本。

（5）投资回报率（return on investment，ROI）用来衡量一个组织的盈利能力。投资回报率一般指净利润占总资产的比例。

7.3.3 产出

产出指标测定包括客户的反应性、质量和最终产品的数量。许多产出绩效指标很容易用数字表示，如生产的零部件数量、生产一件特殊零部件或一套零部件所需的时间、准时交货数量（订单）。但是，也有许多产出的绩效指标测定难以用数字表达，如消费者满意度、产品质量。

虽然通常不考虑不同的产出水平所需的成本之间的关系，但最低的产出水平往往是指定的。如果产品提前交付，附加值或成本是什么？同样，如果产品延迟交付，其成本又是什么？

此外，产出的测定是基于有限的时间跨度，并且解决如“我今天生产了多少？”的问题，并不是“我明天能生产多少？”的问题。因此，资源影响供应链的产出、供应链系统（质量、数量等）的产出对于确定系统的灵活性是非常重要的。

产出绩效测度不仅要符合组织的战略目标，还必须符合客户的目标与价值，因为组织的战略目标往往是迎合客户的需求。有学者研究了一个家具制造商，发现他们的客户相对于产品的快速交货更注重产品交付的可靠性。对于客户，相对于准时交货来说，快速交货是次要的。虽然交货时间对制造商来说可能是非常重要的，但对客户来说准时交货才是最重要的。在这种情况下，这两个产出绩效指标都应加以利用。

下面是供应链产出绩效指标的具体内容。

（1）销售：总收入。

（2）利润：总收入较少的花费。

（3）完成比例：立即完成的订单比例包括：①实现目标完成率，即在什么程度上的目标已经实现；②平均项目完成率，即项目完成数除以项目的总数量。

（4）准时交货：测定项目、订单或产品交付能力。①产品交付延迟，即交货日期减去产品应到日期；②订单平均延迟，即延迟订单数除以总订单数量；③订单平均提前，即提前订单数除以总订单数；④准时交货的百分比，即交货或在到期之前交付的订单。

（5）滞后的订单或缺货：测量项目、订单或产品可利用性能力包括：①缺货概率，即需求产品不在库存中的瞬时概率；②缺货数，即由于缺货产品延期交货的数量；③迟滞数目，即库存的所需产品的数量；④平均缺货水平，即产品的缺货数量除以产品的总数量。

（6）客户响应时间：产品订单与相应的产品交付之间的时间量。

（7）制造交货时间：生产一个特定产品或批次所需的总时间。

（8）运输差错：不正确的运输数量。

（9）客户投诉：登记在案的客户投诉数量。

7.3.4　灵活性

灵活的供应链系统具有的优势如下。

（1）能够减少订单积压数量；

（2）能够减少销售损失数量；

（3）客户满意度的增加；

（4）能够响应和适应需求变化，如季节性；

（5）能够应对和适应恶劣的制造性能（机器故障）；

（6）能够应对和适应不良供应商的表现；

（7）能够应对和适应不良的交货行为；

（8）能够应对和适应新的产品、新的市场或新的竞争对手。

因为整个供应链都在一个不确定的环境下，所以灵活性对供应链的成功是至关重要的。尽管如今供应链可能正在有效地利用资源，并生产所需的产品，但将来供应链真的能够调整适应如产品的需求、制造的不可靠性、引进新产品或供应短缺等变化吗？因此，灵活性是供应链绩效的一个重要因素。灵活性可分为两种类型：范围灵活性与响应灵活性。范围灵活性被定义为运营作业可以改变到何种程度，响应灵活性的意思是易用性，即在成本或时间方面能有多少的改变。虽然供应链的范围灵活性和响应灵活性有限制，但是可以设计供应链以高度适应不确定的环境。

7.4 供应链运作参考模型

7.4.1 供应链运作参考模型的含义

1996 年春，两个位于美国波士顿的咨询公司，即 Pittiglio Rabin Todd & McGrath（PRTM）和 AMR Research 为了帮助企业更好地实施有效的供应链管理，实现从基于职能管理到基于流程管理的转变，牵头成立了供应链协会（supply chain council，SCC）。1996 年底，由美国供应链协会发布了供应链运作参考（supply chain operations reference，SCOR）模型。

供应链运作参考模型是第一个标准的供应链流程参考模型，是供应链的诊断工具，它涵盖了所有行业。供应链运作参考模型使企业间能够准确地交流供应链问题，客观地评测其性能，确定性能改进的目标，并影响今后供应链管理软体的开发。流程参考模型通常包括一整套流程定义、测量指标和比较基准，以帮助企业开发流程改进的策略。供应链运作参考模型不是第一个流程参考模型，但却是第一个标准的供应链参考模型。供应链运作参考模型主要由四部分组成：供应链管理流程的一般定义、对应于流程性能的指标基准、供应链“最佳实施”（best practices）的描述以及选择供应链软件产品的信息。

供应链运作参考模型把业务流程重组、标杆比较和流程测评等著名的概念集成到一个跨功能的框架之中（图 7.9）。供应链运作参考模型是一个为供应链伙伴之间有效沟通而设计的流程参考模型，是一个帮助管理者聚焦管理问题的标准语言。作为行业标准，供应链运作参考模型帮助管理者关注企业内部供应链。供应链运作参考模型用于描述、量度、评价供应链配置：规范的供应链运作参考模型流程定义实际上允许任何供应链配置、量度；规范的供应链运作参考模型尺度能使供应链绩效衡量和标杆比较；供应链配置可以被评估以支持连续的改进和战略计划编制。

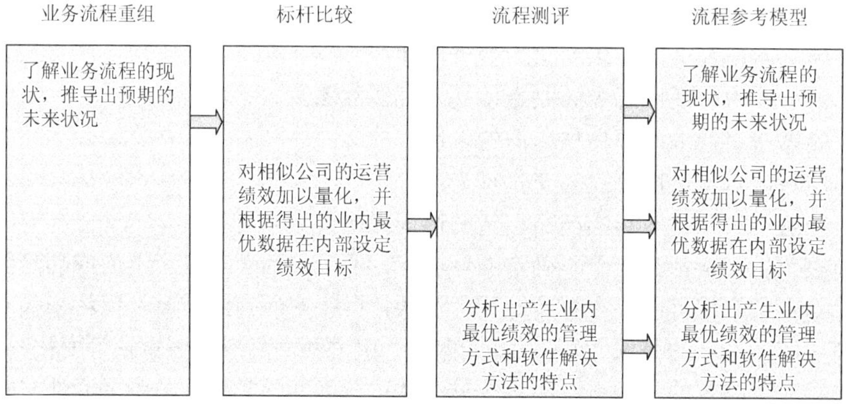

图 7.9 供应链运作参考模型的基本思想

（1）供应链运作参考模型包括：所有与客户之间的相互往来，从订单输入到货款支付；所有产品（物料实体和服务）的传送，从你的供应商的供应商到你的客户的客户，包括设备、原材料、配件、大批产品、软件等；所有与市场之间的相互影响，从对累计总需求的理解到每项订单的完成。

（2）供应链运作参考模型不试图描述以下商业流程或活动：销售和市场（需求的产生）、技术研究开发、产品开发、一些关于货物运送后技术支持的元素。

（3）供应链运作参考模型呈现但并不清楚定义培训、质量、信息技术管理、行政（非供应链管理）。

7.4.2　供应链运作参考模型结构

供应链运作参考模型按流程定义可分为三个层次，每一层都可用于分析企业供应链的运作。在第三层以下还可以有第四、五、六等更详细的属于各企业所特有的流程描述层次，这些层次中的流程定义不包括在供应链运作参考模型中。供应链运作参考模型的第一层描述了五个基本流程（图 7.10）：计划（plan）、采购（source）、生产（make）、配送（deliver）和退货（return）。它定义了供应链运作参考模型的范围和内容，并确定了企业竞争性能目标的基础。企业通过对第一层供应链运作参考模型的分析，可根据下列供应链运作性能指标作出基本的战略决策。

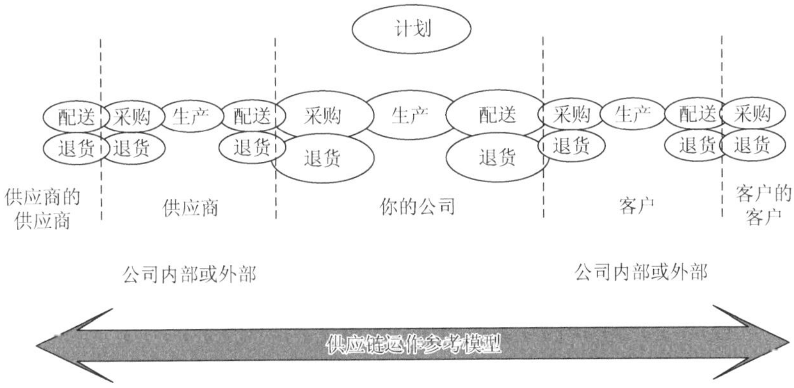

图 7.10　供应链运作参考模型的基本思想

1. 计划

（1）评估企业整体生产能力、总体需求计划，以及针对产品分销渠道进行库存计划、分销计划、生产计划、物料及生产能力的计划。

（2）制造或采购决策的制订、供应链结构设计、长期生产能力与资源规划、企业计划、产品生命周期的决定、生产正常运营的过渡期管理、产品衰退期的管理与产品线的管理等。

2. 采购

（1）寻找供应商或物料收取。获得、接收、检验、拒收与发送物料；供应商评估、采购运输管理、采购品质管理、采购合约管理、进货运费条件管理、采购零部件的规格管理。

（2）原材料仓库管理。

（3）原材料运送和安装管理。运输管理、付款条件管理以及安装进度管理。

（4）采购支持业务。采购业务规则管理、原材料存货管理。

3. 生产

（1）生产运作。申请及领取物料、产品制造和测试、包装出货等；工程变更、生产状况掌握、产品质量管理、现场生产进度制订、短期生产能力计划与现场设备管理；在制品运输。

（2）生产支持业务。制造业务规格管理、在制品库存管理。

4. 配送

（1）订单管理。订单输入、报价、客户资料维护、订单分配、产品价格资料维护、应收账款管理、授信、收款与开立发票等。

（2）产品库存管理。存储、拣货、按包装明细将产品装入箱、制作客户特殊要求的包装与标签、整理确认定单、运送货物。

（3）产品运输安装管理。运输方式安排、出货运费调教管理、货品安装进度安排、进行安装与产品试运行。

（4）配送支持业务。配送渠道的决策制订、配送存货管理、配送品质的掌握和产品的进出口业务。

5. 退货

（1）原料退回。退还原料给供应商包括与商业伙伴的沟通，同时准备好文件资料以及物料实体的返还和运送。

（2）产品退回。接受并处理从客户处返回的产品包括商业伙伴的沟通，同时准备好文件资料以及物料实体的返还、接受和处理。

7.4.3 供应链运作参考模型的三个层次

供应链绩效的衡量有三个层次（图 7.11）。

1. 第一层：绩效衡量指标

该层反映了供应链性能特征，其绩效测量涵盖了不同层次的多个供应链运作参考模型流程。

（1）衡量工作必须结合企业的目标。

（2）衡量工作要有可重复性。

（3）衡量工作必须能对更有效的管理供应链提出见解。

（4）衡量一定要适于所评测的流程活动。

供应链运作参考模型的第一层衡量指标如表 7.3 所示。

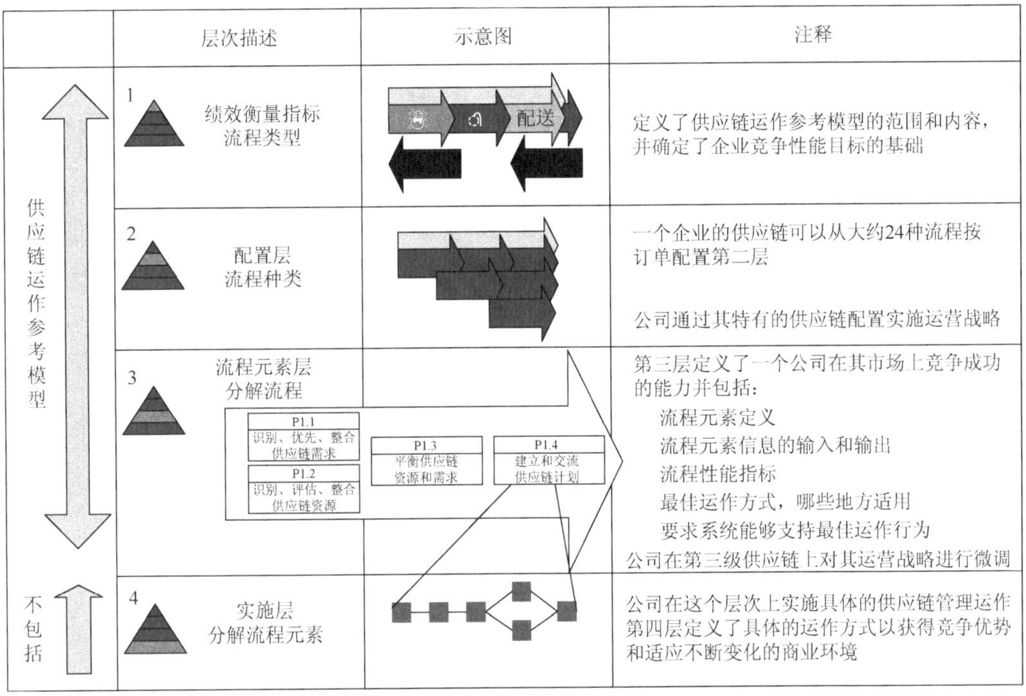

图 7.11　供应链运作参考模型的三层流程水平

表 7.3　供应链运作参考模型的第一层衡量指标

性能特征	性能特征定义	第一层衡量指标
供应链配送可靠性	供应链配送的性能特征：正确的产品、到达正确的地点、正确的产品包装、正确的质量和正确的文件资料、送达正确的客户	配送性能
		完成率
		完好订单的履行率
供应链的反应	供应链将产品送达客户的速度	订单完成提前期
供应链的柔性	供应链面对市场变化获得和维护竞争优势的灵活性	供应链响应时间
		生产的柔性
供应链成本	供应链运营所耗成本	生产销售成本
		供应链管理总成本
		增值生产力
		产品
供应链管理的资产利用率	一个组织应满足利用率的有效性，包括各项资本的利用、固定资本和运营资本	资金周转时间
		供应库存总天数
		净资产周转次数

2. 第二层：配置层

在配置层中，由 24 种核心流程类型组成。企业可选用该层中定义的标准流程单元构建它们的供应链。每一种产品或产品型号都可以有它自己的供应链（图 7.12）。

每一个供应链运作参考模型流程都分三种流程元素进行详细描述。

（1）计划元素。调整预期的资源以满足预期需求量。计划流程要达到总需求平衡以及覆盖整个的规划周期。调整预期的资源可以满足预期需求量。计划流程同时综合模型中的部分企业。

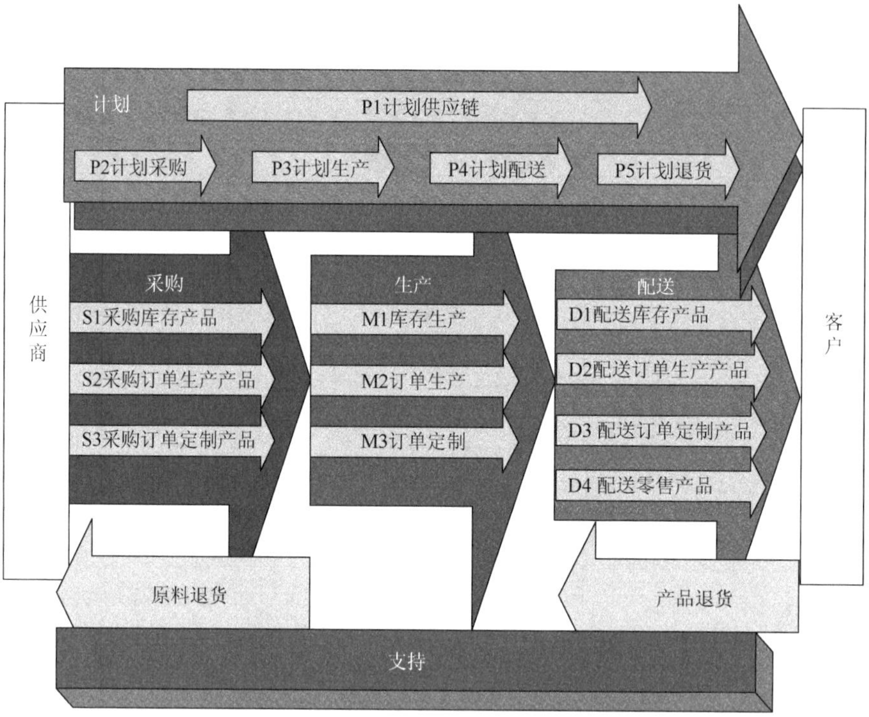

图 7.12 供应链运作参考模型的第二层水平

（2）执行元素。由于计划或实际的需求会引起产品形式变化，需要执行的流程包括：进度和先后顺序的排定、原材料及服务的转变及产品搬运。

（3）支持元素。计划和执行过程所依赖的信息及内外联系的准备、维护与管理。

3. 第三层：流程元素层

第三层是流程元素层，以 S1 采购库存产品为例，具体见图 7.13。

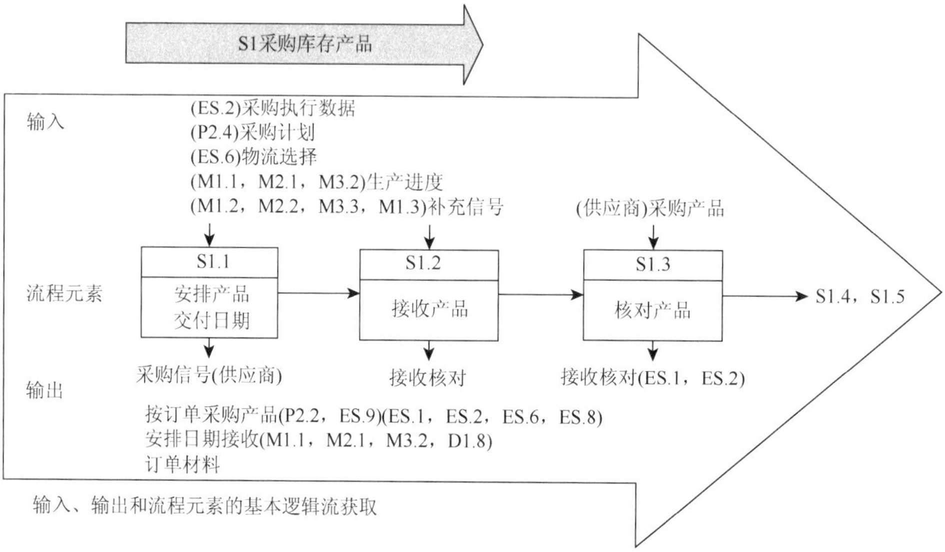

图 7.13 供应链运作参考模型的第三层水平

观察 7.3　星巴克的供应链改革之路

从咖啡豆到一杯香醇咖啡，要经历一段很长的供应链里程。全球最大的咖啡连锁店星巴克，历经不景气时期的销售量下滑、营运成本上升的压力，它的供应链改革之路值得借鉴。

星巴克在全球 51 个国家有超过 16 700 家零售店，每周约有 500 万名客人上门消费，在 2008 年全球金融海啸发生的时候，星巴克发现营收逐渐下滑，但是营运成本却不断上升，以美国本土为例，供应链营运成本从以往每年约 7500 万美元增加到 8250 万美元，但是营收却比同时期下滑 10%。

这样的原因，有一部分是来自星巴克内部，为了在全球快速展店，就必须找当地的物流服务供应商，因为“展店”是首要目标，所以自然很难兼顾供应链最佳化的议题。

星巴克的供应链改革来自营收的压力，因此高层主管自然大力支持改革计划，而改革的重任，落在刚到公司一年多的 Gibbons 身上。

星巴克的供应链改革之路中任何的改善都是从了解现况开始，例如，各分店都会发生哪些问题？物流成本都耗费在哪些地方？Gibbons 也做了同样的事，经过一段时间的分析之后，他发现竟然所有分店仅有不到 50%的到货准时率。

为了深入了解这个问题的原因，Gibbons 亲自到特别有问题的分店了解配送到货的状况，并实际访谈分店员工，了解日常到货作业程序。经过成本分析后，Gibbons 发现原来物流成本中，有高达 60%～70%的“物流外包”成本，这让物流成本快速上升，特别是外包的供应商越多，配送的单价越高，星巴克本身也失去了物流主导权，造成被外包供应商绑架的局面。

为了解决这个问题，Gibbons 规划了一个三阶段的供应链改革方案，并向董事会呈报。首先，星巴克必须重新组织其“供应链”部门，并且让各部门更清楚其工作职能。

Gibbons 充分应用了美国供应链协会所提出的供应链四大活动，也就是计划、采购、生产、配送。因此只要是牵涉“计划”活动的人，不管是采购规划、配送规划、需求预测规划……都纳编到单一的规划部门。

采购部门的整合更有意思，Gibbons 将采购部门再划分出“咖啡类”与“非咖啡类”两个单位，每年星巴克在非咖啡类（如分点所需的家具、烹调设备、面包等）采购中需支出 25 亿美元，而每年仅咖啡类的采购金额就高达 6 亿美元。比较之后不难发现，购买咖啡的支出费用在总支出费用中占有很高的比例。

其余只要牵涉“生产”事务的部门，都纳编到生产部；而关于物流、仓储、配送的人力，则全部纳编到“配送”部门。

以往烘培厂与配送店面之间可能没有具体关联，现在改为一个烘培厂仅负责其周边一定距离的店面，缩短配送距离后，配送的可靠度自然会增加。在美国，星巴克自己拥有四座咖啡加工厂，分别坐落于华盛顿州、内华达州、宾夕法尼亚州，2009 年加入了加利福尼亚州的第四座工厂。第四座工厂开始运转后，所有工厂的工作时间就从原本每周七天变成了每周五天。

建立一个全球的、单一的供应链对星巴克是很重要的，星巴克的咖啡豆来自拉丁美洲、非洲、亚洲，最主要的咖啡消费地则是欧洲与美国，这些大量的咖啡豆都是通过海运货柜运输的。

为了评估供应商，星巴克对供应商实施了完整的评量系统，这个评量系统有很多的尺度，但是评量的方法非常简单。举例来说，供应商应配送 10 个栈板，但有一个栈板未到，则评为“0”；反之，如果供应商在预计到货的时间准时出现，则评为“1”，这样简化的系统，每个员工都看得懂，也知道怎么回报，资讯系统的设计也变得简单，因此可以精准地评估每家供应商的绩效，评估的结果则作为后续议约的参考。如果供应商要涨价，星巴克也有充足的数据证明该供应商是否应该涨价。

接下来是解决配送到店不准时的问题，同时也要降低物流成本，具体的做法就是通过与供应商的合约谈判，减少外包供应商的数量，让继续合作的供应商有更大的配送量，因而可以导入更好的资讯系统以串联星巴克与配送供应商之间的资讯往来。

这些供应链改革的基础工程，星巴克都做对了，因此员工也看到未来的希望，并且有更大的信心迎接未来的供应链挑战。

星巴克在全球享有较高的知名度，自然要承担较多的“社会责任”。星巴克注重“永续发展”，也就是其供应链管理已经进阶到供应链的“边界”，包括提升咖啡农的福利，以及土地利用、水资源管理等供应链上游边界。在下游边界方面，星巴克高层宣布，自 2015 年起，所有的外带杯全部都要达到“回收”“再生”的目标，因此这给星巴克带来另一个“逆物流”的问题。

让供应链管理达到边界管理，是整个供应链管理的最高境界，因为管理可以看到最源头的问题与最末端的问题，并且直接从根本上解决问题，例如，提升咖啡农的福利，协助咖啡农进行农作记录、生产履历追溯，协助消费者解决废弃咖啡杯的问题，这样的做法有助于产生更多创新供应链以及降低成本的新方法。

7.5 供应链激励

7.5.1 激励的重要性

为什么要建立供应链企业的激励机制？要回答这个问题，不妨从一个实际例子谈起。某大型汽车制造商为了促进其生产的汽车在市场上的销售，向经销商提出了一个促销的激励措施。公司规定，只要经销商的销售额达到一定数额，年底时制造商将付给经销商一笔奖励资金。同时，为了帮助经销商，制造商出面与银行签订了分期付款的协议。此举推行下去之后，曾出现一阵销售热潮，库存量明显下降。但是，到年底一算账，制造商才发现有问题。原来，经销商为了扩大销售业绩，纷纷下调价格出售汽车。结果，汽车卖出去不少，经销商也得到了实惠，但是制造商损失惨重。制造商不得不承受低价销售的损失，使本来就步履艰难的生产经营活动雪上加霜。于是，制造商不得不检讨该项措施的失误，第二年重新制订新的促销战略。

这个例子说明，制造商的出发点是激励经销商多卖汽车，希望在给自己带来效益的同时，经销商也能获得一定利益。但是事与愿违，此激励措施不但没有发挥正常作用，反而给企业造成一定的损失。

导致这种情况出现的原因当然是多种多样的，其中之一就是由在实现委托-代理过程中的风险所造成的。委托-代理过程中的风险有多种表现形式，其中最为常见的是不完全信息下决策的风险、代理人的道德风险等。供应链企业间的关系实际上是一种委托-代理关系。事实上就是居于信息优势与处于信息劣势的市场参加者之间的相互关系。由于信息非对称现象在经济活动中相当普遍，而许多经济合同又都是在信息非对称条件下执行的，就难免出现道德风险问题。产生道德风险的原因之一在于代理人拥有私有信息，这从道德风险对策环境中看得很清楚：委托人与代理人签订合同时，双方所掌握的信息是相互对称的（至少双方都认为他们自己已经掌握了对方了解的信息）。然而，建立委托-代理关系后，委托人无法观察到代理人的某些私有信息，特别是代理人的努力程度方面的信息，在这种情况下，代理人可能会利用其私有信息采取某些损害委托人利益的行动（如上面举的汽车经销商的例子）。为了克服道德风险带来的危害，委托-代理理论普遍发展了以合作和分担风险概念为中心的信息激励机制理论。

对于委托人来说，只有使代理人行动效用最大化，才能使其自身利益最大化。然而，要使代理人采取效用最大化行动，就必须对代理人的工作进行有效的激励。因此，委托人与代理人，即制造商和供应商或制造商与经销商之间的利益协调关系，就转化为信息激励机制的设计问题。所以设计出对供应链上的各个节点企业的激励机制，对保证供应链的整体利益是非常重要的。

激励机制并不是一个新话题。在组织行为学中就专门讨论激励问题，在委托-代理理论中也研究激励问题。这里将激励的概念和范围扩大到了整个供应链及其相关企业上，从广义的激励角度研究供应链管理环境下的激励和激励机制的建立问题。

根据组织行为学的基本观点，一个人的工作成绩可以用公式表示：工作成绩=f（能力×动机），即一个人工作成绩的好坏，既取决于人的能力，也取决于人的动机。如果一个人的积极性被调动起来，即动机被激发，那么他取得的成绩就大。美国哈佛大学心理学家威廉·詹姆士（William James）在对职工的激励研究中发现按时计酬的职工仅能发挥其能力的 20%～30%，如果受到充分激励则可以达到 80%～90%，也就是说，同样一个人在充分激励后所发挥的作用相当于激励前的 3～4 倍。它反映的是这样一个问题：在现代企业中，人们往往不是不会做，而是不积极地去做。因此企业管理重要问题之一是调动职工的工作积极性，而职工积极性是与个人需要和动机相联系的，是由动机推动的。可以说，影响积极性的基本因素是人的需要和动机。应该明确这样一个观点：人人有待激励，人人可以激励。只有了解人的需要和动机的规律性，才能预测、引导和控制人的行为，才能达到激励职工、调动职工积极性的目的。这就是“需要—动机—行为—目标”激励模式。

从供应链的委托-代理特征去理解，所谓激励，就是委托人拥有一个价值标准，或一项社会福利目标，这些标准或目标可以是最小个人成本或社会成本约束下的最大预期效用，也可以是某种意义上的最优资源配置，或个人的理性配置集合。现在，委托人希望能够达到这些目标，那么，委托人应该制订什么样的规则，使其他市场参与者（代理人）都能够使利己行为的最后结果与委托人给出的标准一致呢？更进一步地分析，激励就是委托人如何使代理人在选择或不选择委托人标准或目标时，从自身利益效用最大化出发，自愿或不得不选择与委托人标准或目标一致的行动。由于每个经济模型都是一个机制，设计激励机制必然要求既定模型应符合参与约束和激励相容约束。

激励是一个心理学范畴，在管理学的应用中，对激励的研究一般限于个人行为的范围。供应链激励因其对象包括团体（供应链与企业）和个人（管理人员与一般员工）两部分而将研究范围扩大为个人的心理与团体的心理。一般地讲，供应链涵盖的社会范围很大，具有社会性，供应链的团体心理即社会心理。供应链的社会心理作为一个“整体”具有“个体”心理的一般特性，即基于需要产生动机进而产生某些行为以达到目标。但是整体毕竟不是个体的简单相加，供应链的社会心理具有其独特的一面。作为众多企业的集合，供应链管理系统也存在同样的问题。

供应链是一个利益的战略联盟，如何使这个联盟能够在众多的成员之间、巨大的时空跨度上还能进行良好的运作，的确是一个高难度的管理问题，尤其表现在各成员之间的利益关系的协调、冲突的处理方面。从这个层面上说，制订一个有效的供应链企业激励机制，将直接关系到供应链企业成员的利益和积极性，直接关系到供应链运作的效率与效益。因此，供应链是否具有强大的竞争力、是否能够有机地协调运作，将主要取决于供应链企业的激励机制是否公正、合理与有效。

7.5.2 激励的内容和方法

1. 激励的内容

从一般意义上讲，激励机制的内容包括激励的主体与客体、激励的目标和激励的手段。

（1）激励的主体与客体。激励的主体是指激励者，激励的客体是指被激励者，即激励对象。激励的主体从最初的业主转换到管理者、上级，到今天已经抽象为委托人。相应地，激励的客体从最初针对蓝领的工人阶层转换到白领的职员阶层，以及今天的代理人。供应链管理中的激励对象（激励的客体）主要指其成员企业，如上游的供应商企业、下游的分销商企业等，也包括每个企业内部的管理人员和员工。在这里主要讨论对以代理人为特征的供应链企业的激励，或对代理人的激励。供应链管理环境下的激励主体与客体主要包括：核心企业对成员企业的激励、下（上）游企业对上（下）游企业的激励、供应链（成员）对成员企业（供应链）的激励。

（2）激励的目标。激励的目标主要通过某些激励手段，调动委托人和代理人的积极性，兼顾合作双方的共同利益，消除信息不对称和败德行为带来的风险，使供应链的运作更加顺畅，实现供应链企业共赢的目标。

2. 激励的方法

供应链管理模式下的激励手段多种多样。从激励理论的角度来理解，主要就是正激励和负激励两大类。

正激励和负激励是一种广义范围内的划分。正激励指一般意义上的正向强化、正向激励，鼓励人们采取某种行为。负激励指一般意义上的负强化，是一种约束、一种惩罚，阻止人们采取某种行为。供应链激励的方法很多，现简述如下。

1）价格激励

一般的，价格激励分为两种情况：一是局部的供需企业之间的价格激励，即单纯的点对点的价格激励，这种类型的价格激励通常是需求方要求供应方给予价格优惠，以取得比竞争对手更有优势（或持平）的价格成本。需要注意的是，点对点的价格激励机制一般能够解决大部分情况下的价格激励问题，但追求低价的策略必须在满足综合质量要求的条件下才能实施。二是供应链整体的价格激励，在某些情况下，例如，供应链运作的优化所获得的额外收益或供应链自身不可控的外部因素所造成的损失，如果这种额外收益或损失仅由供应链上个别企业承担显然有失公允，它必然影响到供应链战略联盟的利益共享和风险共担原则。为了解决这一问题，供应链就必须建立一个利益协调机制，它通过供应链全程的价格重整来驱动，这在实务操作上具有较高的难度。

2）商业信用激励

在供应链管理环境下，采用商业信用的激励方式将会是行之有效的办法。商业信用的激励可以采用以下方式：①供应链内部的商业信用激励。在实际的操作层面上，供应链管理信息系统需要有一个能够评价各成员企业在一定时期各种商业信用指标的子系统，由子系统在一定的间隔期客观地给出各成员企业的商业信用状况，并依据事先确定的等级标准给予商业信用等级评定，由此确定进行商业信用激励的对象。通过该信息平台，将注重商业信用、信守合同、赢得交易伙伴赞誉的企业进行公开宣传。②社会化的商业信用激励。供应链内部的商业信用激励虽然能够较好地解决对表现优秀的企业的部分激励问题，但激励所涉及的范围不够广泛，未能最大限度地发挥商业信用激励的作用。

利用更广泛的、具有社会影响力的商业信用激励方式。作为单个的供应链要完成对成员企业的社会化商业信用激励，明显是力不从心的，因此，只有通过政府部门或相应的社会组织（如银行等）才能完成对优秀企业的商业信用激励。政府相关部门或相应社会组织在对各企业的商业信用进行评价时，供应链的管理信息系统将能够提供很大的帮助。

3）订单量激励

在供应链管理环境下，制造商可以面临多个同质产品的供应商，由此形成供应链内部的竞争机制。供应方如果在产品质量、交货期和提供的各种服务上表现优秀，需方除了可以通过其他不同的方式对其进行激励，还可以利用增加订单的方式进行激励。作为供应方，若能获得需方的更多订单，这就意味着有更多的利润，也体现了己方在需方中的地位的提升。因此，获得更多的订单对供应方而言能够取得立竿见影的激励作用。即使是单个供应商而不存在内部竞争，这种订单的激励同样是有效的。

4）处罚激励

处罚激励的方式可以是在供应链系统内部亮黄牌（警告）、处罚及清除出供应链。成员企业偶然的、一般性的失误，可通过警告或处罚的方式处理，并限期整改，如果限期整改后还不能达到供应链协议所规定的要求，则应考虑对其进行淘汰；对于严重的或重复性的失误，则应立即启动淘汰机制。

淘汰激励是负激励的一种。优胜劣汰是世间事物生存的自然法则，供应链管理也不例外。为了使供应链的整体竞争力保持在一个较高的水平，供应链必须建立对成员企业的淘汰机制，同时供应链自身也面临淘汰。淘汰弱者是市场规律之一，保持淘汰对企业或供应链都是一种激励。对于优秀企业或供应链来讲，淘汰弱者使其获得更优秀的业绩；对于业绩较差者，为避免淘汰的危险它更需要上进。

5）信息激励

供应链管理优于传统管理的一个很重要的方面在于，传统管理模式中，各关联企业之间由于信息的壁垒而造成信息的流动阻塞，形成信息不对称。获得信息少的企业，往往因为机会不能及时把握而降低了自身的竞争能力。另外，信息的不对称也必然造成企业之间配合的不协调和库存居高等现象，这是造成传统管理企业经营成本高的很重要的原因。供应链的成员企业之间，如果能够向对方提供及时、有效的信息，那就意味着各自企业捕捉市场机会的能力提升和经营成本的下降，同时也强化了供应链的竞争力。因此，供应链成员企业对有效信息的追求，客观上就形成了信息激励的基础。

6）建立有竞争力的团队

供应链是以核心企业为中心，由多个企业构成的一个横向一体化的团队，在这个团队中，如果成员企业仅仅听命于核心企业，那么成员企业仅是服从核心企业的各种业务安排而已，只能在供应方面尽量满足核心企业的需要，成员企业的主观能动性不可能真正意义上得到发挥。在供应链管理环境下，如何发挥成员企业的团队作用，核心企业具有义不容辞的责任。在供应链管理中，核心企业可通过持续不断的尊重与承认成员企业的作用，让成员企业参与核心企业的供应链战略制订过程及新产品和新技术的开发过程，满足成员企业的成就和自身成长的需要，从而最大限度地激发成员企业的积极性。

7）新产品、新技术的共同开发

新产品、新技术的共同开发和共同投资也是一种激励机制，它可以让供应商全面掌握新产品的开发信息，有利于新技术在供应链企业中的推广和开拓供应商的市场。传统的管理模式下，制造商独立进行产品的研究与开发，只将零部件的最后设计结果交由供应商制造。供应商没有机会参与产品的研究与开发过程，只是被动地接受来自制造商的信息。这种合作方式最理想的结果也就是供应商按期、按量、按质交货，不可能使供应商积极主动地去关心其他合作企业。因此，供应链管理实施好的企业，都将供应商、经销商甚至用户结合到产品的研究开发工作中来，按照团队的工作方式展开全面合作。在这种环境下，合作企业也成为整个产品开发中的一分子，其成败不仅影响制造商，还影响供应商及经销商。因此，每个人都会关心产品的开发工作，这样就形成了一种激励机制，发挥着对供应链上企业的激励作用。

7.6 本章小结

企业之间的竞争已逐渐升级为供应链之间的竞争，供应链管理理论日显重要，供应链绩效评价和激励作为其重要环节逐渐成为研究的热点之一。本章从供应链绩效评价概念的界定出发，对供应链绩效评价的特点、目的及方法进行了系统的讲解，对供应链绩效激励的意义与方法进行了阐述。希望通过本章相关知识的讲解，使读者对供应链的绩效评价与激励有较为系统的认识，为相关研究与工作的开展提供些许参考。

第8章

供应链风险及其控制

➢本章引导案例①

2000年3月17日深夜，一场雷暴雨袭击了美国新墨西哥州的沙漠城市阿尔布开克。当闪电划过漆黑的夜空时，位于当地的工厂荷兰飞利浦电子集团被雷电击中，第22芯片厂顿时起火。工厂和当地消防站的警报系统随即鸣响。消防洒水装置自动开启，飞利浦训练有素的员工立刻行动，不到10分钟火就被扑灭了。

当消防队抵达现场时，他们几乎无事可做。消防队员Ray Deloa说："我们要做的就是检查火灾现场，飞利浦的员工已经将火扑灭了。"这起火灾规模较小，没有人员伤亡，财产损失似乎也微不足道，既没有成为欧洲报刊的头条新闻，也没有出现在阿尔布开克当地的报纸上。

然而，这场火灾使无尘车间面目全非。在被损坏的炉膛里面，8个托盘的芯片瞬间报废。每个8英寸直径的芯片可生产数百枚手机芯片。更糟的是，烟雾已经在整个厂区进一步扩散。当工作人员匆忙地扑灭火焰，消防人员进行例行检查的时候，他们未经清洁的鞋子将污染带到其他清洁车间的各个角落。在短短的几分钟内，处于不同生产阶段的、足以生产几百万手机的芯片全部报废。

迅速恢复到先前的无尘车间状态是一个艰巨的任务。另一个迫在眉睫的任务是联系工厂的30多个客户，尤其是最重要的两个客户，即北欧手机巨头诺基亚公司和爱立信公司。他们的订单占所有阿尔布开克受影响订单的40%。

工厂被大火吞噬后，有两家公司立即丧失了供应链中的一个关键环节。《商业周刊》报道说："诺基亚的反应有两方面。首先公司立即创建了一个由经理领导的'应急小组'，向飞利浦施压，要求该公司把其他工厂的生产能力全部投入生产其需要的芯片。同时诺基亚的工程师迅速对芯片进行重新设计，使公司在日本和美国的供应商也能生产这种芯片。"该计划十分见效：由于行动迅速，诺基亚得以实现其生产目标，甚至将市场份额从27%提高到了30%，是其最大的竞争对手的2倍多。

爱立信的反应就慢多了。该公司在几周后才意识到供应上的问题，但那时它满足顾

① 资料来源：Cela Diaz F. An Integrative Framework for Architecting Supply Chains[D]. Cambridge：Massachusetts Institute of Technology，2005.

客需求的能力已经大打折扣。而且因为阿尔布开克的工厂是爱立信唯一的无线射频芯片供应商，所以发现自己根本无从获得这些关键的元件，这使得公司当年的损失高达 17 亿美元，爱立信的市场份额由 12%下降到 9%，并最终将其手机制造业务外包给另一家公司。当然，爱立信从那以后制订了为防止类似情况发生的改进方案。

8.1 一般性描述

8.1.1 不确定性与风险

1. 不确定性

不确定性（uncertainty）是一个出现在哲学、统计学、经济学、金融学、保险学、心理学、社会学的概念。不确定性就是指事先不能准确知道某个事件或某种决策的结果。或者说，只要事件或决策的可能结果不止一种，就会产生不确定性。在经济学中不确定性是指对于未来的收益或损失等经济状况的分布范围和状态不能确知。

考虑到决策形势以及对形势、替代方案、可能性结果等因素进行判断和评估的需要，不确定性定义为信息的缺失。在极端情况下，不确定性可以视为当有问题或者需要决策时信息或者知识的完全缺失。然而，不确定性通常反映了决策所涉及信息的模糊性，可能涉及决策形势的本质、决策形势的成因、可能的解决方法或利益相关者对于执行这些解决方案的反应等因素。

不确定性给企业带来的影响有大有小。从小的方面看，可能影响一次营销活动的成败；从大的方面看，可能使企业遭受灭顶之灾，破产倒闭。由于不确定性的存在，一些企业或者不敢放手去做比较长期的规划和投入，或者毫无理性、不顾后果地孤注一掷。

总体上，对不确定性的畏惧是人的普遍心态，美国投资奇才索罗斯就曾说："我什么都不怕，只怕不确定性。"当然，不确定性的影响并不总是负面的，它本身是一柄"双刃剑"。正是不确定性、模糊性和混沌性，才使后来居上、脱颖而出成为可能；才使一些企业，特别是中小型企业，有望实现超常规、跨越式的发展。

2. 风险

关于"风险"一词的由来，最为普遍的一种说法是，在远古时期，以打鱼捕捞为生的渔民，每次出海前都要祈祷，祈求神灵保佑自己能够平安归来，其中主要的祈祷内容就是让神灵保佑自己在出海时能够风平浪静、满载而归；他们在长期的捕捞实践中，深深地体会到"风"给他们带来的无法预测的危险，他们意识到，在出海捕捞打鱼的生活中，"风"即意味着"险"，因此有了"风险"一词的由来。

风险一词是舶来品，有学者认为来源于阿拉伯语，有学者认为来源于西班牙语或拉丁语，但比较权威的说法是来源于意大利语的"RISQUE"一词。在早期，理解为客观的危险，体现为自然现象或者航海遇到礁石、风暴等事件。大约到了 19 世纪 20 年代，在英文的使用中，风险一词常常用法文拼写，主要用于与保险有关的事情上。其另外一个表现体现在对赌博的研究领域，它同时也被视为经济理论（如风险承担）的检验。

在现代，风险一词已经大大超越了“遇到危险”的狭义含义，而是“遇到破坏或损失的机会或危险”。经过 200 多年的演绎，风险一词随着人类活动的复杂性和深刻性而逐步深化，被赋予了哲学、经济学、社会学、统计学甚至文化艺术领域的更广泛、更深层次的含义，且与人类的决策和行为后果联系越来越紧密，风险一词也成为人们生活中出现频率很高的词汇。

风险可分为三类：损失的数量、损失的概率和损失的潜在风险期。在实际决策时，要考虑到经营中大多数风险决策的前提是可以获得潜在收益，而这种收益同时又是不确定的，实践中很少有单纯为避免损失而制订商业或投资决策。如果采取适当的措施使破坏或损失的概率不会出现，或者说智慧地认知，理性地判断，继而采取及时而有效的防范措施，那么风险可能带来机会，由此进一步延伸的意义，不仅是规避了风险，还可能会带来比例不等的收益，有时风险越大，回报越高、机会越大。

3. 风险与不确定性的关系

风险与不确定性的关系是理论界关于风险概念界定的争论焦点之一。

一种观点认为，风险就是一种不确定性，与不确定性没有本质区别。持有这种观点的学者将不确定性直观地理解为事件发生的最终结果的多种可能状态，即确定性的反义。也许这些可能状态的数量及其可能程度可以根据经验知识或历史数据事前进行估计，但事件的最终结果呈现出何种状态确实不能事前准确预知。根据能否事前估计事件最终结果可能状态的数量和可能程度，不确定性又可以分为可衡量的不确定性和不可衡量的不确定性。

另一种观点认为，尽管风险与不确定性有密切的联系，但二者有着本质的区别，不能将二者混为一谈，即风险和不确定性的根本区别在于决策者能否预知事件发生最终结果的概率分布。例如，一般状态下股票价格的波动就是一种风险，在正常的市场条件下，根据某只股票交易的历史数据，就可以知道该股票价格变动的概率分布，从而知道下一期股票价格变动的可能状态及其概率分布。又如，公司突然宣布新的投资计划而引起股票价格的波动就是一种不确定性的表现。

区别对于在不同的主观认知能力和条件下进行决策的方法选择有一定的指导意义，但鉴于实践中区分这两种状态的困难和两种状态转换的可能性，许多对风险的讨论都采取了第一种观点，并不严格区分风险和不确定性的差异，尤其是在很大程度上可以量化的金融风险的分析中。

直接损失是指风险事故直接造成的有形损失，即实质性损失，包括有形财产或资产的损耗、失窃和毁坏，如运输中的交付品、存货、建筑物、交通工具或设备损失，也包括汇率损失、修理或更换成本和供应的中断。又如，地震造成的直接损失，主要包括建筑物、工程设施、设备（按照造价计算）损失，以及人员损失（通过人均工资误工、医药等计算）、社会损失（企事业机关的营业额）。这类风险通常可以通过购买保险加以规避，根据损失的金额获取赔偿。

间接损失是由直接损失进一步引发或带来的无形损失，包括额外费用损失、收入损失和责任损失。比如，地震灾害间接经济损失评估的内容包括企业停减产损失、地价损失、区域间接经济损失、产业关联损失。

例题 8.1 直接损失和间接损失的赔偿责任

2010 年 8 月 20 日，某彩电厂与某仓储公司签订了一份彩电仓储保管合同，由仓储公司负责保管彩电厂的 500 台彩电，彩电厂一次性给付保管费 5000 元。不久，因仓储公司职员管理不慎，引起火灾，使得库房被焚毁。据查，火灾发生后，某彩电厂的 500 台彩电全被焚毁。该种型号彩电的成本价为每台 1800 元，出厂价为每台 2000 元，而且，这 500 台被焚毁的彩电都早已与其他销售单位订立了销售合同，只等发货。火灾发生之后，彩电厂为了维护其厂家信誉，按合同约定，付给其他购买单位货款总额 5%的违约金。损害发生后，彩电厂与仓储公司就损害赔偿问题进行了多次协商，均因双方对损害赔偿数额分歧太大而不欢而散。同年 11 月，某彩电厂到人民法院起诉，要求仓储公司赔偿其全部损失。那么，仓储公司应该赔偿彩电厂哪些损失?

根据《民法通则》原理，在民事纠纷中，须赔偿的损失不仅包括直接损失，还包括间接损失。仓储公司赔偿彩电厂的损失包括直接损失和间接损失两部分。直接损失是指对彩电厂的 500 台彩电进行折价赔偿，按成本价计算：1800×500=900 000（元）；间接损失则包括彩电厂因此次火灾而负担的违约金损失和失去的本可获得的彩电销售利润，具体计算如下：违约金损失为 50 000 元，本可获得的利润为：(2000−1800)×500=100 000（元）。因此，仓储公司总共应赔偿彩电厂的数额为：900 000+(50 000+100 000)=1 050 000（元）。

4. 供应链风险

供应链风险概念的提出，最初是基于对供应风险概念的研究。它是风险在供应链领域应用的一个特例，至于供应链风险的定义，相关的说法很多，目前没有统一的认识，一些专家、学者从不同的角度对供应链风险进行了界定。

根据德勤（Deloitte）咨询公司 2004 年发布的一项供应链研究报告，供应链风险是指对一个或多个供应链成员产生不利影响或破坏供应链运行，使其达不到预期目标甚至导致供应链失败的不确定性因素或意外事件。国际著名的克兰菲尔德管理学院（Cranfield School of Management）把供应链风险定义为供应链的脆弱性，供应链风险因素的发生通常会降低供应链运行效率，增加成本，甚至导致供应链的破裂和失败。有效的供应链风险管理将使供应链运行安全，降低运行成本，提高供应链的运行绩效。

8.1.2 风险管理的目标和流程

风险管理是一项有目的的管理活动，只有目标明确，才能起到有效的作用。否则，风险管理就会流于形式，没有实际意义，也无法评价其效果。风险管理的目标就是要以最小的成本获取最大的安全保障，它可分为损前目标和损后目标两种。损前目标是风险发生之前的目标，损后目标就是风险发生以后的目标。这两种目标有较大的区别（表 8.1）。

表 8.1　风险管理的目标

损前目标	损后目标
经济目标	生存目标
安全状况目标	保持企业生产经营的连续性目标
合法性目标	收益稳定目标
企业社会责任目标	社会责任目标

风险管理的基本程序主要包括以下五个步骤。

（1）风险识别。对尚未发生的、潜在的和客观存在的各种风险系统地、连续地进行识别与归类，并分析产生风险事故的原因。

（2）风险估测。在风险识别基础上，估计风险发生的概率和损失幅度。

（3）风险评价。在风险识别和风险估测基础上，对风险发生的概率、损失程度，结合其他因素全面进行考虑，评估发生风险的可能性及其危害程度，并与公认的安全指标相比较，以衡量风险的程度，并决定是否需要采取相应的措施。

（4）选择风险管理技术。

（5）风险管理效果评价。

8.1.3　供应链风险管理框架

1. 权变框架的维度

构建任何用以描述特殊情形的框架结构，都需要确定特定的维度。与供应链风险有关的是，需要一套关键的特征属性或维度决定所包含风险的本质，这些属性或维度能够为这些风险如何被定义、衡量以及化解提供指导。这套关键的特征属性因素包括背景、结构或过程、决策支持、参与人等。

通常认为这四个维度（图 8.1）可以对供应链风险管理中的大多数决策情形进行分类。在把这四个维度整合起来之前，需要对每一种维度的本质都进行阐述。

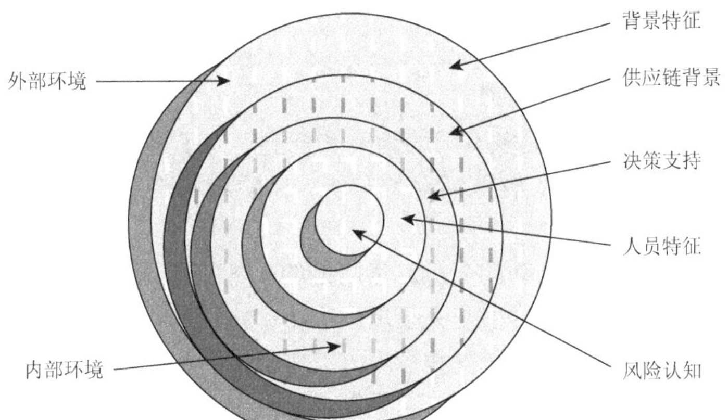

图 8.1　供应链风险——权变框架

背景特征是用以定义决策背景下的本源变量，这些变量有可能对给定情形下的内在风险和风险感知产生影响。这个维度的子集是外部环境、供应链背景、内部环境。外部环境代表了供应链运作以及决策制订的一般环境。在这样的背景下，国际、国内、地方和二级区域水平上的政治、社会、经济和科学技术的一般发展趋势都能表现出所有业务以及供应链运营所面临风险的本质特征。

供应链结构及其组成要素是决策风险特征影响因素的主要代表。在很多方面，这涉及结构、过程以及伙伴关系的稳定程度。这些结构和过程特征的例子如下。

（1）供应链成员之间交流渠道的稳定性和持续性如何？

（2）相关部门放弃多源采购策略，而选择单一采购策略所面临的压力是什么？

（3）为了提高效能和效率而减少中间过程是否存在压力？

（4）与现有供应链合作者或新的合作者建立新的业务，让其提供新产品或新服务的压力是什么？

（5）运作过程中是否包含团体或者个人决策者？他们之间的关系如何以及相互之间的信心和信任程度如何？

（6）所采用的方法仅关注于当前的单一决策，还是会更具战略性和全局性地考虑这个决策对当前和未来其他决策的影响？

（7）运作过程是否在一个开放的系统中进行？成员之间的信息是否共享？

对决策过程和负责评估风险、承担风险的人来说，不同的决策水平或决策意义（如战略层面的或运作层面的）会导致采取不同的方法。与决策水平联系非常紧密的是决策结果的意义，无论是积极的还是消极的。这些决策有可能把公司置于生存边缘的风险中，也有可能提升供应链的效益、效率的综合战略利益。

不同的人员对相同的问题，可能会做出不同的决策，这是人员的个体特征所造成的，举例如下。

（1）风险洞察力和风险准备，如鉴别个体风险认知和准备的四个方面是对失败的恐惧、对成功的恐惧、对其他人想法的恐惧以及对不确定性的恐惧。

（2）性别和年龄的影响，基于性别和年龄的不同，决策者在风险感知和承担风险的准备方面是不同的，虽然需要指明的是数据的研究结果但并没有全部支持这个结论。

2. 供应链风险管理的三个维度

物流和供应链风险包含很多不同的因素和问题。为了进行结构化的表述，本书选择三个维度来说明这些问题：物流活动的分析；风险或不确定性的类型；风险管理的流程。

第一个维度是关于物流活动的分析。供应链的业务职能或者企业数量越多，那么处理的问题就会越复杂。第二个维度是关于风险或不确定性的类型，具体类型在属性等方面存在较大差异，因此在相同的研究和管理方法中不能一视同仁。第三个维度是关于风险管理的流程。把这三个维度组合在一起可以形成一个能将供应链风险管理的不同问题进行分类的概念性框架，如图 8.2 所示。

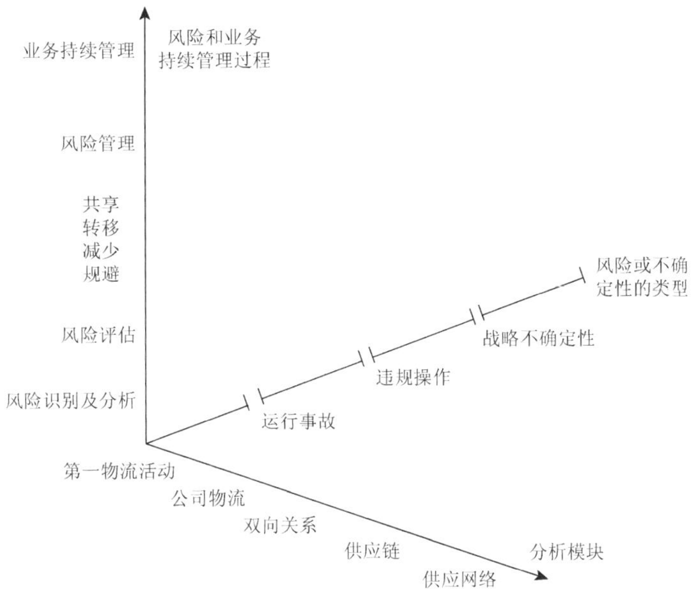

图 8.2　评估和定位供应链风险的框架

需要说明的是，图 8.2 中的风险管理的流程与前述略有不同，但基本意思差不多。

3. 供应链网络风险模型

有学者提出了供应链网络风险模型，该模型一共有六个步骤，是用来识别、评估和管理风险（图 8.3）。这个模型可以在与其他关键参与者合作的过程中使用，同时，个别关键企业也可以独立地使用这个模型。

（1）画出供应网络。供应网络是由要明确的问题来进行界定的，如这个网络可能是针对某一特定产品哪里会暴露风险来划定的。在这一步，用图解的方式，配以精确的数据来表示。供应网络的表示，能够进一步理解谁拥有什么（即所有权）、当前位置有哪些关键措施、清晰的角色和责任分配。

（2）识别风险和当前位置。风险类型有战略风险、运营风险、供应风险、客户风险、资产损失风险、竞争风险、名誉风险、财务风险、财政风险、控制风险和法律风险等。通过和供应网络中其他成员的头脑风暴，要针对特定的问题或产品，识别不同的风险。在这一步，对每个成员的重要潜在损失也应该考虑进去。

（3）评估风险。评估它们发生和暴露的可能性、潜在爆发的风险、在哪一步可能会发生，以及如果发生的可能损失。

（4）管理风险。分析上一步的评估信息，提出替代性的方案建议。查明风险位置，不管是特定的问题或产品还是特定的参与者，这个位置都是会做出主动或被动的反应、能被期望和分析到的。另外，一些组织更倾向于用“谨慎”或“风险规避”之类的术语。针对不同的风险位置，网络结构和关系策略的可替代方案会被用来重新排列风险本身、其暴露性、可能的损失与其位置。

（5）构建合作的供应网络风险战略。

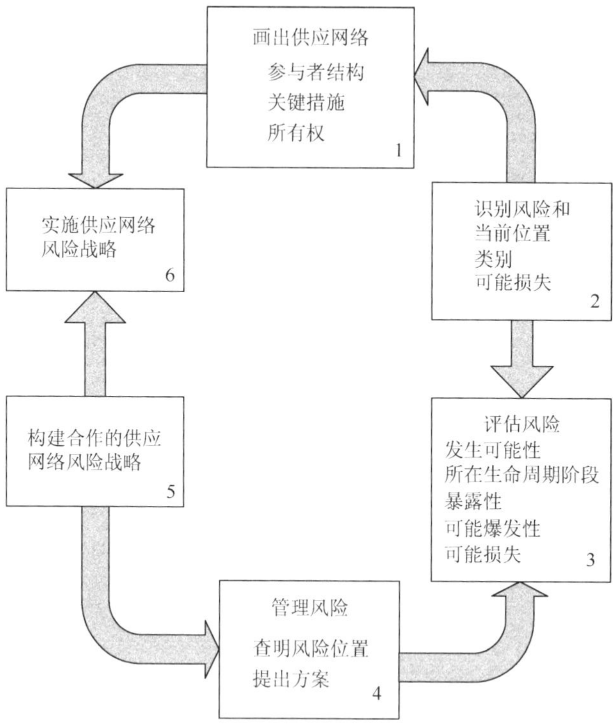

图 8.3 供应链网络风险模型

（6）实施供应网络风险战略。上面重新设计的网络和关系图将会对新阐述的合作供应网络风险战略产生影响。这份战略会被用来重新规划网络图，可能又会循环到第一步。

8.2 供应链风险识别

8.2.1 识别的范围或对象

风险识别是风险管理的第一步，是指在风险事故发生之前，人们运用多种方法，系统地、连续地从错综复杂环境中找出经济主体所面临的主要风险，以及分析风险或事故的潜在原因。

供应链的风险来自多方面，如蓄意破坏、贸易争端、政治风波、自然灾害、需求变化、运行中断、罢工、意外事故。一般情况下，我们是对供应链所处的环境进行扫描，这个环境氛围有三种：一般环境、行业环境和企业内部环境。

一般环境包括从一个地区、一个国家甚至全球范围内的政治、经济、技术、社会等方面来考虑，包括自然资源环境。

观察 8.1 福岛地震带来的零部件短缺

2011 年 3 月日本福岛发生 8.9 级强烈地震，导致包括福岛在内的几个主要核电站关停，引起日本全境内的电力供应短缺，很多企业不能正常生产，造成包括电子零件产品、汽车零配件在内的许多出口产品无法正常交货。受该事件影响，2011 年下半年中国大陆的几个主要日系汽车组装厂均因日本的供应商无法及时交付零件而出现不同程度的减产和停产。2011 年大部分日系汽车厂家在中国大陆的销售量比 2010 年出现两位数百分比的下降。而对日本零配件依赖较小的德系、美系汽车厂家则趁此机会扩大他们在中国大陆的市场份额。

对行业环境的风险识别，通常是依据迈克尔·波特（Michael E. Porter）的五力模型，即潜在威胁、替代品威胁、买方议价能力、供方议价能力、对手之间的竞争强度。

企业内部环境是指企业内部的物质、文化环境的总和，包括企业资源、企业能力、企业文化等因素，也称为企业内部条件。

本书可以举例说明供应链风险具体的范围或对象。

（1）供应链环节的风险。造成不能按时供应的原因很多，如运输问题、供应商自身的货源问题等，这种不确定性会出现在供应链的每一个环节。

（2）生产过程的风险。生产过程的不确定性主要来自于设备的故障、关键人员的临时短缺以及受供应链环节影响造成的缺货停工。困难还在于供应链上的多个企业生产系统的可靠性处于不同的水平上，有时还相差很大。

（3）客户需求的风险。充分的供给导致需求的多元化、消费群体的不稳定。客户有了很多的选择，很容易就从一个产品转向别的产品，供应链复杂的协调运作依靠完善的计划控制，而计划的编制来源于对需求的预测。需求的不确定性很容易造成整个供应链的混乱。

8.2.2　识别的工具或方法

风险识别过程包含感知风险和分析风险两个环节。感知风险，即了解客观存在的各种风险，是风险识别的基础，只有通过感知风险，才能进一步在此基础上进行分析，寻找导致风险事故发生的条件因素，为拟定风险处理方案、进行风险管理决策服务。分析风险，即分析引起风险事故的各种因素，它是风险识别的关键。

风险识别一方面可以通过感性认识和历史经验来判断，另一方面可以通过对各种客观的资料和风险事故的记录来分析、归纳与整理，以及进行必要的专家访问，从而找出各种明显和潜在的风险及其损失规律。因为风险具有可变性，所以风险识别是一项持续性和系统性的工作，要求风险管理者密切注意原有风险的变化，并随时发现新的风险。

在具体识别风险时，需要综合利用一些专门技术和工具，以保证高效率地识别风险并不发生遗漏，这些方法可分为宏观领域中的决策分析（可行性分析、投入产出分析等）和微观领域的具体分析（资产负债分析、损失清单分析等）。下面介绍几种主要方法。

（1）SWOT 分析法。SWOT 分析法是一种环境分析方法，所谓的 SWOT，是英文 strength（优势）、weakness（劣势）、opportunity（机遇）和 threat（挑战）的简写。

（2）头脑风暴法。头脑风暴法的目的是取得一份综合的风险清单。头脑风暴法通常由项目团队主持，也可邀请学科专家来实施此项技术。

（3）风险专家调查列举法。由风险管理人员将该企业、单位可能面临的风险逐一列出，并根据不同的标准进行分类。专家所涉及的面应尽可能广泛些，有一定的代表性。一般的分类标准为：直接或间接、财务或非财务、政治性或经济性等。

（4）检查表。检查表（check-lists）是管理中用来记录和整理数据的常用工具。用它进行风险识别时，将项目已经发生或可能发生的许多潜在风险列于一个表上，供识别人员进行检查核对，用来判别某项目是否存在表中所列或类似的风险。

（5）预先危险分析（primary hazard analysis，PHA）。预先危险分析是一种简单易行的归纳分析法，其目标是识别危险以及可能给特定活动、设备或系统带来危害的危险情况及事项。这是一种在项目开发初期最常用的方法。因为当时有关设计细节或操作程序的信息很少，所以这种方法经常成为进一步研究工作的前奏，同时也为系统设计规范提供了必要信息。

（6）图解技术。图解技术包括：因果图，又称作石川图或鱼骨图，用于识别风险的成因；系统或过程流程图，显示系统的各要素之间如何相互联系以及因果传导机制；影响图，即显示因果影响的图。

（7）失误树分析方法。失误树分析方法是以图解表示的方法来调查损失发生前种种失误事件的情况，或对各种引起事故的原因进行分解分析，具体判断哪些失误最可能导致损失风险发生。

（8）生产流程分析法，又称流程图法。生产流程又称工艺流程或加工流程，是指在生产工艺中，从原料投入到成品产出，通过一定的设备按顺序连续地进行加工的过程。该方法强调根据不同的流程，对每一阶段和环节，逐个进行调查分析，找出风险存在的原因。

（9）资产财务状况分析法。资产财务状况分析法即按照企业的资产负债表及损益表、财产目录等财务资料，风险管理人员经过实际的调查研究，对企业财务状况进行分析，发现其潜在风险。

8.2.3 供应链风险类型

供应链风险有许多种类型，比较全面和具有代表性的是 Mason-Jones 和 Towill 的观点，他们认为供应链中应该有五种风险源，分别是环境风险源、需求风险源、供应风险源、程序风险源以及控制风险源。

（1）环境风险源：主要是由外部环境不确定所构成的，大致可以分成政治（如伊拉克战争）、天灾和社会性（如恐怖袭击）三类风险源。

（2）需求风险源：任何在外向物流中可能会发生的风险，都可以归类为需求风险。

（3）供应风险源：有学者认为供应风险是多维度的概念，将供应风险源大致分成两类。一方面是供货商导致的风险，这类风险主要包含了供货商无法掌握需求变动、供应商方面的质量问题以及供货商无法跟上科技变化等；另一方面是供应市场特征导致的风险，主要包括了单一供应源以及市场产能的限制等导致的风险。

（4）程序风险源：指的是在供应链中各伙伴间合作的执行方式，随着产品特性而采用不同的供应链策略时，特定供应链上的合作关系及执行方式也会改变。若是能随着不同的产品及市场特性采用合适的供应链合作程序，将可以大大降低风险。

（5）控制风险源：指的是在供应链中决策的机制、政策或是规定，其范畴很广，如订购量、批量或是安全库存等都包含在里面。

在供应链风险源中，还有学者给出了如下的几种风险：供应不稳定风险、价格上涨风险、产品质量风险、机会主义风险。

机会主义行为就是一种损人利己的行为。新制度经济学家威廉姆森认为，人们在经济活动中总是尽最大能力保护和增加自己的利益，自私且不惜损人，只要有机会，就会损人利己。损人利己的行为可分为两类：一类是在追求私利的时候，“附带地”损害了他人的利益，如化工厂排出的废水污染了河流；另一类纯粹是以损人利己为手段为自己谋利，如坑蒙拐骗、偷窃。机会主义行为使各种社会经济活动处于混乱无序状态，造成资源极大浪费，给社会带来难以估计的损失，阻碍了社会的发展。具体到管理活动中，机会主义行为会降低管理绩效，使管理目标难以达成。

观察 8.2　波音公司的违约

20 世纪 90 年代后期，波音公司和美国钛合金公司（Titanium Metals）签订了一份价值 20 亿美元的合同，连续 10 年每年都购买一定数量的钛。2000 年，在钛合金公司已经花费 1 亿美元扩大生产能力以满足合同需要时，波音公司要求重新谈判已经签好了的合同，降低价格，减少最低购买量。

作为钛的主要购买者，或许波音公司的管理者认为他们有实力让对方接受重签合同，而且已经进行的巨额投资也意味着钛合金公司不可能放弃这笔买卖。钛合金公司立即起诉波音公司违反合同。最终，双方达成庭外和解，波音公司同意以货币形式向对方进行赔偿（据说有 6000 万美元），而且该项约定被正式写入修改后的购买合同。且不论合不合法，这种行为之所以有违商业伦理是因为它侵犯了供应商要求得到公平、公正、公开对待的权利。

当然，供应链还有其他方面的风险。

（1）经济波动的风险。经济高速增长容易导致企业原材料供应出现短缺，影响企业的正常生产，而经济萧条，会使产品库存成本上升。另外还有其他不可预见的因素，小的如交通事故、海关堵塞、停水停电等，大的如政治因素、战争等也都影响着供应链的正常运作。

（2）企业文化冲突。不同的企业一般具有自己的企业文化，这就会导致对相同问题的不同看法，从而存在分歧，影响供应链的稳定。

（3）信息技术系统风险。如网络传输速度、服务器的稳定性和运行速度、软件设计中的缺陷、病毒等。2002 年，“爱虫”计算机病毒的快速传播感染关闭了五角大楼、美国国家航空航天局和福特等的电子邮件，估计造成数十亿美元的损失。银行界早已将信息技术系统风险看作一个主要威胁。1988 年，巴塞尔银行监管委员会针对越来越依赖全球整合系统的现状提出警告。该委员会说：“更高度自动化技术的更广泛使用潜在地将人工处理导致的错误转化为系统故障风险。”对抗系统故障的最好防御是什么？是能够备份所有数据和交易的强大备份系统与精心设计的良好的恢复进程。这种办法帮助证券公司在发生2001年12月的世界贸易中心袭击时迅速且令人信服地恢复正常。

（4）知识产权风险。在供应链更加全球化和竞争对手普遍采用同行业外包公司的情况下，知识产权风险迅速加大。由于盈利和业务模式经常取决于保留竞争力，知识产权风险就具有了重要的长期的含义。

（5）应收账款风险。应收账款风险来源于不能收取应收账款，它可以对任何公司绩效产生巨大影响。2004年12月底，四川长虹发布公告称，由于计划计提大额坏账准备，该公司2004年将面临重大亏损，这击晕投资者以及中国家电业。Apex Digital Inc.是四川长虹的最大债务人，应收账款欠款金额达到38.38亿元，占应收账款总额的96.4%。据此，公司决定对该项应收账款计提坏账准备，当时预计最大计提坏账准备金额为3.1亿美元左右。

（6）库存风险。库存过多或过少都会有损财务业绩。自2011年下半年至2014年底，我国多晶硅行业出现严重的库存积压，已投产的43家多晶硅企业仅剩七八家尚在开工，在A板上市的7家多晶硅企业中有3家已经停产。多晶硅企业中业绩最好的保利协鑫2012年第一季度营收为11.5亿元，利润仅1709万元。

（7）产能风险。与库存风险一样，过大或者过低的产能，都会影响企业的利润。2005年，生产飞利浦手机的深圳桑菲工厂的生产问题，造成新品供货不足，缺货现象时有出现。往往一个新机型出来，市场就会缺货，每次大概有一个月的时间差，供货才会正常。

观察8.3　通用汽车公司的105种风险

通用汽车公司是世界上最大的汽车制造者，拥有36万个雇员，每年生产超过850万辆汽车。公司在全球53个国家拥有生产部门，在大约200个国家销售其产品。通用汽车公司拥有许多品牌和款式的汽车，并且每辆汽车由多级供应商采购部件。管理如此规模的运作存在着很大的风险。

负责分析潜在的供应链风险性过程的是通用汽车公司企业风险管理团队。通用汽车公司绘制了风险四象限图，如图8.4所示。脆弱性被分为四类：金融风险、战略风险、外部环境风险和运营风险。图中也将脆弱性由内到外呈放射性分布：接近内圈的风险倾向于从组织里面来，接近外圈的风险倾向于来自公司外部。

金融风险

1. 信用拖欠 2. 股东的激进行动 3. 利率浮动 4. 燃料价格 5. 行业规范的逆向变化 6. 汇率浮动 7. 流动性（现金）8. 金融市场不稳定 9. 资产估值 10. 会计法和税法变更 11. 不具竞争力的成本结构 12. 经济衰退 13. 收入管理 14. 环境法规的逆向变化 15. 债务和信用比率 16. 外汇不可兑换性 17. 医疗保障和养老成本

战略风险

18. 新的或外来的竞争者 19. 公共的禁止或谴责 20. 侵犯性广告 21. 负面的媒体报道 22. 商业决策和行动的时间表 23. 国外市场的保护主义 24. 企业文化

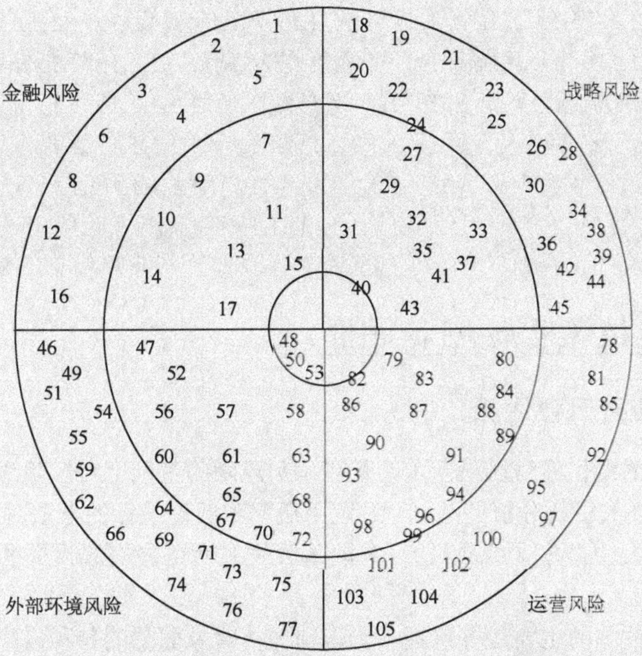

图 8.4 通用汽车公司 105 种企业风险关注图

25. 市场份额战 26. 价格战和物质刺激战 27. 知识产权的损失 28. 对品牌忠诚的攻击 29. 顾客关系 30. 产品-市场协调“获得的产品” 31. 供应商关系 32. 中间商关系 33. 项目推出 34. 并购与行业重组 35. 不恰当的管理失察 36. 顾客需求-季节性和可变性 37. 不具效力的规划 38. 技术决策 39. 合资或结盟关系 40. 违背伦理 41. 预算超支或非计划支出 42. 被感知到的质量 43. 工会关系、劳动争议和合同失败 44. 产品开发过程 45. 产品设计和工艺

外部环境风险

46. 石棉曝光 47. 第三方责任 48. 产品责任 49. 发霉曝光 50. 一般责任 51. 货物损失 52. 董事和管理者责任 53. 产权损害 54. 地缘政治风险 55. 严重冷热气候 56. 工人补偿 57. 建筑物和设备火灾 58. 关键设施损失 59. 地震 60. 建筑物坍塌 61. 锅炉或机器爆炸 62. 洪水 63. 可推断的局限原因 64. 恐怖主义或蓄意破坏 65. 建筑物下沉和污水渗井 66. 火灾 67. 停电 68. 土地、水和空气污染 69. 龙卷风 70. 风灾 71. 动物或昆虫侵袭 72. 海啸 73. 暴雨或大雪 74. 冰雹灾害 75. 火山喷发 76. 飓风或台风 77. 大雨或雷电

运营风险

78. 人力资源风险，即关键技能短缺、跳槽 79. 骚扰和歧视 80. 打砸抢 81. 产品保证或产品召回 82. 盗挪公款公物 83. 关键设备损失 84. 纵火 85. 进入限制或外出 86. 盗窃 87. 情报管理问题 88. 绑架 89. 敲诈勒索 90. 财物或者内部控制失

效 91. 关键人才损失 92. 经销商网络失败 93. 违背健康和安全规范 94. 信息技术系统失败（硬件、软件和网络） 95. 后勤供应商失败 96. 计算机病毒或否认服务器受攻击 97. 后勤路径或模式失败 98. 政府部门调查 99. 工作场所暴力 100. 服务供应商失效 101. 操作错误或事故损害 102. *n* 重供应问题（财务、质量、不能交货等） 103. 关键供应商的失败 104. 供应车辆中断 105. 基础设施的失败（通信、电力、水等）

8.3 供应链风险估测和评价

8.3.1 供应链风险估测

供应链风险估测也称为风险衡量，是在识别风险的基础上对风险进行定量分析和描述，即在对过去损失资料分析的基础上，运用概率和数理统计的方法对一个（或某几个）特定风险的事故发生概率（或频数）、风险事故发生后可能造成损失的严重程度做定量分析与预测。

供应链风险估测的主要任务包括：①识别评估对象面临的各种风险；②评估风险概率和可能带来的负面影响；③确定组织承受风险的能力；④确定风险消减和控制的优先等级；⑤推荐风险消减对策。通过供应链风险估测，计算出较为准确的损失概率，可以使风险管理者在一定程度上消除损失的不确定性。对损失幅度的预测，可以使风险管理者了解风险所带来的损失后果，进而集中力量处理损失后果严重的风险。

供应链风险估测中有两个很重要的问题：一是损失是否发生，也就是它发生的概率；二是损失的程度，可以用损失期望值和损失幅度来表示。因此，损失概率、损失期望值和损失幅度是供应链风险估测的三个重要指标。

8.3.2 供应链风险评价的常用方法

供应链风险评价的操作范围可以是整个组织，也可以是组织中的某一部门，或者是独立的信息系统、特定系统组件和服务。影响供应链风险评价进展的某些因素，包括评价时间、力度、展开幅度和深度，这些因素都应与组织的环境和安全要求相符合。组织应该针对不同的情况来选择恰当的供应链风险评价途径。实际工作中经常使用的供应链风险评价途径包括基线评价、详细评价和组合评价三种。

（1）基线评价。基线评价，指组织根据自己的实际情况（所在行业、业务环境与性质等），对信息系统进行安全基线检查（拿现有的安全措施与安全基线规定的措施进行比较，找出其中的差距），得出基本的安全需求，通过选择并实施标准的安全措施来消减和控制风险。基线评价的优点是需要的资源少、周期短、操作简单，对于环境相似且安全需求相当的诸多组织，基线评价显然是最经济有效的供应链风险评价途径。基线评价也有其难以避免的缺点，比如，基线水平的高低难以设定，如果过高，可能导致资源浪费和限制过度，如果过低，可能难以达到充分的安全。

（2）详细评价。详细评价要求对资产进行详细识别和评价，对可能引起风险的威胁和弱点水平进行评价，根据风险评价的结果来识别和选择安全措施。详细评价的优点在于：组织可以通过详细的风险评价对信息安全风险有一个精确的认识，并且准确定义出组织目前的安全水平和安全需求；详细评价的结果可用来管理安全变化。详细的供应链风险评价可能是非常耗费资源的过程，包括时间、精力和技术。因此，组织应该仔细设定待评价的信息系统范围，明确商务环境、操作和信息资产的边界。

（3）组合评价。基线风险评价需要的资源少、周期短、操作简单，但不够准确，适合一般环境的评价；详细评价准确而细致，但耗费资源较多，适合严格限定边界的较小范围内的评价。组合评价途径将基线评价和详细评价的优势结合起来，既节省了评价所耗费的资源，又能确保获得一个全面系统的评价结果。组合评价也有缺点：如果初步的高级供应链风险评价不够准确，某些本来需要详细评价的系统也许会被忽略，最终导致结果失准。

在上述三类方法中，需要更具体的方法，有效的供应链风险评价方法一般采用定性与定量相结合的系统方法。常用的供应链风险评价有主观评分法、层次分析法、模糊风险综合评价法等。下面介绍几种方法。

（1）主观评分法。主观评分法是利用专家的经验等隐性知识，直观判断供应链的每一个风险并赋予相应的权重。哈里克斯（Halliks）从风险事件的概率和结果的角度，分别将概率和结果划分为五个等级，这种半定量化研究方法为供应链风险评价提供了一个初步的思维框架（表 8.2）。

表 8.2　风险负面后果的量化等级

严重性	结果				可能性				
					A	B	C	D	E
	人员（P）	财产（A）	环境（E）	声誉（R）	行业从未听过	行业听过	公司已经发生	公司每年发生几次	同一场所每年发生几次
0	无伤害	无损失	无影响	无影响					
1	轻微伤害	轻微损失	轻微影响	轻微影响					
2	较小伤害	较小损失	较小影响	有限影响					
3	重伤	局部损失	局部影响	较大影响					
4	死亡	严重损失	重大影响	国内影响					
5	多人死亡	广泛损失	巨大影响	国际影响					

以“人员”为例，给出如下相应的解释。

0. 无伤害。无损于健康。

1. 轻微伤害。经急救或医疗处理后不影响工作。

2. 较小伤害。影响工作、活动受限制或需要几天完全恢复，如皮肤刺激、食物中毒等可恢复的健康影响。

3. 重伤。较大的健康影响或长期影响工作，如噪声造成的听力损失、慢性腰背损伤等不可恢复的健康损害。

4. 死亡。终身残废或死亡，具有严重伤残的不可恢复的健康损害或死亡，如腐蚀烧伤、癌症。

5. 多人死亡。如化学窒息或癌症。

（2）层次分析法。层次分析法进行决策的基本思路是决策者将复杂问题分解为若干层次和若干要素，并在同一层次的各要素之间通过进行简单的比较、判断和计算就可以得出不同方案的重要度，从而为选择最优方案提供决策依据。层次分析法具有思路清晰、方便简单、适用面广、系统性强等优点，便于普及推广。

（3）模糊风险综合评价法。供应链风险的评价大多缺乏原始数据，也无法给出客观的概率分布，主要依靠人的经验和主观判断，一般带有极大的模糊性。因此，在供应链风险评价中可采用模糊风险综合评价法。模糊风险综合评价法，通过对供应链各个环节可能的风险因素进行模糊评价，以确定供应链各个环节风险发生的概率。模糊风险综合评价法能较详细地反映各因素的风险程度，也有利于考察其对最终风险的影响。

8.4 供应链风险防范和控制

8.4.1 供应链风险预警

在完成风险估测和评价后，就确定了供应链中存在的风险及其发生的可能性和对供应链及其企业的风险冲击，并可排列出风险的优先等级，做出风险预警，供应链管理环境下风险防范的一般过程如图 8.5 所示。

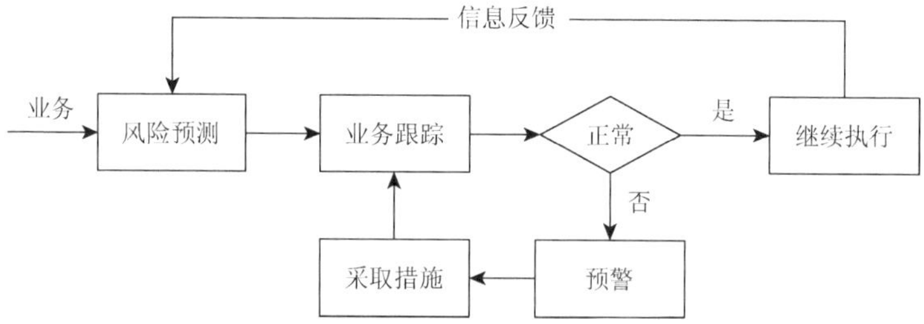

图 8.5　风险防范的一般过程

供应链风险预警是一种主动型的供应链风险管理，是指供应链主体有计划、积极主动地对其生产经营和财务活动过程中存在的各种风险进行识别、测定与分析评价，适时采取及时有效的方法进行防范，以保障经营活动安全正常开展，保证其经济利益免受损失的管理过程。它的主要特点如下。

一是强调积极预防，其最主要的做法是制订应急计划，即指通过制订第二计划、权宜之计、退却阵地或“B 计划”以防情况变糟或者最初的计划失败，从而减轻风险事件、偏差和失败所造成的影响。

二是强调整体性，其立足点是整个供应链生产经营和财务活动过程中存在的各种风险。考虑到供应链上企业间具有较强的相关关系，且企业间的及时有效的信息共享是保障供应链有效运作的重要前提，因此，有效进行供应链风险预警需要兼顾供应链各方节点企业的运作情况，并且通过有效的信息共享手段来及时共享供应链风险的相关数据及风险预警所形成的管理措施。

8.4.2 供应链风险控制

风险控制的四种基本方法是：风险回避、损失控制、风险转移和风险保留（图 8.6）。

	频度：高	频度：低
强度：高	风险回避	损失控制 风险转移
强度：低	损失控制 风险保留	风险保留

图 8.6 风险控制矩阵

1. 风险回避

风险回避是投资主体有意识地放弃风险行为，完全避免特定的损失风险。简单的风险回避是一种最消极的风险处理办法，因为投资者在放弃风险行为的同时，往往也放弃了潜在的目标收益。所以一般只有在以下情况下才会采用这种方法。

（1）投资主体对风险极端厌恶。

（2）存在可实现同样目标的其他方案，其风险更低。

（3）投资主体无能力消除或转移风险。

（4）投资主体无能力承担该风险，或承担风险得不到足够的补偿。

2. 损失控制

损失控制不是放弃风险，而是制订计划和采取措施降低损失的可能性或者减少实际损失。控制包括事前、事中和事后三个阶段。事前控制的目的主要是降低损失的概率，事中控制和事后控制的目的主要是减少实际发生的损失。

3. 风险转移

风险转移，是指通过契约，将让渡人的风险转移给受让人承担的行为。风险转移过程有时可大大降低经济主体的风险程度。风险转移的主要形式是合同和保险。

（1）合同转移。通过签订合同，可以将部分或全部风险转移给一个或多个其他参与者。

（2）保险转移。保险是使用最为广泛的风险转移方式。

4. 风险保留

风险保留，即风险承担。也就是说，如果损失发生，经济主体将以当时可利用的任何资金进行支付。风险保留包括无计划自留、有计划自我保险。

（1）无计划自留指风险损失发生后从收入中支付，即不是在损失前做出资金安排。当经济主体没有意识到风险并认为损失不会发生时，或将意识到的与风险有关的最大可能损失显著低估时，就会采用无计划自留方式承担风险。一般来说，无计划自留应当谨慎使用，因为如果实际总损失远远大于预计损失，将引起资金周转困难。

（2）有计划自我保险指在可能的损失发生前，通过做出各种资金安排来确保损失出现后能及时获得资金以补偿损失。有计划自我保险主要通过建立风险预留基金的方式来实现。

8.4.3 降低风险的常用方法

1. 不能忽视小概率事件

风险变化繁多，存在诸多细微差异，并且评估影响因素的工具太过笼统，不能把影响因素轻易地划分到一个“预期风险”模式，这里采用的方法是将事件发生的可能性和后果重要性的乘积进行分类（图 8.7），即用如下公式表示：

供应链风险=中断的可能性×造成的影响

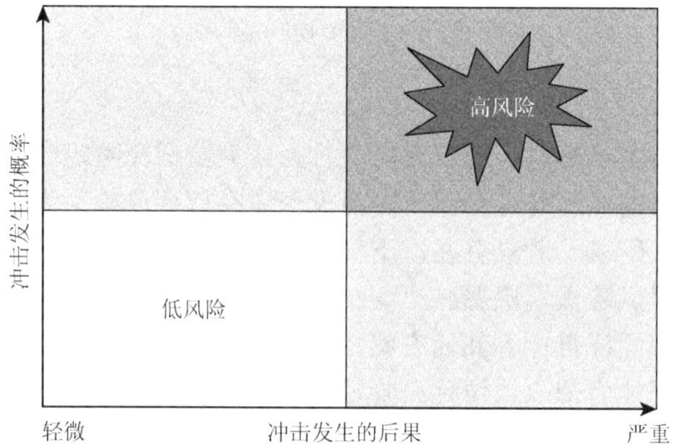

图 8.7 风险预期

当可能性和严重程度都高时，风险最高；相反，当可能性和严重程度都低时，风险最低。一系列中等影响的风险看起来在商业计划方面可能有很少共性，一方面包括发生可能性但后果严重的事件，另一方面包括可能性高但后果轻微的事件。发生概率高但后果轻微的事件是日常经营管理的一部分，是商业运营的成本。这种事件可能是需求方面的小幅波动，或者是没有预料到的低生产力、质量问题、缺勤问题以及其他类似的相对普遍的事件。发生可能性低但后果严重的事件则要求企业具备日常经营活动之外的计划和反应能力。

2. 减少事故发生的可能性

冲击可能是随机引起的，或是意外发生的，或是蓄意导致的。减少冲击事故就意味着要加强安全措施，所有安全措施的首要原则是：它们必须同公司的主要使命，即开展业务和创造利润相一致。公司由负责这个使命的执行者来运营，对于企业内负责安全的专业人员来说，他们所面临的挑战是如何进行投资以减少这种破坏的可能，并使这种投资为企业谋利。当这些投资作为整个企业的一个有机整体并且能支持企业的主要任务的时候，为企业谋利就会相对简单些，并且此时所安排设计的防范措施就更可能被严格执行，并更加有效。

3. 加强合作和信息共享

供应链上的各企业之间的信息共享一方面可提高供应链运作的协同性和运作效率，

另一方面有利于及时发现供应链上的潜在风险，为规避风险，应及早采取补救措施赢得宝贵的时间。随着经济的飞速发展，社会分工越来越细。厂家—消费者—供应商之间的关系也变得越来越复杂，各企业在供应链中起的作用也越来越密切，企业之间的互动也日益加快。因此，供应链企业之间应建立库存信息、可供销售信息、订单信息、计划信息、最终客户的需求信息和历史信息、货物运输状态信息等的共享，以此让整个供应链上的企业都能敏捷、快速地反映市场需求。同时供应链企业之间还应通过相互之间的信息交流和沟通来消除信息扭曲，从而降低不确定性，降低风险。

观察 8.4　福特凡士通两败俱伤前途未卜

2000 年前后，福特公司生产的“探险者”越野车经常发生车毁人亡的严重翻车事故，共导致 174 人丧生。由于发生事故的“探险者”越野车大都使用的是凡士通公司生产的轮胎，所以福特公司指责是凡士通轮胎的安全性能问题导致了车祸频频发生。

对于福特公司的指责，凡士通公司始终不能接受，认为问题的关键在于福特汽车存在设计缺陷，是福特汽车本身的安全性问题导致轮胎爆裂及翻车事故。在 2001 年 5 月 21 日两公司举行的会谈中，凡士通公司坚决表示不会参加福特公司此次回收活动，会后，其首席执行官约翰·拉姆帕在致福特公司的信中说：“我公司认为你方一再强调凡士通轮胎存在安全问题是为了引开对‘探险者’越野车安全性能调查的视线，”并表示不再供应轮胎给福特公司，从而结束了两公司长达一个世纪之久的合作情谊。

福特公司召回的大部分轮胎都出自凡士通公司在伊利诺伊州的分厂，据说这批轮胎是在工人发生罢工期间生产的，或许这影响了轮胎的质量。可是没人能解释：为什么凡士通轮胎频频在福特汽车上出事故，而安装在其他工厂的汽车上却没什么问题？福特公司否定了凡士通公司对其“探险者”越野车安全性的质疑，因为自 1997 年起，福特公司便把其轮胎订单分给凡士通和固特异两家轮胎生产商，可在发生的质量问题中，凡士通轮胎占了 1183 起，而固特异轮胎仅有 2 起。

其实，福特公司与凡士通公司早已上了同一条船，本应同舟共济，团结起来快速解决问题。可自从 2000 年夏天轮胎事件爆发后，两家公司都在相互指责，推卸责任，最终导致劳燕分飞。独自承担 1300 万只轮胎的回收费用，将使福特公司在 2001 年第二季度出现亏损；整个回收过程至少需 9 个月才能完成，这意味着福特公司今后须暂时关闭 3 个制造厂，才能保证有足够的轮胎换下召回的轮胎。受此事件影响，福特汽车的销量不断下滑，尤其是“探险者”越野车。到目前为止，2001 年此款汽车的销量已下降了 23%，预计其销量仍将继续下滑。

当然，凡士通公司的日子也不好过。虽然福特公司的订单仅占凡士通公司市场总份额的 5%，但在福特公司宣布对其轮胎安全性失去信心后，公司难以从其他汽车制造商那儿接到订单，因为没有公司敢冒险在自己的产品上安装凡士通轮胎。如果情形继续维持下去，凡士通公司的生存将成为问题。

4. 增加冗余

为确保产品供应稳定，供应链上应发展多个供应渠道，不能仅依靠某一个供应商，否则一旦该厂商出现问题，势必影响整个供应链的正常运行。同时，在对某些供应材料或产品有依赖性时，还要考虑地域风险。比如，战争会使某些地区原材料供应中断，如果没有其他地区的供应，势必造成危机。除了建立多地域、多个供应商，还须对每个供应商的情况进行跟踪，一旦发现某个供应商出现问题，应及时调整供应链战略。

增加冗余的最主要方面是提高库存安全水平，如果是信息技术系统还要多地点备份。

观察 8.5 德意志银行数据备份

9·11 事件发生后，金融机构聚集的世贸大厦里的大量数据化为乌有，这是对所有金融机构的重大挑战。德意志银行（Deutsche Bank）早在 1993 年就制订了严谨、可行、可信的业务连续性计划（business continuity plan，BCP），灾难发生后，德意志银行调动 4000 多名员工及全球分行的资源，短时间内在距离纽约 30 千米的地方恢复了业务运行，得到了客户和行业的好评。摩根士丹利（Morgan Stanley）在 25 层办公场所全毁、3000 多名员工被迫紧急疏散的情况下，半小时内就在灾备中心建立了第二办公室，第二天就恢复全部业务，可谓金融灾备的典范。与之相反，纽约银行（Bank of New York）在数据中心全毁、通信线路中断后，缺乏灾备系统和有力的应急业务恢复计划，在一个月后不得不关闭一些分支机构，数月后不得不破产清盘。

据统计，金融业在数据系统遭到破坏的两天内所受损失为日营业额的 50%，如果两个星期内无法恢复信息系统，75%的公司将停顿业务，43%的公司将再也无法开业，没有实施灾难备份措施的 60%的公司将在灾难后 2～3 年破产。9·11 事件后，全球金融业都认识到金融灾备的必要性和重要性，这是金融业在灾难发生时合理避险、快速恢复、稳定运行的关键。

5. 发展替代能力

企业终极灵活性意味着在任何情况下都拥有可行的其他选择。部件、流程以及生产系统的标准化使得这些要素变得可以替代，从而在出现短缺的时候多一些选择。在遇到供应链中断时，公司可以使用替代部件或者部件供应商，分离出去已经被损害的部分，使用替代的流程，或者重新设计公司的业务流程。标准化创造了可替代性，后者又创造了灵活性以应对突然的冲击。标准化的工厂（如英特尔和通用）、标准化的设备（如西南航空和瑞安航空）、标准化的部件（如朗讯和戴尔）使得公司可以有效地应对供应链的中断。公司可以转移员工、在工厂之间转移生产任务（甚至是供应商的工厂）或者更换部件和服务的供应商。

6. 实施延迟策略

延迟策略允许公司满足多种消费者群体，同时也利用了生产中的规模经济以及外包对成本的降低作用。它建立在重新设计产品和生产流程的基础上，以使一系列不同产品的通用核心部件首先生产出来。生产基本部件的重点在于成本，可以进行外包生产，如果可行，还可以将固定资产在加大的批量中分摊。然后顾客需要的产品就在基本产品的基础上根据订单的要求进行生产，而不是根据预测来生产。延迟策略不仅作用于供应链的下游和客户端，还在供应链的上游给应对需求变动带来灵活性和柔韧性。延迟策略有一点特别的益处：基础产品可以在不考虑最终变动的情况下大量生产。这就是说原材料可以在多个工厂、多个生产者处加工，这在产能和技术上同时兼顾了可重复性和灵活性。

7. 加强客户关系管理

企业从突发事件中复苏的主要行动是使客户不受事件的影响，或者帮助客户尽快地恢复。企业面向客户的职能部门（尤其是销售、营销、配送和公共关系）在维持客户关系、与客户（以及其他利益相关者）沟通、在发生突发事件时安排服务序列等方面起到关键性作用。不仅如此，高效的回应为企业提供了重新赢得客户的机会。与客户的牢固合作关系可能有助于保证彼此双方在困境来临时互相帮助，留有余地。客户的反应可以视为公司是否能够重新振作的标志，主要客户表示出的信心对于其他客户、供应商、金融机构和投资者来说很可能是公司继续经营的信号。

观察 8.6 货车帮 APP

据介绍，货车帮目前主要有两款软件，一个是“货车帮 APP”，供全国 170 多万名货车驾驶员使用，另一个是“物流 qq”，供 30 多万名货主使用。

货车帮整合了大量的个体户驾驶员。打开手机 APP，这些驾驶员就能找到返程的货源。而在货源端，货主会先将货物送到物流公司，物流公司整合货物数量、目的地、运输价格等信息后，发布到“物流 qq”上。在后台，货车帮运用大数据对信息进行处理，就近就地实现车辆与货源的精准匹配。

走进贵阳货车帮物流园区大厅，可以看到，两边墙壁大屏幕上实时滚动播放着出发地、到达地、车型与车长要求等货源信息。

来自山东的货车驾驶员李立恒说：“以前，空驶乱跑、趴窝等待是常有的事。现在，打开手机进入货车帮平台，有没有货、货在哪、停车场有没有空位，一清二楚。看到合适的信息，我们就会和货主联系，有时几分钟就能达成协议。”

“货车帮每天减少约 1000 万千米的货车空驶消耗，仅 2015 年就为全国公路物流降低空驶率达 6%”。货车帮首席运营官罗鹏算了一笔账：如果每台车单趟平均千米数为 1000 千米，按照空载率 10%计算，空跑 100 千米。一年下来，单台车行驶约 17 万千米，空跑约为 1.7 万千米，按照每千米 2.04 元的油费计算，单台车可节省燃油 34 680 元，按照 2015 年平台注册货车 15 万辆计算，年节省油费 52 亿元以上，减少碳排放近 2700 万吨。

货车帮首席执行官戴文建说，货车帮平台目前拥有货车司机会员超过 200 万名，按照每台车每年运行成本 100 万元计算，一个万亿级的市场正等待着货车帮去挖掘。“我们的目标是在‘货车帮’平台上实现新货车团购和二手车交易抵押贷款、货车保险等金融业务。通过全产业金融渗透，打造基于大数据、物流风控体系的供应链金融闭环。目前，二手货车交易服务已经上线运行，同时，已向国家有关部门申请第三方支付、保险公估等互联网金融资质”。

8. 建立富有灵活性的企业文化

从某种意义上说，文化就是“我们为人处世的方式”。文化的有形要素是可在任何组织中找到的人工事实和遵奉的价值观。人工事实是指可见的组织结构和流程，如语言、着装、仪式、办公室布局，以及会议召开的方式。遵奉的价值观包括战略、目标、宗旨、信条以及使命。丰田公司对人的尊重是“丰田模式”最重要的原则。汽车必须是可靠的（因为这是顾客想要的），丰田公司尊重这一点，从而创造出极强的顾客忠诚度；对供应商的尊重带来了真正的伙伴关系，激励供应商与丰田公司分享他们的创新，并在必要时与丰田公司站在一起表示支持；对员工的尊重意味着员工有权利做出单方面的行动，提出改进建议，并互相支持而非像可替换的机器人那样工作。柔韧性的精髓在于对冲击的遏制并从中恢复。当意外来临时、当正式的组织政策无法处理手头情况或者在反应上过于迟缓时，文化通过赋予员工一整套原则来做出合适的反应，从而提高组织柔韧性。文化指出了采取正确行动的道路。

9. 建立应急处理机制

供应链是多环节、多通道的一种复杂的系统，很容易发生一些突发事件。在供应链管理中，对突发事件的发生要有充分的准备，针对合作过程中可能发生的各种意外情况，要从多方面、多层次考虑建立一定的应急系统。在预警系统做出警告后，应急系统及时对紧急、突发的事件进行应急处理。对于一些偶然发生但破坏性大的事件，应预先制订应变措施，制订应对突发事件的工作流程，建立应变事件的小组。这样通过应急系统，可以化解供应链合作中出现的各种意外情况出现的风险，减少由此带来的实际损失。

8.5 本章小结

本章主要讨论了供应链系统风险的识别、评测、防范与控制，描述了影响供应链的主要因素，提供了如何定义和分析风险的目标、流程与框架等细节，阐述了供应链风险估测与评价的方法及应对风险的不同策略。本章还就如何创造一个适应性强的供应链等给出了一些建议，通过列举一些真实的案例，帮助读者从中学到关于识别与控制供应链风险的经验。

参考文献

部振华. 2006. 配送中心选址模型与算法研究[D]. 南京：东南大学.

国通供应链管理研究中心. 2003. 供应链管理平台最佳实现方式[M]. 北京：机械工业出版社：246.

汪传旭. 2005. 运输服务供应链中承运人选择和货载分配的优化决策[J]. 系统管理学报，14（4）：308-312.

肖蕾. 2008. TPL 的物流服务水平与物流成本决策[J]. 铁路运输与经济，30（10）：77-79.

赵祥胜. 2007. ASSAB 公司订单履行周期缩短方案探讨[D]. 上海：上海交通大学.

中国国家质量监督检验检疫总局，中国国家标准化管理委员会. 2012. 地震现场工作 第 4 部分：灾害直接损失评估（GB/T 18208.4—2011）[S]. 北京：中国标准出版社.

中国国家质量监督检验检疫总局，中国国家标准化管理委员会. 2012. 地震灾害间接经济损失评估方法（GB/T 27932—2011）[S]. 北京：中国标准出版社.

Agarwal A，Shankar R. 2002. Analyzing alternatives for improvement in supply chain performance[J]. Work Study，51（1）：32-37.

Alter S L. 1999. Information Systems-A Management Perspective [M]. 3rd ed. Reading：Addison Wesley Longman Inc.

Anderson R D，Jerman R E，Constantin J A. 1978. Buyer and seller perceptions of transportation purchasing variables[J]. Industrial Marketing Management，7（1）：60-64.

Bardi J B，Bagchi P K，Raghunathan T S. 1989. Motor carrier selection in a deregulated environment[J]. Transportation Journal，29（1）：4-11.

Bourne M，Mills J，Wilcox M，et al. 2000. Designing，implementing and updating performance measurement systems[J]. International Journal of Operations & Production Management，20（7）：754-771.

Cartwright S D. 2000. Supply chain interdiction and corporate warfare[J]. Journal of Business Strategy，27（2）：65-72.

Christopher M. 1998. Logistics and Supply Chain Management：Strategies for Reducing Cost & Improving Service[M]. 2nd ed. London：Financial Times Publishing.

Church R，ReVelle C. 1974. The maximal covering location problem[J]. Papers in Regional Science，32（1）：101-118.

Cook W R. 1967. Transport decisions of certain firms in the black country[J]. Journal of Transport Economics and Policy，1（3）：325-344.

Cooper M C，Lambert D M，Pagh J D. 1997. Supply chain management：More than a new name for logistics[J]. International Journal of Logistics Management，8（1）：1-14.

Current J，Daskin M，Schilling D. 2001. Discrete Network Location Models in Facility Location：Applications and Theory[M]. Berlin：Springer-Verlag：83-118.

Current J，Min H，Sehilling D. 1990. Multiobjective analysis of facility location decisions[J]. European Journal of Operational Research，49（3）：295-307.

Emerson R M. 1962. Power-dependence relations[J]. American Sociological Review，27（1）：31-41.

Ernst R，Kamrad B. 2000. Evaluation of supply chain structures through modularization and postponement[J]. European Journal of Operational Research，124（3）：495-510.

Gaski J F. 1984. The theory of power and conflict in channels of distribution[J]. Journal of Marketing，48（3）：9-29.

Kumar K，Christiaanse E. 2000. ICT-enabled coordination of dynamic supply webs[J]. International Journal of Physical Distribution & Logistics Management，30（30）：268-285.

Lambert D M，Cooper M C，Pagh J D. 1998. Supply chain management：Implementation issues and research opportunities[J]. International Journal of Logistics Management，9（2）：1-20.

Laporte H A E. 2007. Competitive spatial models[J]. European Journal of Operational Research，39（3）：231-242.

Malone T. 1994. The interdisciplinary study of coordination[J]. ACM Computing Surveys，26（1）：87-119.

Mason-Jones R，Naylor B，Towill D R. 2000. Engineering the leagile supply chain[J]. International Journal of Agile Management Systems，2（1）：54-61.

Min H，Jayaraman V，Srivastava R. 1998. Combined location-routing problems：A synthesis and further research directions[J]. European Journal of Operational Research，108（1）：1-15.

Mohr J，Spekman R. 1994. Characteristics of partnership success：Partnership attributes，communications behavior，and conflict resolution techniques[J]. Strategic Management Journal，15（2）：135-152.

Monczka R M，Callahan T J，Nichols E L. 1995. Predictors of relationships among buying and supplying firms[J]. International Journal of Physical Distribution & Logistics Management，25（10）：45-59.

Moore K R. 2010. Trust and relationship commitment in logistics alliances：A buyer perspective[J]. Journal of Supply Chain Management，34（1）：24-37.

Munson C L，Rosenblatt M J，Rosenblatt Z. 1999. The use and abuse of power in supply chains[J]. Business Horizons，42（1）：55-65.

Narasimhan R，Kim S W. 2011. Information system utilization strategy for supply chain integration[J]. Journal of Business Logistics，22（2）：51-75.

Olhager J. 1994. On the Positioning of the Customer Order Decoupling Point[C]. 1994 Pacific Conference on Manufacturing，Jakarta.

Overboom M. 2000. Analyzing Governance Structure of International Supply Chains，Chain Management in Agribusiness and the Food Industry[C]. Proceedings from the Fourth International Conference，Barcelona：77-85.

Spekman R E，Kamauff J W，Myhr N. 1998. An empirical investigation into supply chain management：A perspective on partnerships[J]. Supply Chain Management，3（2）：53-67.

Stank T，Crum M，Arrango M. 1999. Benefits of interfirm coordination in food industry supply chains[J]. Journal of Business Logistics，20（2）：21-41.

Stevens G C. 1989. Integrating the supply chain[J]. International Journal of Physical Distribution & Logistics Management，19（8）：3-8.

Toregas C，Swain R，ReVelle C，et al. 1971. The location of emergency service facilities[J]. Operations Research，19（6）：1363-1373.

Tyndall G，Gopal C，Partsch W，et al. 1998. Supercharging supply chains：New ways to increase value through global operational excellence[M]. New Jersey：John Wiley and Sons，Inc.

Viswanadham N，Raghavan N R S. 2000. Performance analysis and design of supply chains：A Petri net approach[J]. Journal of the Operational Research Society，51（10）：1158-1169.

Whipple J S，Frankel R，Anselmi K. 1999. The effect of governance structure on performance：A case study of efficient consumer response[J]. Journal of Business Logistics，20（2）：43-61.

Whyte J L. 1993. The freight transport market：Buyer-seller relationships and selection criteria[J]. International Journal of Physical Distribution & Logistics Management，23（3）：29-37.

Williamson O. 1985. The Economic Institutions of Capitalism[M]. London：Free Press，Collier Macmillan.